# 西藏自治区土地开发整理工程建设标准研究

王占岐 许祖学 金 贵 姚小薇 著

图书在版编目(CIP)数据

西藏自治区土地开发整理工程建设标准研究/王占岐,许祖学,金贵,姚小薇著.—武汉:中国地质大学出版社,2015.10

ISBN 978-7-5625-3719-9

Ⅰ.①西…
Ⅱ.①王…②许…③金…④姚…
Ⅲ.①土地资源-资源开发-研究-西藏 ②土地整理-工程施工-标准-研究-西藏
Ⅳ.F323.211

中国版本图书馆 CIP 数据核字(2015)第 211979 号

| | | | | |
|---|---|---|---|---|
| **西藏自治区土地开发整理工程建设标准研究** | 王占岐 | 许祖学 | 金贵 | 姚小薇 著 |

| | |
|---|---|
| 责任编辑:王凤林 | 责任校对:戴 莹 |

| | | |
|---|---|---|
| 出版发行:中国地质大学出版社(武汉市洪山区鲁磨路388号) | | 邮政编码:430074 |
| 电 话:(027)67883511 | 传 真:67883580 | E-mail:cbb@cug.edu.cn |
| 经 销:全国新华书店 | | http://www.cugp.cug.edu.cn |

| | |
|---|---|
| 开本:787毫米×1 092毫米 | 字数:288千字 印张:11 |
| 版次:2015年10月第1版 | 印次:2015年10月第1次印刷 |
| 印刷:武汉教文印刷厂 | |

| | |
|---|---|
| ISBN 978-7-5625-3719-9 | 定价:45.00元 |

如有印装质量问题请与印刷厂联系调换

# 前　言

　　随着全球人口的持续增加和经济的快速发展，人类对土地资源的压力与日俱增，导致区域性土地资源结构被破坏、农用地资源的生产功能衰减，从而使土地利用、土地覆盖变化以及农用地资源安全成为国际政府界和学术界共同关注的问题。自 20 世纪 90 年代国家提出土地开发整理以来，土地开发整理事业得到快速发展，在有效增加耕地面积、改善农业生产条件、提高土地生产能力、降低农业生产成本、促进农民增收脱贫、加强生态环境建设等方面做出了巨大贡献。

　　作为一项涉及面广、政策性强的系统工程，西藏自治区土地开发整理建设标准的研究为土地开发整理工程从项目可行性、施工设计到竣工验收等一系列工作的标准化、科学化和规范化提供技术依据，是青藏高原土地开发整理体系研究的重要组成部分，主要内容包括土地开发整理工程类型区、土地平整工程、田间道路工程和农田防护工程以及工程建设相关标准研究等四个专题，并在专题研究的基础上形成西藏自治区土地开发整理工程建设标准条文，以此作为土地开发整理工程建设管理的纲领性文件。为使西藏自治区土地开发整理工程建设标准的制定与实施能够更加有效地促进西藏自治区土地开发整理的有序、健康发展，使社会各界更为全面地了解土地开发整理工程建设标准的研究进展与成效，加深读者对土地开发整理工程的理解与认识，著者对相关研究成果进行进一步的提炼、修改和加工，编辑出版此书。

　　全书分为两个部分。第一部分是专题研究，首先介绍了西藏自治区土地开发整理工程类型区及其划分成果，从空间上对土地开发整理活动进行合理布局，并分区分类指导各地土地开发整理活动，引导投资方向，保障土地开发整理规划总目标的实现；其次，通过对现有国家土地平整工程建设标准的系统分析，以及对西藏自治区土地平整实施状况的实地勘察，进行土地平整工程建设研究，为西藏自治区土地开发整理中耕作田块平整、田埂（坎）修筑、土壤改良等工程建设制定参考标准；第三，结合西藏自治区自然条件恶劣、土地开发利用限制因素多且难度大的地域特点，基于农业及农村社会经济建设的需要，分别对田间道路工程、农田防护工程等重点问题进行剖析，并提出相应的农田综合整理措施；最后，土地开发整理工程是一项综合工程，在明确各单项工程的重点及实施措施的基础上，对其工程组成、工程组合模式、工程体系等进行宏观把握，同时注重土地开发整理工程建设标准与相关行业现有标准内容的衔接，并针对土地开发整理项目工程建设的特点进行调整和修正，进而提出符合本区土地开发整理工程建设项目实际情况的建设标准。第二部分是标准编制，即在前述专题研究的基础上形成系统的标准条文，并对条文进行相关解释说明及编制说明。书中不仅呈现了与土地开发整理有关的基础研究、工程技术研究等方面的内容，也从实际出发，对推进成果的应用做了说明；不仅突出了西藏自治区农业发展的需要，也兼顾了资源环境保护的需求。著者相信这些研究成果的集结出版将对西藏自治区乃至青藏高原区土地开发整理工作部署提供重要的依据，也将对相关领域的研究提供有益参考和科学借鉴。

　　课题的研究与本著作的出版，得到了国土资源部土地整治中心、西藏自治区国土资源厅、西藏自治区国土资源规划开发研究院等单位领导和专家的大力支持和鼎力协助,在此表示衷心感谢!

本书由王占岐、许祖学、金贵和姚小薇著,同时要感谢博士研究生邹利林及硕士研究生赵丛丛、刘敏、张亚丽、黄静等在项目的外业踏勘、资料收集、数据处理等方面付出的辛勤努力,其中邹利林、赵丛丛参与了专题一及专题二,刘敏、张亚丽参与了专题三、专题四的编写工作,邹利林、黄静在标准条文的汇总及编制说明的撰写等方面提供了很大帮助。

本书在编写过程中参考了大量的相关行业标准和文献,恕难一一列出,在此一并致谢!由于著者水平有限,书中疏漏和错误再所难免,尚有诸多值得深入探讨的问题,衷心期盼广大读者给予指正!

著 者

2015 年 8 月

# 目 录

## 第一部分 《西藏自治区土地开发整理工程建设标准》专题研究

**专题一 西藏自治区土地开发整理工程类型区划分研究** ……………………… (1)
  1 概述 ……………………………………………………………………………… (1)
    1.1 土地开发整理及土地开发整理类型区概念 ……………………………… (1)
    1.2 研究背景 …………………………………………………………………… (1)
    1.3 研究的目的 ………………………………………………………………… (2)
    1.4 研究内容及思路 …………………………………………………………… (2)
    1.5 研究方法 …………………………………………………………………… (4)
    1.6 研究依据 …………………………………………………………………… (5)
  2 西藏自治区土地开发整理的基础条件 ………………………………………… (6)
    2.1 西藏自治区土地开发整理的自然条件 …………………………………… (6)
    2.2 西藏自治区土地开发整理的社会经济条件 ……………………………… (8)
    2.3 西藏自治区土地开发整理的生态条件 …………………………………… (9)
    2.4 西藏自治区土地开发整理的土地利用 …………………………………… (9)
    2.5 西藏自治区土地开发整理的实践经验 …………………………………… (11)
  3 西藏自治区土地开发整理的类型区划分 ……………………………………… (12)
    3.1 类型区划分原则 …………………………………………………………… (12)
    3.2 建立分区指标体系和设定分区单元 ……………………………………… (13)
    3.3 模糊聚类法划分土地开发整理类型区 …………………………………… (16)
    3.4 分区体系与命名 …………………………………………………………… (22)
  4 西藏自治区土地开发整理类型区划分成果 …………………………………… (24)
    4.1 西藏自治区土地开发整理一级类型区划分成果说明 …………………… (24)
    4.2 西藏自治区土地开发整理类型区工程模式 ……………………………… (25)

**专题二 西藏自治区土地开发整理土地平整工程建设研究** ……………………… (27)
  1 土地平整专题 …………………………………………………………………… (27)
    1.1 概念 ………………………………………………………………………… (27)
    1.2 研究目的 …………………………………………………………………… (27)
    1.3 引用标准名称及标准主要内容 …………………………………………… (27)
    1.4 研究的方法及技术路线 …………………………………………………… (28)
  2 耕作田块修筑工程 ……………………………………………………………… (30)
    2.1 耕作田面平整 ……………………………………………………………… (30)

2.2　田埂(坎)修筑…………………………………………………………………(38)

3　耕作层地力保持工程………………………………………………………………(41)
　　3.1　耕作土壤改良…………………………………………………………………(41)
　　3.2　其他……………………………………………………………………………(48)

4　规划总结……………………………………………………………………………(48)
　　4.1　耕作田面平整…………………………………………………………………(48)
　　4.2　田埂(坎)修筑…………………………………………………………………(50)
　　4.3　耕作土壤改良…………………………………………………………………(51)

## 专题三　西藏自治区土地开发整理田间道路及农田防护工程专题研究………(54)

### 工程一　田间道路………………………………………………………………(54)

1　绪论…………………………………………………………………………………(54)
　　1.1　研究背景………………………………………………………………………(54)
　　1.2　研究的目的和意义……………………………………………………………(54)
　　1.3　研究方法与参考标准…………………………………………………………(54)

2　西藏自治区自然条件对田间道路工程建设的影响分析…………………………(55)
　　2.1　西藏自治区自然条件对田间道路工程建设的影响分析……………………(55)
　　2.2　田间道路工程建设存在的主要问题及原因分析……………………………(58)

3　田间道路工程建设标准内容规定及研究分析……………………………………(58)
　　3.1　引用标准名称…………………………………………………………………(58)
　　3.2　《公路工程技术标准》(JTG B01—2003)……………………………………(58)
　　3.3　《土地开发整理标准》(TD/T 1011~1013—2000)…………………………(61)
　　3.4　《公路路基设计规范》(JTG D30—2004)……………………………………(62)
　　3.5　《公路水泥混凝土路面设计规范》(JTG D40—2002)………………………(65)

4　应用成果……………………………………………………………………………(68)
　　4.1　田间道路等级、功能及使用范围……………………………………………(68)
　　4.2　田间道路工程布置……………………………………………………………(69)
　　4.3　田间道路设计…………………………………………………………………(70)
　　4.4　田间道路工程技术指标表……………………………………………………(76)

### 工程二　农田防护………………………………………………………………(78)

1　研究目的……………………………………………………………………………(78)
2　引用标准名称………………………………………………………………………(78)
3　标准内容规定及研究分析…………………………………………………………(78)
　　3.1　《水土保持综合治理技术规范　沟壑治理技术》……………………………(78)
　　3.2　《水土保持综合治理技术规范　风沙治理技术》……………………………(79)
　　3.3　《水土保持综合治理技术规范　荒地治理技术》……………………………(82)
　　3.4　《造林技术规程》………………………………………………………………(84)
　　3.5　《开发建设项目水土保持方案技术规范》(SL 204—98)……………………(86)

4　农田防护工程………………………………………………………………………(87)

4.1　防护林布设规划 ………………………………………………………………… (87)
　　4.2　农田防护林 …………………………………………………………………… (89)
　　4.3　护路护沟林 …………………………………………………………………… (91)
　　4.4　水土保持林 …………………………………………………………………… (91)
　　4.5　树种选择 ……………………………………………………………………… (93)
　　4.6　防护林布设措施 ……………………………………………………………… (94)

## 专题四　西藏自治区土地开发整理工程建设相关标准应用研究 …………………… (96)

1　研究的背景、目的及意义 …………………………………………………………… (96)
　　1.1　研究背景 ……………………………………………………………………… (96)
　　1.2　研究目的及意义 ……………………………………………………………… (96)
2　土地开发整理工程建设内容 ………………………………………………………… (97)
　　2.1　土地平整工程 ………………………………………………………………… (97)
　　2.2　灌溉与排水工程 ……………………………………………………………… (97)
　　2.3　田间道路工程 ………………………………………………………………… (97)
　　2.4　农田防护工程 ………………………………………………………………… (97)
3　相关行业标准研究 …………………………………………………………………… (97)
　　3.1　相关标准引用基本原则 ……………………………………………………… (97)
　　3.2　研究的方法、技术路线 ………………………………………………………… (98)
　　3.3　相关行业标准引用研究内容 ………………………………………………… (98)
4　相关标准应用成果 ………………………………………………………………… (101)
　　4.1　相关标准应用成果分类 …………………………………………………… (101)
　　4.2　引用的主要标准 …………………………………………………………… (102)
　　4.3　相关标准应用成果 ………………………………………………………… (102)
5　其他需要说明的问题 ……………………………………………………………… (106)

## 第二部分　《西藏自治区土地开发整理工程建设标准》标准编制

《西藏自治区土地开发整理工程建设标准》条文 ……………………………………… (107)
1　总则 ………………………………………………………………………………… (107)
　　1.1　目的 ………………………………………………………………………… (107)
　　1.2　使用范围 …………………………………………………………………… (107)
　　1.3　基本原则 …………………………………………………………………… (107)
　　1.4　引用标准 …………………………………………………………………… (107)
　　1.5　术语 ………………………………………………………………………… (108)
2　建设目标 …………………………………………………………………………… (109)
　　2.1　总体建设目标 ……………………………………………………………… (109)
　　2.2　具体建设目标 ……………………………………………………………… (109)
3　建设条件 …………………………………………………………………………… (109)
　　3.1　项目合法性 ………………………………………………………………… (109)

3.2　基础设施 ……………………………………………………………… (110)
　　3.3　自然条件 ……………………………………………………………… (110)
　　3.4　其他 …………………………………………………………………… (110)
4　工程类型区和工程布局 ………………………………………………………… (110)
　　4.1　工程类型区划分依据及方法 ………………………………………… (110)
　　4.2　工程类型区 …………………………………………………………… (111)
5　土地平整工程建设标准 ………………………………………………………… (112)
　　5.1　一般规定 ……………………………………………………………… (112)
　　5.2　耕作田块修筑工程 …………………………………………………… (112)
　　5.3　耕作层地力保持工程 ………………………………………………… (113)
6　灌溉与排水工程 ………………………………………………………………… (113)
　　6.1　一般规定 ……………………………………………………………… (113)
　　6.2　水源工程 ……………………………………………………………… (113)
　　6.3　输水工程 ……………………………………………………………… (114)
　　6.4　喷微灌工程 …………………………………………………………… (120)
　　6.5　排水工程 ……………………………………………………………… (121)
　　6.6　渠系建筑物工程 ……………………………………………………… (122)
　　6.7　泵站及输配电工程 …………………………………………………… (125)
7　田间道路工程 …………………………………………………………………… (127)
　　7.1　一般规定 ……………………………………………………………… (127)
　　7.2　田间道 ………………………………………………………………… (128)
　　7.3　生产路 ………………………………………………………………… (129)
8　农田防护工程 …………………………………………………………………… (129)
　　8.1　一般规定 ……………………………………………………………… (129)
　　8.2　农田林网工程 ………………………………………………………… (129)
　　8.3　岸坡防护工程 ………………………………………………………… (132)
　　8.4　坡面防护工程 ………………………………………………………… (132)
　　8.5　沟道治理工程 ………………………………………………………… (133)

## 《西藏自治区土地开发整理工程建设标准》条文说明 …………………………… (134)

1　总则 ……………………………………………………………………………… (134)
　　1.1　目的 …………………………………………………………………… (134)
　　1.2　适用范围 ……………………………………………………………… (134)
　　1.3　基本原则 ……………………………………………………………… (134)
　　1.4　引用标准 ……………………………………………………………… (134)
　　1.5　基本术语 ……………………………………………………………… (134)
2　建设目标 ………………………………………………………………………… (135)
　　2.1　总体目标 ……………………………………………………………… (135)
　　2.2　具体目标 ……………………………………………………………… (135)

| 3 建设条件 | (135) |
|---|---|
|     3.1 项目合法性 | (135) |
|     3.2 现有基础设施 | (135) |
|     3.3 自然条件 | (135) |
|     3.4 其他 | (135) |
| 4 工程类型区和工程布局 | (136) |
|     4.1 工程类型区 | (136) |
|     4.2 工程布局 | (137) |
| 5 土地平整工程 | (137) |
|     5.1 一般规定 | (137) |
|     5.2 耕作田块修筑工程 | (138) |
|     5.3 耕作层地力保持工程 | (138) |
| 6 灌溉与排水工程 | (139) |
|     6.1 工程等级划分 | (139) |
|     6.2 水源工程 | (139) |
|     6.3 输水工程 | (140) |
|     6.4 喷微灌工程 | (142) |
|     6.5 排水工程 | (142) |
|     6.6 灌排渠系建筑物 | (143) |
|     6.7 泵站及输配电工程 | (145) |
| 7 田间道路工程 | (147) |
|     7.1 一般规定 | (147) |
|     7.2 田间道 | (148) |
|     7.3 生产路 | (148) |
| 8 农田防护与生态环境保持工程 | (148) |
|     8.1 一般规定 | (148) |
|     8.2 农田林网工程 | (148) |
|     8.3 堤岸防护工程 | (149) |
|     8.4 沟道治理工程 | (150) |
|     8.5 坡面防护工程 | (150) |
| **《西藏自治区土地开发整理工程建设标准》编制说明** | **(151)** |
| 1 《标准》编制的目的和意义 | (151) |
| 2 《标准》编制原则和指导思想 | (151) |
|     2.1 《标准》编制原则 | (151) |
|     2.2 《标准》编制指导思想 | (152) |
| 3 《标准》编制简要过程 | (152) |
|     3.1 任务来源 | (152) |
|     3.2 组织领导 | (152) |

  3.3 具体工作流程 …………………………………………………………（153）
4 主要成果汇总 ………………………………………………………………（156）
5 《标准》专题研究 …………………………………………………………（156）
  5.1 土地开发整理工程类型区划分研究 …………………………………（156）
  5.2 土地开发整理土地平整工程建设标准研究 …………………………（157）
  5.3 田间道路与农田防护工程建设标准研究 ……………………………（157）
  5.4 相关标准应用研究 ……………………………………………………（157）
6 基础数据来源及引用标准的出处 …………………………………………（158）
  6.1 基础数据 ………………………………………………………………（158）
  6.2 引用标准出处 …………………………………………………………（158）
附件 ……………………………………………………………………………………（161）

**参考文献** …………………………………………………………………………（162）

# 第一部分 《西藏自治区土地开发整理工程建设标准》专题研究

# 专题一　西藏自治区土地开发整理工程类型区划分研究

## 1　概述

### 1.1　土地开发整理及土地开发整理类型区概念

土地开发整理(Land Consolidation)：是指采取工程措施和生物措施等对农用地、建设废弃地、未利用地进行田、水、路、林、村综合整治，以增加耕地面积，提高耕地质量，改善农村生产、生活条件与生态环境的活动。土地开发整理包括土地开发、土地复垦和土地整理。土地开发整理是一项长期而复杂的社会系统工作，其内容随国家经济、社会的发展而不断变化，因此，土地开发整理工程也必然会受到社会经济、国家政策、自然环境以及科学技术等条件的影响(张仕超等，2010)。工程类型区可以理解为一种主要由自然要素和社会经济要素所决定的工程类型空间，这一空间主要体现某一主导因素特征，但同时并不排斥其他类型的存在。土地开发整理工程类型区是体现土地开发整理地域差异和工程组合特征的单元，是按照土地开发整理建设目标、地域特征、工程内容、工程组合一致性原则所划定的空间(陈新中等，2010；蔡海生等，2009)。其划分不同于以往的区划，其中最重要的一点即它的划分是以单项工程内容为集合体的一种分区成果。这种单项工程内容所反映的是类型区内自然、社会经济及文化因素的高度综合，从而突破了传统的地域划分和类型划分各成独立系统的做法，采用地域特征和类型参数两方面要素结合的"类型区"新概念(曹小曙等，2009)。此"类型区"新概念是土地整理理论与实践相结合的产物，是从土地整理工程实践出发的具有创新性的概念。

### 1.2　研究背景

2005年7月初，国土资源部启动了《土地开发整理工程建设标准》的编制工作，同年11月底，国土资源部下发了《关于开展〈土地开发整理工程建设标准〉编制试点工作的通知》(国土资厅发[2005]120号)，并同时成立了"土地开发整理工程建设标准"课题组。2007年7月31日，国土资源部下发了《关于编制〈土地开发整理工程建设标准〉有关问题的通知》(国土资厅发[2007]137号)，通知指出：从2007年8月开始，在非试点省、自治区开展《土地开发整理工程建设标准》编制工作。

土地开发整理类型区和土地开发整理工程类型区的划分是《土地开发整理工程建设标准》的内容,是整个标准制定的基础。依据《关于编制〈土地开发整理工程建设标准〉有关问题的通知》要求,西藏自治区国土资源厅启动了本区土地开发整理工程建设标准的研究。

## 1.3 研究的目的

分区分类研究是多学科和专业成果的集中概括、归纳和理论的提升。土地开发整理工程建设标准不同于某些单一的行业标准,是一项覆盖面广、内容庞杂的系统工程。为设计一个能够在范围上覆盖全国不同条件的地区,在内容上涵盖主要的土地开发整理工程项目的标准,并使其科学合理、切合实际、具有较好的操作性,搭建分区、分类、分层次的框架,是必不可少的基础工作。

土地开发整理是国家为实现国土资源保护和优化利用的基本目标,对区域土地利用格局进行宏观调控的重要手段。土地开发整理工程类型区划分的目的和意义是从空间上对土地开发整理活动进行合理布局,分区分类指导各地土地开发整理活动,引导投资方向,保障土地开发整理规划总目标的实现(蔡海生等,2011)。主要包括以下几个方面:①为项目选择,目标确定,可行性研究,立项评估,工程模式确立、规划设计,工程量及概预算的计算等前期工作中的方法、操作步骤和程序,提供分区分类指导的标准和指标值的取值依据;②为土地开发整理项目组织实施、施工监理、监督检查、竣工验收、效益评估、工程后续维护管理提供规范化的标准和方法;③为全国、省(市)、县(市)土地开发整理分区和分类数据的逐级汇总统计奠定基础;④为土地开发整理信息化管理提供理论支撑、归类标准和基础平台(李彬,2012)。

## 1.4 研究内容及思路

### 1.4.1 研究理念

传统区划方法是以地域特征的地理分布为基础,将单一要素或是具有共性的多项要素组合为单元,划分出有固定分布范围,有清晰的地理边界,有特定的界线,如行政界线、等温线、降雨量、高程等值线、分水岭等,构成彼此互不交替、互不重叠、相互衔接的区域(陈新中等,2010;李永红等,2010)。而土地开发整理工程类型区划分属于综合性专项区划,一般遵循以下基本原则:①自然条件一致性;②经济社会条件一致性;③农业限制因素一致性;④土地开发整理工程模式一致性。土地开发整理工程建设既体现地形地貌、土壤分布、水文气候等宏观要素,又体现土壤质地、水源条件、灌排方式等微观要素(陈新中等,2010;李永红等,2010)。受地域条件和利用条件的制约,不同层次类型区的侧重点是不同的,且同一低级类型区可以在不同的高级类型区内重复出现(蔡海生等,2009)。高层次类型区着重于土地整理项目的典型区域特征的界定和地理要素的定位,低层次类型区着重于特定区域特征条件下项目目标和建设内容的确定。

因此,本研究将运用科学研究方法与理论,充分结合西藏自治区土地开发整理项目区的具体情况,划分出不同层次的、各具特点的功能单元,展现区域生态、自然、经济、技术因素的空间状态,最终形成一套完备的土地开发整理项目区工程类型区体系。

### 1.4.2 研究内容

本专题主要研究内容有以下4个方面:
(1)研究影响西藏自治区土地开发整理的主要自然、社会经济以及生态因素,以保证全面掌握西藏自治区土地开发整理的现状与变化情况，为制订科学、合理，并具有针对性的土地开发整理规划，特别是为工程类型区划分提供可靠的依据。同时，根据本项内容的研究，明确西藏自治区主要面临的自然、社会经济发展以及生态上的问题，促进该系列问题的解决，以达到西藏自治区协调土地利用与生态建设，统筹土地利用的目标。

(2)研究影响西藏自治区土地开发整理类型区划分的主要技术指标。在掌握了西藏自治区基本情况的基础上，运用科学方法和理论，按照因地制宜的原则，分析并研究主要技术指标，最终为工程类型区划分服务。该项内容的研究有利于西藏自治区保护和合理利用农用地，加强基本农田建设与保护土地的管理措施。

(3)研究西藏自治区土地开发整理类型区划分方法。严格界定各种已有方法的使用范围，在已有研究的基础上，经对比分析，并遵照西藏自治区土地开发整理的研究目的与研究理念，确定适合西藏自治区土地开发整理类型区划分的方法。同时，所选方法必须体现西藏自治区的特殊性，促进西藏自治区土地管理理论与实践的一致性。

(4)研究西藏自治区土地开发整理类型区划分及其特征。根据划分方法与相关理论划分西藏自治区土地开发整理类型区，并研究分析各类型区特征，以促进各区域的土地管理办法与体系的建立，推进西藏自治区严格规范管理，节约、集约利用土地资源。

### 1.4.3 研究思路

土地开发整理分区采用两级系统：一级分区的依据是地形地貌、气候条件、土壤条件、土地开发整理的侧重方向以及土地利用的一致性等综合状况；二级分区在一级分区的基础上进行续分和归并。

首先，划分西藏自治区土地整理一级类型区。根据土地开发整理工程设计的要求，建立一级类型区划分指标体系，并根据西藏自治区各指标的空间区域差异，划分土地开发整理一级类型区。

其次，划分二级工程体系类型区。土地开发整理工程建设内容、建设模式及措施特性因区域地貌、水系分布、土壤条件以及经济社会条件的不同而存在差异。上述西藏自治区土地开发整理一级类型区仅从宏观角度上进行了空间区域的划分，不能完全准确地概括出全区范围内土地开发整理工程建设特性及工程模式类型。因此，为了进一步反映西藏自治区土地开发整理工程特性，在一级类型区划分指标体系的基础上，结合土地开发整理工程措施特性，构建土地开发整理工程二级类型区划分指标体系，然后根据全区各指标的区域差异，在全区范围内划分土地开发整理工程二级类型区。二级类型区内土壤特性、地貌特性、工程模式具有较高一致性（金贵等，2013）。

最后，构建工程模式。通过分析土地开发整理工程二级类型区的地形地貌、土壤、水文、气候等自然条件以及社会经济条件的区域特点，结合土地开发整理工程措施的建设目标，总结土地平整、农田水利、田间道路以及农田保护工程的建设方式、建设特点以及对土地利用的改良方向和优化效果；在各类型区工程特征分析结果的基础上，归纳总结全区范围内土地开发整理工程模式的类型，从田块形式、蓄饮水方式、灌溉方式、渠道特征、排水方式、路面材质、防护林类型等几个方面明确不同模式的工程组合形式。技术路径如图1-1所示。

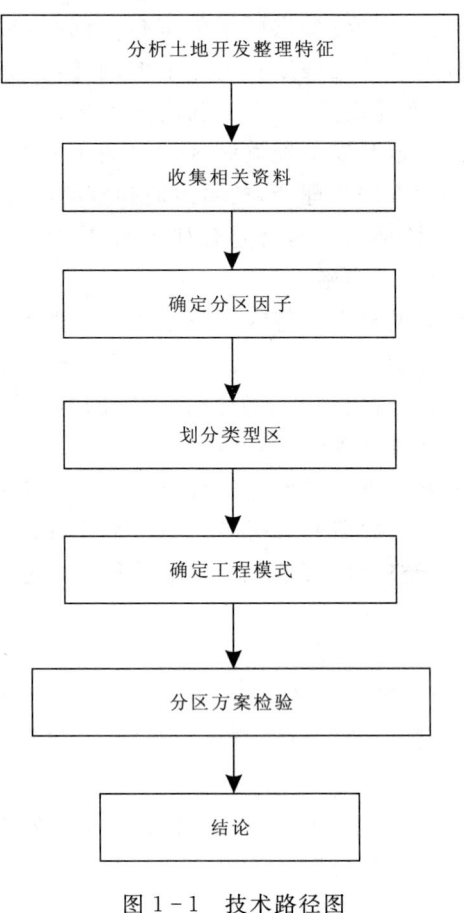

图 1-1 技术路径图

## 1.5 研究方法

### 1.5.1 综合分析法

综合分析法是将影响土地开发整理的各种自然、社会、经济、生态等诸多因素进行综合分析，在此基础上划分西藏自治区土地开发整理类型区。

### 1.5.2 文献资料法

文献资料法是通过查阅文献资料了解、证明所要研究对象的方法。本研究中主要指收集、鉴别、整理、提炼与土地开发整理类型区划分相关的成果，并通过对诸多成果的研究，确定符合西藏自治区土地开发整理工程实际的类型区。

### 1.5.3 模糊聚类法

模糊聚类法是根据影响土地开发整理以及土地开发整理工程设计的因素，建立指标体系，收集相关数据，运用模糊聚类方法得到初步分区成果，然后经过修订总结，得到西藏自治区土地开发整理一级类型区和二级类型区划分方案,并在此基础上,给出二级类型区的工程模式及其特征表。

### 1.5.4 经验判断法

经验判断法是一种定性分析和定量分析相结合的判断方法,是根据土地开发整理行业专家的经验判断矫正类型区分区结果的一种方法。

## 1.6 研究依据

### 1.6.1 法律和政策依据

(1)《中华人民共和国土地管理法》(中华人民共和国主席令第28号)。
(2)《中华人民共和国土地管理法实施条例》(中华人民共和国国务院令第256号)。
(3)《国务院关于深化改革严格土地管理的决定》(国发[2004]28号)。
(4)《中华人民共和国农业法》[中华人民共和国主席令(九届第81号)]。
(5)《中华人民共和国水法》(中华人民共和国主席令第74号)。
(6)《中华人民共和国森林法》(国务院令第278号)。
(7)《中华人民共和国环境保护法》(中华人民共和国主席令第22号)。
(8)《中华人民共和国国民经济和社会发展第十一个五年规划纲要》。
(9)《西藏自治区"十一五"时期国民经济和社会发展纲要》。

### 1.6.2 技术依据

(1)《土地开发整理工程建设标准》编制指南。
(2)《土地开发整理规划编制规程》及条文说明。
(3)《土地开发整理项目规划设计规范》及条文说明。
(4)《土地开发整理项目验收规程》及条文说明。
(5)《国土资源部〈省级土地开发整理规划编制要点〉》。
(6)《土地整理重大工程实施方案编制技术要求》。
(7)《全国土地开发整理规划(2001—2010年)》。
(8)《西藏自治区农牧业发展"十一五"规划》。
(9)《西藏自治区土地资源》。
(10)《西藏自治区土地资源评价》。
(11)《西藏自治区国民经济和社会发展第十个五年计划纲要》。
(12)《西藏统计年鉴2009》。
(13)《西藏自治区林业"十一五"发展规划》。

### 1.6.3 理论依据

土地开发整理工程类型区划分涉及到的理论包括:区域科学发展观理论、土地可持续利用理论、人地关系协调理论、土地优化配置理论、地域分异规律、生态经济理论等。它是在自然规律和生产条件的基础上,对土地用途、数量结构、空间布局等进行合理配置,增加耕地面积、提高土地质量及效益、改善生态环境,统筹人与自然和谐发展,兼顾生态效益、经济效益和社会效益,协调好土地资源利用与生态环境保护的有效途径(蔡海生,2009)。正是由于土地开发整理工程类型区是地域和类型的结合体,因此,其划分理念和划分依据具有自己的特点。

## 2 西藏自治区土地开发整理的基础条件

### 2.1 西藏自治区土地开发整理的自然条件

#### 2.1.1 地理位置

西藏自治区位于中国的西南边疆,青藏高原的西南部,南起北纬26°52′,北到北纬36°53′,西起东经78°27′,东至东经99°06′。全区土地面积120多平方千米,约占全国总面积的12.8%,仅次于新疆维吾尔自治区,居全国第二位。西藏东西最长2000km,南北最宽1000km。北与新疆维吾尔自治区、青海省毗邻,东隔金沙江与四川省相望,东南部与云南省山水相连,是西南、西北的天然屏障;与尼泊尔、锡金、不丹、印度、缅甸五国和克什米尔地区接壤,形成了中国与上述国家边境线的全部或一部分,全长近4000km,是中国西南边陲的重要门户。

#### 2.1.2 地形地貌

西藏乃"世界屋脊"——青藏高原的主体,它位于我国Ⅲ级阶梯地形的最高一级,平均海拔4500m以上。在青藏高原面上纵横展列着诸多高大山脉,构成西藏地貌的基本骨架。近东西走向的昆仑、喀喇昆仑-唐古拉、冈底斯-念青唐古拉及喜马拉雅等著名山系由北而南排列于高原上,它们平均海拔在5500～6000m,并拥有众多终年积雪的高峰,如世界第一峰——珠穆朗玛峰(8848.13m)、希夏邦玛峰(8012m)、念青唐古拉(7111m)等[①]。在这些山系之间错落分布着雅鲁藏布江及纳木错等河谷(宽谷为主)与湖盆。在近南北走向的伯舒拉岭、他念他翁山脉、宁静山脉等高山夹持着怒江、澜沧江和金沙江等深切峡谷,构成藏东横断山地。上述的山川形势与格局反映了西藏地貌发育过程中地质构造运动与近期外应力相互作用的结果及其在地势结构上的区域差异。高亢的地形及宏观的地势格局决定了西藏大部分土地的高寒特征以及土地资源结构与开发利用上的区域性差异。西藏地貌类型极为多样,除了河湖地域广泛普见的阶地、洪积扇、河滩地等流水堆积地貌外,还有许多诸如流动半流动沙丘等风沙地貌,角峰、冰斗、冰碛垄堤、"U"形槽谷、冰碛平台等冰川地貌,岩屑锥(坡)、石海、冻融泥流、冻胀丘等冰缘地貌,熔岩方山与死火山锥等火山遗迹及残余峰林、溶洞、石芽等古喀斯特地貌等,几乎拥有我国内陆所有主要地貌类型。丰富的地貌类型决定着西藏自治区土地的质量、适宜性与开发利用途径。

---

① 数据来源:西藏生态安全屏障保护与建设规划(2008—2030年)。http://bgt.ndrc.gov.cn/zcfb/200903/t20090302_498976.html

### 2.1.3 气候水文

西藏位于北半球中低纬度,处于我国东部亚热带的位置,因为地势高,温度条件低于我国东部同纬度地区,尤其是高原面上的年平均气温多低于 0℃,普遍比我国东部地区低 10℃ 以上;日均温≥10℃ 的积温仅约 1000℃,比东部地区减少 4000℃ 以上。按 5 天平均气温≥20℃ 为夏季的标准,西藏大部分地区均无夏季,这是诱发高原地区冻土发育、霜冻危害频繁的原因。但从全区而言,年平均气温由东南的 20℃ 左右向西北逐渐递减为 5.6℃,温度变化显著。此外,昼夜温差大、干湿季分明、冬春干燥多大风;气压低、氧气含量少、光照充足以及太阳辐射强烈等也是西藏气候的显著特点。

西藏的降水主要源于南来的印度洋季风气候,部分源于东来的太平洋季风气流,以至于呈现年降水量由东南部的大于 1000mm 逐渐减至西北部 50mm 以下的水平空间变化规律。受地势高度、地理纬度、山川走向及降水季节分配不均匀等诸种因素的影响,西藏地区水热状况的时空变化有着鲜明的规律性。首先是雨热基本同季,占全年降水量 70%～80% 的雨季(6～9月)是作物、牧草等万物生长最盛的季节;其次是空间上的水热配合状况具有明显的水平地带性,亦即从藏东南暖热湿润的山地热带亚热带向西北方向依次更替为半湿润的高原温带、半干旱的高原亚寒带、干旱的高原寒带等不同的水平气候带。所以在湿热气候的西藏江南——墨脱、察隅等藏东南山地,年均温超过 15℃,≥10℃ 的积温在 4700℃ 以上,无霜期 270 多天,年降水量 1000mm 左右或更多,适种水稻、玉米、甘蔗、茶、芭蕉等多种喜温作物与亚热带经济林果,作物一年两至三熟。而雅鲁藏布江中游海拔 4100m 左右的温暖河谷,年均温 5℃ 以上,≥10℃ 积温在 1000～2400℃,年有霜日 200d 以上,年降水量 400mm 左右,适种一年一熟的青稞、小麦、油菜、豌豆、马铃薯等喜凉作物及苹果、核桃之类温带落叶经济林果。至于寒带、亚寒带气候的高原,最暖月均温多在 10℃ 左右,几乎全年有霜,年降水量大多少于 300mm,除局部小气候环境种植青稞、元根外,仅能放牧。至藏北昆仑山南麓高寒干旱地带,最暖月均温还不到 6℃,终年有冰冻现象,几乎无任何农牧业生产活动。

受大气降水与高山冰雪融水的补给,西藏是我国河湖水域分布最多的省份之一。流域面积大于 10 000km² 的河流有 20 多条,大于 2000km² 的河流在 100 条以上,亚洲几条著名大河均发源或流经西藏。全区外流河多年径流总量约 3290×10⁸m³,占我国河川径流总量的 12%,仅次于四川省。内流河分布在喜马拉雅山北麓及藏北高原,集水面积不大,仅 61km²,常年径流量并不多。西藏河川径流量与气候密切相关,故它们的时空分布亦不平衡①。在区域上,藏东南地区最丰富,年平均径流深 1000～3000mm,藏东北地区次之,年平均径流深 300～500mm;藏东与藏南地区相对较少,年平均径流深 150～300mm;藏北与阿里地区最少,年平均径流深不及 100mm。而在年内分配上,一般 6～9 月的汛期径流量约占全年的 50%～80%;3～5 月的径流量,除藏江南地区外,一般不到全年的 10%。湖泊星罗棋布是西藏水文一大特色,大大小小不下 1000 多个,它们中约 97% 属内陆湖泊。仅面积 1km² 以上的湖泊就有 600 多个,合计面积约 2.4×10⁴km²,占我国湖泊总面积的 30%。

---

① 数据来源:西藏生态安全屏障保护与建设规划(2008—2030 年). http://bgt.ndrc.gov.cn/zcfb/200903/t20090302_498976.html

### 2.1.4 土壤植被

土壤是重要的农业自然资源,也是土地的主要组成要素之一,它的发生类型与生物化学特性反映了地形、气候、植被等其他土地组成要素的综合作用和影响,并常直接决定着土地的农业利用方向和生产潜力。西藏的成土条件复杂,土壤发育类型众多,约有 28 个土类、67 个土壤亚类。由于高寒、干燥(或半湿润)的成土环境占据优势,全部土类中近 1/4 西藏所特有的高山土壤类型,且占各类土壤总面积的 66% 左右(李明森,1984)。各类土壤的生物化学特性与生产潜力差别很大,在地理分布上有明显的水平地带分布:从藏东南山地的生物作用旺盛、淋溶强烈的酸性森林土壤地带,随着生物作用与淋溶作用的逐渐减弱及钙化、盐分积累作用的增强向西北依次为高山草甸土地带、高山草原土地带、高山漠土地带等。在此水平分带的基础上又有着多种不同的垂直土壤地带分布的表现。西藏东南部山地的土壤类型最多,为我国境内山地土壤垂直带谱最完整的地域,是西藏地区内以森林土壤为主,农林牧各种土壤兼有的区域;相反,高原腹地至藏北高原的土壤类型则愈趋简单贫乏,是西藏地区内以牧为主、牧农结合利用的草地土壤分布区域。

作为土地组成要素之一的自然植被,其本身既是重要的农业自然资源之一,为土地生产力的一部分,同时也是鉴别土地适宜性能和农业利用方向的显著标志之一。西藏地区内生态环境的多样性以及植物区系成分的复杂性,致使西藏植物的种类十分丰富,种数约占全国植物总数的 1/6,仅次于云南、四川。与高原寒冷干旱生态环境相适应,建群植物以青藏高原——喜马拉雅山成分占优势(占 50%),且以温带成分为主(占 34%),也即,西藏植物组成以耐寒或兼具耐寒特性的高山型植物占优势。与西藏地区水热状况的水平与垂直空间分异趋势相联系,西藏的植被也呈现明显的水平与垂直地带分布规律。从东南向西北依次为山地亚热带森林、高山草甸、高山草原、高山荒漠等植被地带;南部山地最低的热带季雨林带往上依次出现常绿阔叶林、针阔混交林、暗针叶林、亚高山灌丛草甸、高山草甸及高山稀疏垫状植被等垂直带。植被的水平分布与垂直分带往往密切结合,呈现了复杂多样的特点(西藏自治区土地管理局,1984)。

## 2.2 西藏自治区土地开发整理的社会经济条件

据 2009 年西藏自治区统计年鉴,西藏自治区辖 1 个地级市、6 个地区和 71 个县(市、区),县以下共有 542 个乡(含 8 个民族乡)、140 个镇。2008 年全区总人口 279.23 万,其中男性占 50.3%,女性占 49.7%;其中城镇人口占 38.7%,乡村人口占 61.3%。西藏自治区是一个以藏民族为主的多民族集聚地,其中藏族人口 264.5 万,占总人口的 94.7%,另外还有汉族、回族、珞巴族、门巴族、纳西族、蒙古族、怒族、壮族、独龙族、土族、满族、白族等 20 多个民族。

长期以来,西藏自治区地区生产总值居全国最低水平,人均生产总值也处于偏低水平。2008 年,地区生产总值为 395.91 亿元,仅占全国生产总值的 0.13%,人均生产总值 13 861 元。在西藏自治区的经济结构中,第一产业占地区生产总值的 15.29%,与全国其他省区比较,西藏自治区的第一产业生产总值中所占比重较高;第二产业占地区生产总值的 29.25%,现代工业不发达,以采掘业和非金属矿物制品业为主的重工业所占比重相对全区工业较大,轻工业中以传统的藏药业、饮料食品业为支柱,机电、化工、电子等高科技产业在西藏自治区仍属于起步阶段;第三产业比重相对高,但其中的主导行业层次较低,金融、保险、房地产、咨询等新兴行业尚不发达。总之,西藏自治区经济发展尚处于传统的农业社会向现代工业化社会过渡的转型期(图1-2)。

图1-2　2008年西藏自治区地区生产总值构成图

## 2.3　西藏自治区土地开发整理的生态条件

西藏自治区生态环境的多样性以及植物区系成分的复杂性,致使西藏植物的种类十分丰富,种数约占全国植物总数的1/6,仅次于云南、四川。西藏的植被呈现明显的水平与垂直地带分布规律,从东南向西北依次为山地亚热带森林、高山草甸、高山草原、高山荒漠等植被地带(西藏自治区土地管理局,1984)。西藏的动物种类也十分丰富,现有各类脊椎动物798种,昆虫类近4000种,已有125种被列为国家重点保护野生动物,占全国重点保护野生动物的1/3以上。

总的来说,西藏自然和生态环境极为特殊,素有"世界屋脊"和"地球第三极"之称,这里不仅是南亚、东南亚地区的"江河源"和"生态源",还是中国乃至东半球气候的"启动器"和"调节区"。

## 2.4　西藏自治区土地开发整理的土地利用

### 2.4.1　土地利用现状

据2003年土地利用变更调查统计,全区土地总面积12 021hm²(1hm²=0.01km²)。农用地面积为7760.42×10⁴hm²,占土地总面积的64.56%,其中耕地面积36.2×10⁴hm²(灌溉水田1.11×10⁴hm²、水浇地25.81×10⁴hm²、旱地9.25×10⁴hm²),菜地0.08×10⁴hm²,园地面积0.17×10⁴hm²,林地面积1267.85×10⁴hm²,牧草地面积6444.58×10⁴hm²,其他农用地面积为11.57×10⁴hm²。建设用地面积为5.98×10⁴hm²,占土地总面积的0.05%,其中居民点及工矿用地面积为3.80×10⁴hm²,交通用地面积为2.09×10⁴hm²,水利设施用地面积为0.09×10⁴hm²。未利用土地4254.31×10⁴hm²,占土地总面积的35.39%,其中未利用地面积为3696.66×10⁴hm²,其他未利用地面积为557.65×10⁴hm²。

### 2.4.2　土地利用特点

(1)土地利用结构中牧草地与未利用地比重大。在土地利用结构中,各类型土地以牧草地面积最大，占全区土地总面积的1/2以上，居全国第一位，占全国可利用草地总面积的28.94%，从而决定了该区以牧业为主导地位的农业发展方向；未利用土地占全区土地面积的1/3多，居第二位，在一定程度上影响了全区土地资源的充分利用。

（2）土地质量呈现地带性分布。从东南部山地至西北部高原，随着地势升高和距海越远，水热条件趋减变劣，依次分布着森林土壤、亚高山草甸土、高山草原土、高山漠土4个土壤地带[①]。

（3）土地利用区域差异显著。土地利用区域差异表现为土地利用类型的区域差异和土地利用程度的区域差异。西藏自治区土地利用类型在宏观上可分为4个区：以牧为主的牧业区、以林为主的林农牧交错区、以林牧为主的林牧农交错区以及以农为主的农牧交错区。全区土地利用程度最高的区域集中在"一江两河"中部地区，其次是位于"一江两河"地区外围和藏东"三江"流域及阿里地区的普兰县等地区，位于藏北和藏西北主要从事纯牧业的地区土地利用程度更低，土地利用程度最低的地区是藏北无人区和无人区边缘的地区（金贵等，2014）。

（4）土地生态环境脆弱。西藏是世界上冰川发育最好、湖泊面积最大、河流发源最多的地区，是亚洲乃至北半球气候变化的"调节器"，是维系高原生态系统、生物多样性及周边地区生态平衡的重要屏障，生态地位十分重要。但是，西藏自治区因其独特的地理环境、地质构造，各类地质灾害频发，土地生态环境比较脆弱（张正峰，2011）。主要地质灾害有泥石流、崩塌滑坡、土地沙漠化、盐碱化、水土流失等，以及雪线上升、冰川退缩、积雪融化加快、冻土层逐渐北移、荒漠化东进、病虫害增加、生物多样性减少、气象灾害发生的频率和强度增加等严重影响并恶化着西藏自治区土地生态环境（西藏自治区土地管理局，1984）。

### 2.4.3 土地利用中存在的问题

（1）土地资源开发利用效率低。由于受到自然和社会两方面的影响，西藏土地资源开发利用程度低，土地生产率、生产力水平和经济效益不高。全区土地利用率为64.61%，垦殖指数仅为0.3%。由于区内气候干旱，水利设施不健全，水资源利用率低，灌溉保证率低（张正峰，2011），在很大程度上限制了耕地潜力的发挥，再加之耕作水平偏低，全区土地资源开发利用效率低。其中，中低产田占全区产田的2/3，高产田仅占1/3。

（2）宜农土地资源少而集中，后备耕地资源质量差。西藏各类农业利用的土地资源中，适宜种植业利用的宜农土地资源面积较少，仅占全区土地总面积的0.41%，且质量不高，有机肥及氮、磷、钾肥质量下降，土壤偏碱性趋势增强。另外，据耕地后备资源调查显示，全区共有耕地后备资源28 909.2hm²，其中，绝大部分属于质量差劣的五等或六等地，由于受到灌溉条件差或土壤贫瘠等不利因素的限制，垦殖的难度较大，不仅种植农作物时所获得的产量低，且常有被侵蚀或沙化的情况发生。

（3）土地利用对自然的依赖性强，抗风险能力差。由于自然条件的强约束性，西藏的生产力水平相对落后，人们对土地的开发利用尚处于较为粗放的状况。其中耕地中不能灌溉或者不能有效灌溉的部分占较大的比重，牧草地绝大部分为天然草地，人为控制力差，林地主要为天然林地，人工培育林地太少，导致林地再生能力差，抵御恶劣气候、自然灾害的能力弱（西藏

---

① 数据来源：西藏生态安全屏障保护与建设规划（2008—2030年）. http://bgt.ndrc.gov.cn/zcfb/200903/t20090302_498976.html

自治区土地管理局,1984)。

(4)土地资源开发利用结构不合理。农用地以牧草地、耕地和林地为主,其中牧草地占到农用地的84.04%,耕地所占的比重小。在林地面积中,人工林地比例太小,不适应改善生态环境、山川秀丽、发展林果的要求;在草地面积中,人工草地少,也难以适应对畜牧业的大力发展和转变牧业经营方式,实现高效畜牧业的要求。

## 2.5 西藏自治区土地开发整理的实践经验

### 2.5.1 西藏自治区土地开发整理的有利条件

(1)土地资源方面的有利条件。西藏土地面积大,后备土地资源丰富,土地开发整理潜力大。特别是在耕地集中的"一江两河"中部地区,年日照时数一般在3000h左右,年总辐射量平均为$7954.3 \sim 6954.2 MJ/m^2$,月平均气温一般$-5.1 \sim 6.3$℃,日光充足,光能资源丰富(金贵等,2014)。在西藏耕地中,中、低产田面积大,单产低,提高产量潜力大。通过土地开发整理,建设配套灌溉设施,采取防渗措施,提高灌溉保证率,根据土壤养分状况合理施用化肥,增施有机肥,能极大地提高土地生产力。

(2)政策方面的有利条件。目前,中央实施西部大开发的战略,全国上下投入大量的人力、物力、财力来开发建设西藏。利用西部大开发的契机,不断引进资金与技术,稳步推进土地开发整理工作,一方面能有效地增加耕地面积,提高耕地质量,改善农业生产条件,提高农业综合生产能力,从根源上解决粮食等农副产品不足的问题;另一方面还能改善农村居住条件和环境,降低农业生产成本,增加农牧民收入。

### 2.5.2 西藏自治区土地开发整理的限制因素

(1)经济基础薄弱,基础设施差。近几年,西藏紧紧抓住西部大开发和全区社会局势日益稳定的历史机遇,大力发展经济建设,国民经济持续快速发展,人民生活水平明显提高。但同其他各省(区)相比较,西藏的经济基础依然比较薄弱,农业机械化、水利化程度不高,农田基本设施不够完善,抗灾害能力弱。由于土地开发整理是一项投资巨大的系统工程,目前西藏各个地区的经济实力还无力独立承担,大部分需要国家投入,这就大大制约了西藏土地开发整理工作的开展。

(2)农业生产技术落后,经济效益低。农业的发展一靠政策,二靠科技,三靠投入。西藏地区农业生产技术水平比较低,人才缺乏,人员素质低,经营管理粗放,造成农产品单产水平低,质量较差。生产工具落后,以人畜力为主,劳动强度大,劳动生产率低。生产工艺水平落后,种植业和畜牧业多以传统方式进行,相当部分土地实行单一种植,土地资源利用不充分。

(3)自然条件恶劣,自然灾害频繁。西藏土地利用很大程度上受制于高寒的气候、高亢的高原地势、恶劣的自然环境。同时,西藏因其独特的地理环境、地质构造,各类地质灾害频发,类型较多,危害甚大,主要地质灾害类型有泥石流、崩塌滑坡、土地沙漠化、盐碱化、水土流失、冻胀融沉、地震、碎石流和冰湖溃决等。这些频发的自然灾害也严重地限制了土地资源的开发利用。

### 2.5.3 西藏自治区土地开发整理重点工程

西藏自治区土地开发整理重点工程如表1-1所示。

表 1-1　西藏自治区土地开发整理重点工程

| 重点工程名称 | 开发整理类型 | 地点 | 工程规模 (hm²) | 增加耕地面积 (hm²) | 投资规模 (亿元) |
|---|---|---|---|---|---|
| "一江两河"流域耕地开发整理工程 | 开发整理 | 尼木、曲水、堆龙德庆、乃东、贡嘎、扎朗、日喀则市、南木林、拉孜、昂仁、白朗、仁布县 | 32 008.50 | 9602.55 | 7.7 |
| "一江两河"流域中、低产田改造工程 | 土地整理 | 当雄、尼木、曲水、堆龙德庆、达孜、墨竹工卡、乃东、贡嘎、错那、南木林、拉孜、昂仁、仁布县 | 41 556.55 | 3947.55 | 5.9 |
| "三江"流域中、低产田改造工程 | 土地整理 | 昌都、江达、贡觉、类乌齐、丁青、察雅、芒康、洛隆、边坝县 | 39 570.40 | 3861.50 | 5.7 |
| 藏东南谷地灾毁地复垦工程 | 土地复垦 | 芒康、昌都、丁青、边坝、八宿、波密县 | 2165.50 | 315.50 | 0.4 |
| 藏北高原退化草地整理工程 | 草地整理 | 那曲、嘉黎、安多、申扎、班戈、尼玛、普兰、札达、噶尔、日土、革吉、改则县 | 325 670.00 | 41 350.50（牧草地） | 8.5 |

# 3　西藏自治区土地开发整理的类型区划分

## 3.1　类型区划分原则

（1）自然条件一致性原则。自然条件是土地潜力发挥的基础条件，决定了土地的开发利用特点，影响到土地开发整理工程措施的实施条件及实施效益。因此，工程类型区内地形地貌、土壤、光温、降水、自然灾害等自然条件要求基本一致，以确保工程措施在类型区内具有统一性和针对性。

（2）经济社会条件一致性原则。鉴于自治区区域社会经济条件存在较大的差异性，因此土地开发整理工程类型区的划分必须结合当地区域社会经济条件，因地制宜地划分工程类型区，制定工程模式，促使工程类型区内部经济社会条件具有较高的一致性，确保工程模式的统一以及工程措施的有效实施。

（3）农业限制因素一致性原则。农业限制因素是指对农作物生长产生不利甚至制约作用的因素，具体包括影响农业生产的土壤、自然条件、水利设施以及人为污染等因素（曾祥军，2008）。土地开发整理工程建设目的旨在改善农作物生长条件，减弱限制因素的不利影响，提高粮食生产能力，因此，工程类型区的划分必须遵循区内限制因素基本一致的原则，从而确保工程模式和工程措施具有针对性。

（4）土地开发整理工程模式一致性原则。土地开发整理工程类型区的划分应该在充分研究区域特性的前提下，结合工程内容、工程实施条件以及工程目标，明确不同区域土地开发整理工程内容的差异,并以此为基础,从而促进土地开发整理工程措施设计的统一性和实施的有效性(曾祥军,2008;鲍金星,2007)。

(5)空间连续性与行政区完整性相结合的原则。土地开发整理工程建设既体现地形地貌、土壤分布、水文气候等宏观要素,又体现土壤质地、水源条件、灌排方式等微观要素。受地域条件和利用条件的制约,不同层次类型区体现的侧重点是不同的,且同一低级类型区可以在不同的高级类型区重复出现(蔡海生,2009)。高层次类型区着重于土地整理项目的典型区域特征的界定和地理要素的定位,低层次类型区着重于特定区域特征条件下项目目标和建设内容的确定。

## 3.2 建立分区指标体系和设定分区单元

### 3.2.1 多因素综合评判法和特尔菲法建立分区指标体系

类型区的划分是在运用多因素综合评判方法计算综合分值的基础上,采用模糊聚类分析法进行的。综合分值的计算必须从因素指标的定量化评定开始,自上而下逐层进行(孟广文,2009)。采用层次分析法,首先将各因素定性分为若干等级,再对各等级赋予 0~100 之间的分值,分值越大,表示相应因素、相应级别对土地质量的影响效果越佳。根据空间连续性与行政区完整性相结合的原则,对初步类型区分布图进一步调整,充分考虑类型区的宏观地理位置与西藏自治区各行政区分布的关系,确定出最终的二级类型区。

自然环境和社会经济发展的空间差异显著,这就决定了土地资源的利用方式、区域土地利用结构、土地利用程度具有明显的区域特点。土地开发整理不能脱离自然系统、经济系统和生态系统的框架,土地开发整理工程类型区划分同所在区域的自然、社会经济以及生态条件密切相关。根据土地开发整理工程影响因素的程度大小,本研究经过比照分析、排序和筛选,将影响因素分为 3 个一级指标,9 个二级指标、22 个三级指标,见表 1-2。

表 1-2 土地开发整理类型区划分指标体系

| 一级指标 | 二级指标 | 三级指标 |
| --- | --- | --- |
| 自然条件 | 地形地貌 | 地貌形态 |
| | | 平均海拔 |
| | | 坡度小于 25°面积比例(%) |
| | 气候 | 年均温(℃) |
| | | 年降水量 |
| | | 径流量 |
| | | 日照 |
| | 土壤 | 盐渍化程度 |
| | | 有机质含量(%) |
| | | 渗水程度 |

续表 1-2

| 一级指标 | 二级指标 | 三级指标 |
|---|---|---|
| 生态条件 | 生态限制因子 1 | 旱灾 |
| | 生态限制因子 2 | 风害 |
| | | 霜冻 |
| | 生态限制因子 3 | 水土流失 |
| 社会经济条件 | 土地利用状态 | 复种指数(%) |
| | | 垦殖率 |
| | | 人均耕地面积 |
| | 耕作制度 | 一熟制耕地面积比例(%) |
| | 经济条件 | 人均 GDP(元/人) |
| | | 农业就业比率(%) |
| | | 亩均农业机械动力(kW/亩) |
| | | 亩均粮食产量(kg/亩) |

注：1 亩＝666.67m²。

各指标选取说明如下。

(1)自然条件指标。土地开发整理工程建设包括平整土地工程、农田水利工程、田间道路工程以及包括农田防护林在内的其他工程等几大块，区域土地自然条件是土地开发整理工程设计的基础，主要考虑的因素有地形地貌、气候、水文、土壤等方面。

(2)生态条件指标。在进行土地开发整理时，不同的生态状况决定了不同的农田防护生态工程、生物栖息地保护工程、自然景观生态工程等。因此，土地开发整理规划设计受项目区的生态条件制约，其主要方面有风灾、涝灾、旱灾、水土流失等。

(3)社会经济条件指标。区域土地利用形态通常与区域经济和社会发展阶段相对应，不同社会经济发展阶段造成区域土地利用形态的差异，并在制定具体的土地整理目标、模式及政策方面也不相同，因此，经济社会发展程度直接影响区域土地整理的模式和内容。其中主要的指标有土地利用现状、现存的耕地制度以及区域经济状况。

影响二级类型区划分的 6 种自然要素分别是平均海拔、土地等级、土壤盐渍化程度、降水量和径流量及年均温。由于 6 种因素对类型区的划分影响程度不同，在综合分析之前需要确定各自的权重高低，即采用多因素权重法建立评价体系(孟广文，2009)。权重值与因素对土地质量影响的大小成正比，数值在 0~1 之间，各因素的权重值之和为 1。为了保证权重划分的合理性和科学性，特聘请了农业、水利、生态和土地整理等领域的 13 位专家，对各影响因素进行了多轮次的专家打分(特尔菲法)，计算权重值(表 1-3)。

表 1-3 土地开发整理类型区划分影响因素权重和评分表

| 自然要素 | 等级划分 | 得分 | 权重 |
|---|---|---|---|
| 平均海拔(m) | <3500 | 100 | 0.166 |
| | 3500~4000 | 80 | |
| | 4000~4500 | 60 | |
| | 4500~5000 | 40 | |
| | >5000 | 0 | |
| 土地等级 | 一等地(对农业限制较小) | 100 | 0.212 |
| | 二等地(对农业限制较大) | 66 | |
| | 三等地(不适合发展农业,可用于牧业和林业) | 33 | |
| | 不可生产地(不适合生产性利用) | 0 | |
| 土壤盐渍化程度 | 非盐化土壤 | 100 | 0.180 |
| | 轻度盐化土壤 | 75 | |
| | 中度盐化土壤 | 50 | |
| | 重度盐化土壤 | 25 | |
| | 盐土 | 0 | |
| 年降水量(mm) | >600 | 100 | 0.156 |
| | 600~550 | 75 | |
| | 550~500 | 50 | |
| | 500~450 | 25 | |
| | <450 | 0 | |
| 径流量($\times 10^8 m^3$) | >300 | 100 | 0.126 |
| | 300~250 | 84 | |
| | 250~200 | 68 | |
| | 200~150 | 52 | |
| | 150~100 | 36 | |
| | <100 | 20 | |
| 年均温(℃) | >15 | 100 | 0.160 |
| | 11~15 | 84 | |
| | 7~11 | 68 | |
| | 3~7 | 36 | |
| | <3 | 0 | |

注:平均海拔不包括山脉海拔。

### 3.2.2 设定分区单元

土地开发整理分区图是集合区域内与土地开发整理工程相关的自然、社会、生态基础信息,服务于省级土地开发整理的宏观管理的图件。我国目前的土地开发整理项目的申报、立项、规划设计、招标、施工监督和后期管理的现行行政体制都是通过各级行政体系来组织实施的,基于这一认识,我们提出以县(市、区)为区域土地开发整理的基本单元。

以县(市、区)为区域土地开发整理的基本单元的理由还在于可以便于原始数据与之匹配。

县是我国较稳定、行政组织完备的基层政区，是国家各项经济数据统计的基础，以县为单位建立分区单元满足土地开发整理指标基本数据的权威性和系统性。

西藏自治区现有县、市（县级市）、市辖区数量为73个，最终确定73个基本分区单元。

## 3.3 模糊聚类法划分土地开发整理类型区

### 3.3.1 聚类法简介

聚类是根据数据的不同特征，将其划分为不同的簇的过程。它的目的是使属于同一个类别的个体之间的距离尽量得小，而不同类别上的个体间的距离尽量得大（何俊等，2008）。聚类分析是数理统计中的一种多元分析方法，根据"物以类聚"的道理，借助相关聚类因子，用数学方法定量地确定样本的亲疏关系，从而客观地划分类型。较经验判断分类和专业知识实现分类的定性分区方法而言，聚类分析用数学方法定量地确定研究区域的亲疏关系和相似性，是一种客观的分型划类的分析工具，一般来说，凡是具有数据特征的样本或变量都可以采用聚类分析方法进行分类，选择不同的距离或相似系数标准，就得到不同的分类结果。因此，聚类分析法被广泛用于土地利用分区、农业区划、灌溉分区、作物分区及主体功能分区等方面。

该方法也可用来检验分区成果合理性。检验的技术路径为：根据影响土地开发整理的要素建立分区指标体系，以县（市、区）为单位，分别给出各指标的特征值，再用 SAS 或者 SPSS 软件进行处理，用得到的分区结果对成果进行验证。

### 3.3.2 聚类因子的选择原则与确定方案

土地开发整理工程类型区划分是多要素的综合概念，要做到科学合理地划分出土地开发整理工程类型区，选择制约土地开发整理工程建设的关键性因素极为重要。通过对西藏自治区各区域土地开发整理的基础条件研究，影响因素众多，在具体应用多因素综合评判法和特尔菲法分析土地开发整理工程类型时，既不可能，也没必要全部选取，具体指标的选取主要考虑以下基本原则：

（1）综合性原则。即必须选取能够全面反映各区域土地开发整理的综合质量的指标，分别从自然条件、社会经济条件以及生态条件等多方面加以考虑。

（2）主导因素原则。在分类指标的选择中，要充分考虑各因素对各区域的影响程度，即贡献率大小，必须遵循通过多种方式确定该因素群中的关键因素。

（3）不可替代性原则。应尽量避免各变量之间的多重共线性的关系，即防止因素之间存在包含、重叠等关系，从而排除某一因素在对项目区土地评价中出现重复计算而影响结果的精确度。

（4）定性与定量相结合原则。定量指标具有明确的量级标准，分类指标应尽可能量化，对于难以量化的因子，给予定性的描述。

（5）可行性原则。即尽可能简明，选取的因素、因子要充分考虑指标获得的可操作性，既要保证分类成果的质量，又要保证较强的实践性。

在综合考虑以上原则的情况下，具体指标体系确定方案（表1-2）主要引用多因素综合评判法和特尔菲法确定的指标体系，即六大因素：平均海拔、土地等级、土壤盐渍化程度、年降水量、径流量和年均温。另外，为确保聚类结果的综合性和可对比性，可利用主成分分析法筛选指标，作为关键因子，在此基础上进行聚类分析。

### 3.3.3 聚类结果判定与分析

**1. 聚类结果一**

根据多因素综合评判法和特尔菲法确定的指标体系所确定的指标(表1-3)及其权重,结合并分析各县市情况,经过计算得出西藏自治区73个县市的得分,将所得分数导入SPSS软件,根据计算类平均距离的方法得出各县市之间的距离,进一步得出聚类结果,如图1-3所示。

**2. 聚类结果二**

此阶段主要通过对选取的影响土地开发整理的22个制约性指标进行主成分分析,对于定性指标要根据程度严重与轻重缓急确定权重,再将反映土地开发整理状况区域差异的影响因素综合归结成几个大类。参考各指标的特征值与贡献率、特征向量可知,前5个主成分的累计贡献率达到79.36%,表明前5个主成分能把影响土地开发整理状况的可能性指标的综合信息反映出来,为此选择前5个主成分作为分析影响土地开发整理区划的综合指标,并计算因子得分情况。根据各县市5个主成分因子得分进行聚类分析,分析结果如图1-4所示。

**3. 综合判断分析**

经过以上不同聚类结果的对比分析,将经过综合分析与判断来确定聚类法所得出的工程类型区划分方案。在以上两图中,各县市土地开发整理工程类型区划分均呈现出明显的地域性,并充分反映了西藏自治区不同地域在各方面存在着明显的差异,特别是地形地貌以及随之变化的海拔,由此可以拟定出西藏自治区土地开发整理工程类型区的基本划分方案。

由此依次分析聚类结果,将具有相同地貌和相近海拔以及地域分布连续的县市再次聚合。根据西藏自治区各县市的地理位置,又可将以上分析与 $\lambda < 2$ 的聚类结果中再次归并,且上级聚类结果基本符合实际地理位置。由聚类结果一可知,各县市以藏西与藏北、藏东、藏南分别归为三大类,而聚类结果二中,纵坐标为 $2 < \lambda < 4$ 的阶段,基本呈现出四大类,且符合地形地貌分布与地理位置上的布局。故在充分考虑到西藏自治区实际存在的区域差异,在一级类型区的最终聚类结果中,根据地理位置上的东、南、西、北部划分,即得出西藏自治区一级工程类型区划分的基本情况,如图1-5所示。

通过对相似程度高的县市的归并,可总结出其所在区域的特点,大体分为丘陵、平原、山地,但本研究中的丘陵、平原、山地是相对而言的,并非严格区分。另外,在个别县市也存在特殊联系,但鉴于实际区域中地理位置上的连续性,以及存在地貌的分割,在部分县市的类型区所属需要经过缜密分析并做出一定的调整。在聚类结果二中,尼玛县、班戈县和普兰县、扎达县、噶尔县、日土县、革吉县、改则县、措勤县聚为一大类,而在聚类结果一中,在所选因子的综合评价中,其与那曲县、嘉黎县、聂荣县、安多县、索县较相似。经综合分析,尼玛县、班戈县所处地理位置为藏北,将采取聚类一中的部分结果。但由于其所处区域地貌为高原丘陵,为在土地开发整理工程实施的具体方案执行的便捷性,将平原与丘陵给予区分,即尼玛县和班戈县需另聚一类。又如在聚类结果二中,墨竹工卡县被聚为第一大类,隶属拉萨市管辖,在具体工程实施需参照拉萨市相关计划与规定,因此,在聚类中应将其与拉萨市管辖范围内的市聚在一起。经分析,聚类结果一中部分聚类符合以上条件,故暂选此为最佳方案。总之,通过对以上两种聚类结果的对比及综合分析,取其合理之处,判定并分析不合理的聚类结果,得出最终聚类结果,如图1-6所示。

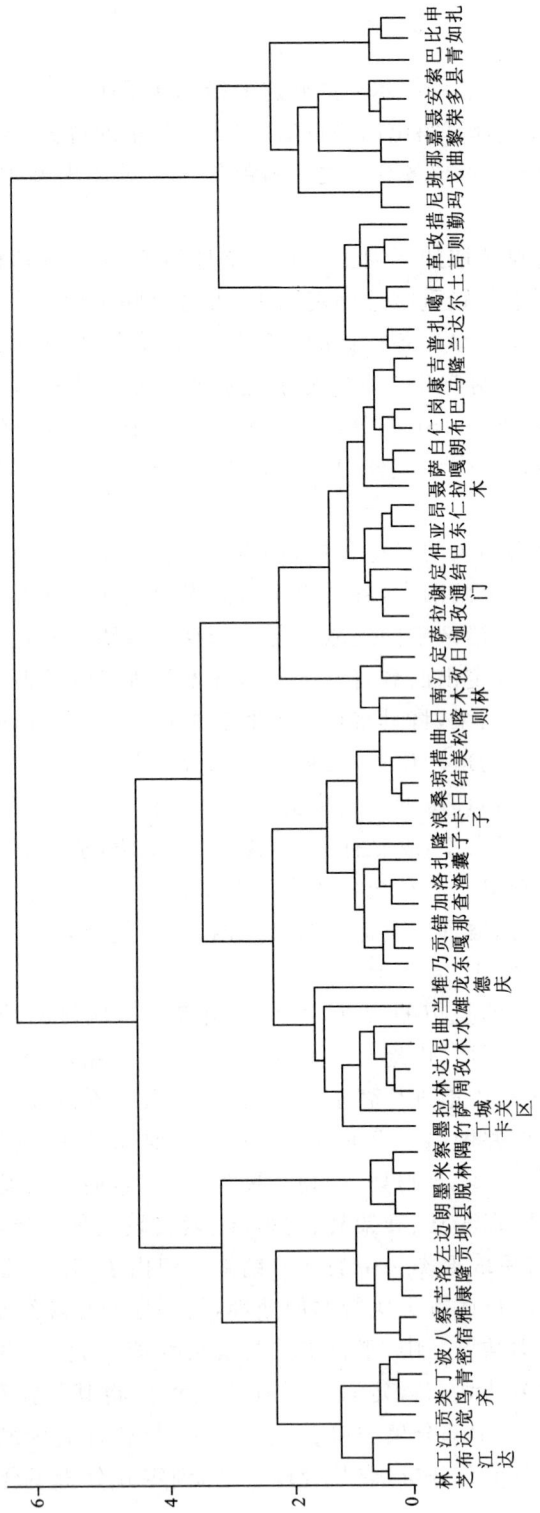

图1-3 聚类结果一

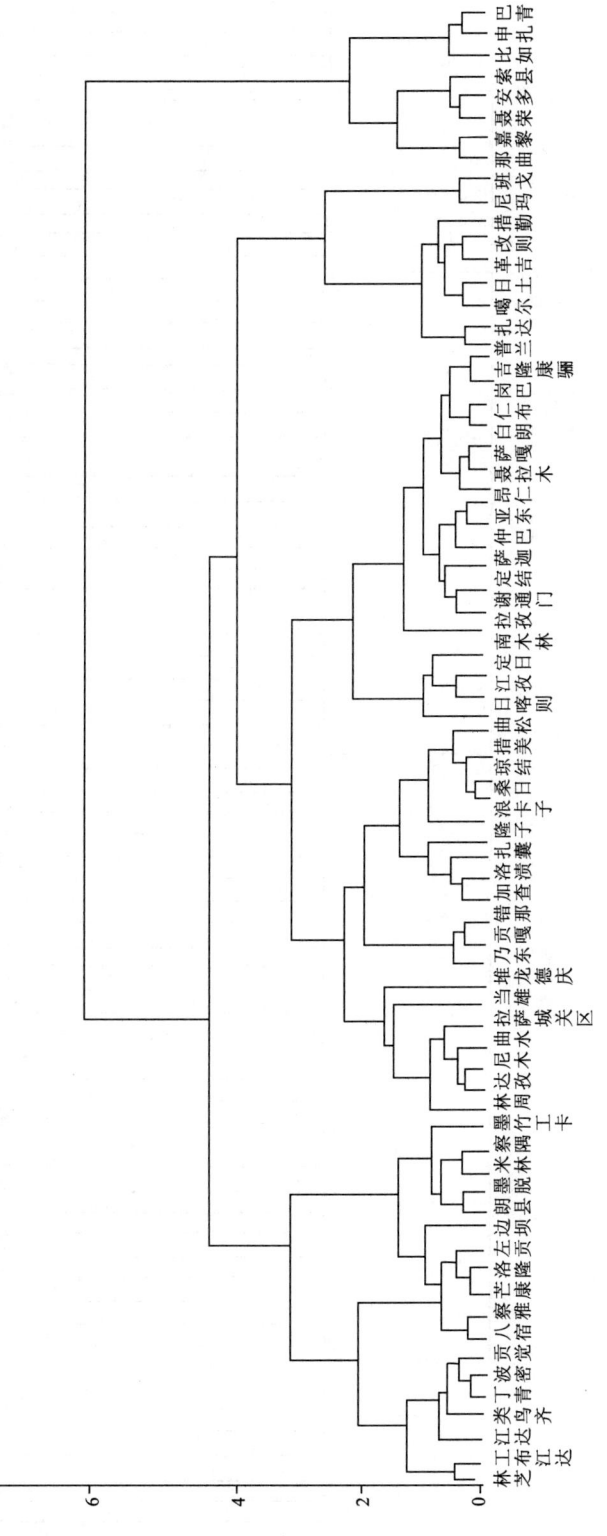

图 1-4 聚类结果二

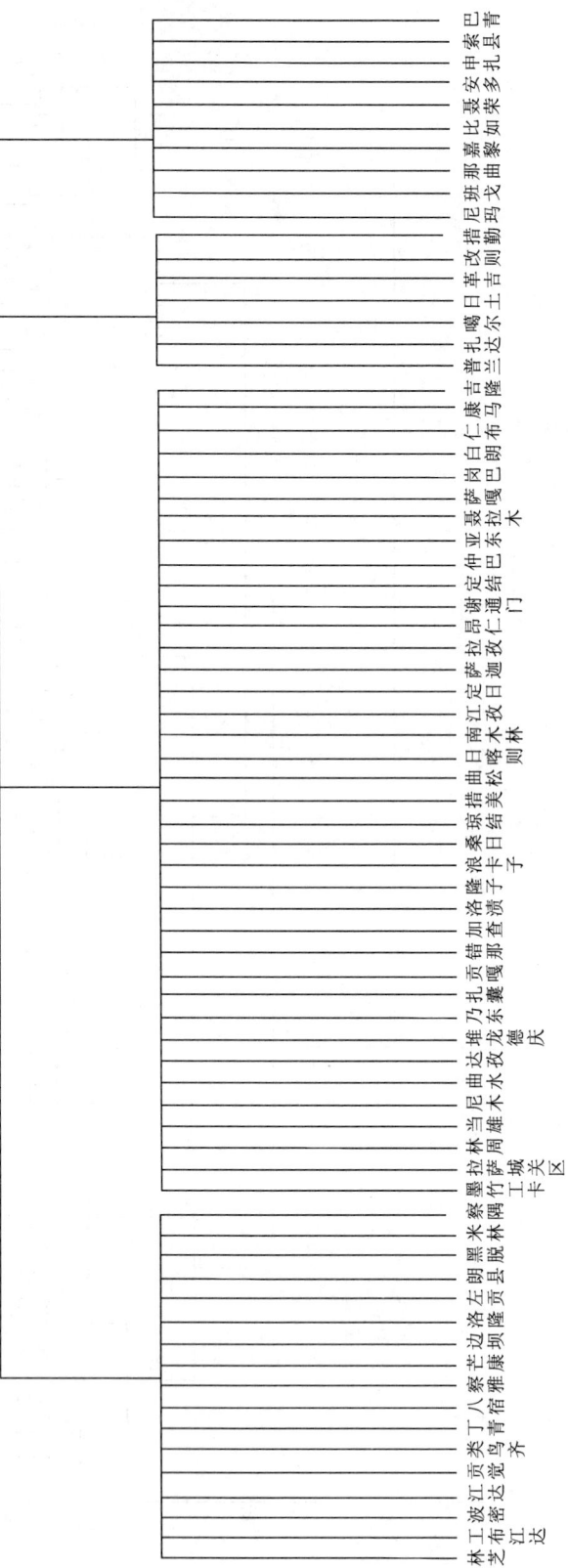

图 1-5 一级类型区

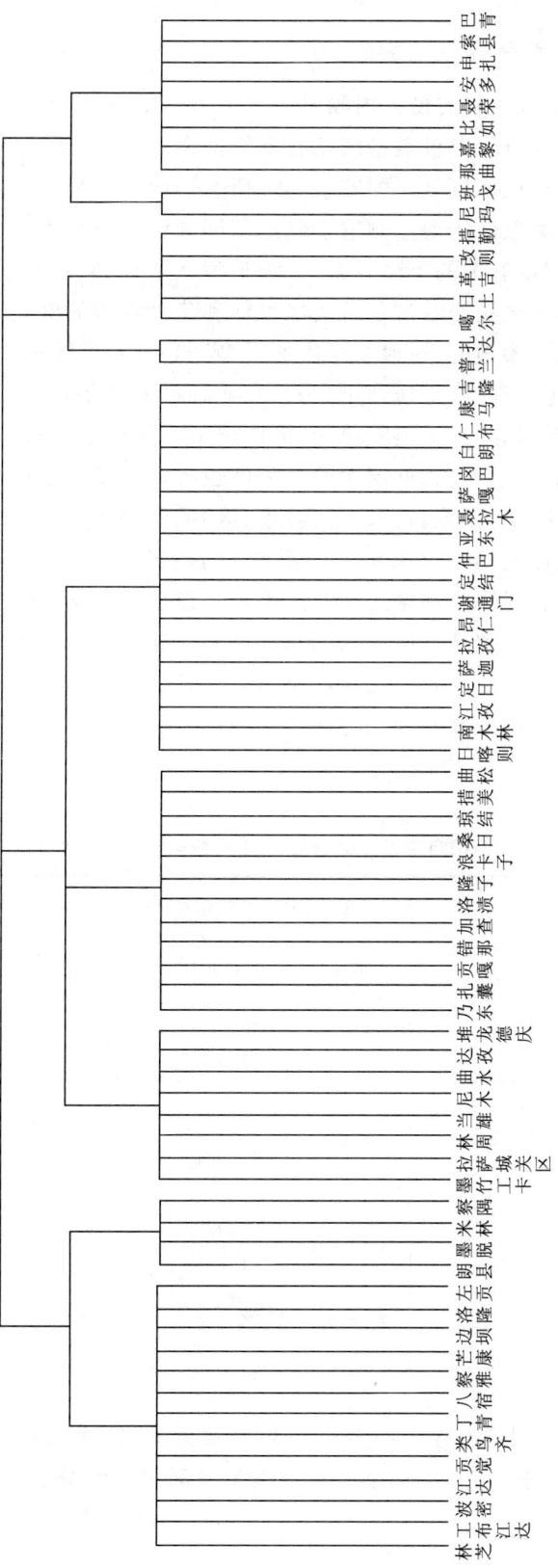

图1-6 最终聚类结果

## 3.4 分区体系与命名

根据土地开发整理工程类型区内涵可将其分为两级：一级类型区以地域特征为基础，融合了地域范围内的类型特征；二级类型区以类型特征为基础，体现了一定的地域特征。依据地域范围和目标的不同，类型区可分为国家级、省（市、区）级。不同层次级别的类型区其体现的侧重点是不同的：一级类型区的划分侧重于确定不同区域土地整理的方向和目标，二级类型区则侧重于确定与项目建设有关的类型要素；一级类型区强调的是土地整理项目区域特征和地理要素的界定，二级类型区强调的是项目实施目标和建设内容的确定。但是，两个层次的划分并非是绝对的，而是相互渗透的：一般高层次的类型区划分着重体现区域差异，包括地理位置、水文气候、地质地形、土壤类型、土地利用方式、农业种植制度等；低层次的类型区则侧重于与项目建设有关的类型要素，如末级地貌单元、第四纪地质与成土母质、土体构型与土壤理化性状、水源条件与灌排方式等。所以，低层次的类型区也可以直接用工程模式来命名。

根据上述指标体系对西藏自治区各县（市、区）的所处地理位置、地形地貌、气候类型、耕作制度、土地利用方式以及日后土地开发整理重点的差异进行归类，同时考虑坡度大于25°的地区不进行开发整理，将西藏自治区土地开发整理一级类型区划分为4个，分别是：①藏东高山峡谷区，典型行政区范围包括本区东部的昌都和林芝地区；②藏南高原河谷区，典型行政区范围包括本区南部的日喀则和山南地区，以及拉萨市；③藏西高山宽谷区，典型行政区范围包括本区西部的阿里地区；④藏北高原湖盆区，典型行政区范围包括本区北部的那曲地区。指标特征与分区结果见表1-2和表1-4。

表1-4 西藏自治区土地开发整理一级类型区划分结果及各指标特征

| 一级类型区名称 | 一级类型区划分的主要依据和指标 | | | | | | 典型行政区范围 |
|---|---|---|---|---|---|---|---|
| | 代码 | 所处地理位置 | 地形地貌 | 气候类型 | 耕作制度 | 土地利用方式 | |
| 藏东高山峡谷区 | I | 藏东 | 高山峡谷 | 亚热带、湿润带 | 稻麦一年两熟 | 旱地/水浇地/水田 | 昌都地区、林芝地区 |
| 藏南高原河谷区 | II | 藏南 | 高原河谷 | 高原温带半干旱区 | 冬麦一年一熟 | 旱地/水浇地 | 日喀则地区、拉萨市、山南地区 |
| 藏西高山宽谷区 | III | 藏西 | 高山宽谷 | 高原温带干旱区 | 春麦一年一熟 | 水浇地/菜地 | 阿里地区 |
| 藏北高原湖盆区 | IV | 藏北 | 高原湖盆 | 高原亚寒带半干旱区 | 冬麦一年一熟 | 水浇地/旱地 | 那曲地区 |

二级工程类型区划分是在一级分区结果的基础上，遵循本专题第一节的原则，不打破县（市、区）行政界线，在县（市、区）范围内对一级类型区进行续分。各二级工程类型区指标特征见表1-5、表1-6。

表 1-5 西藏自治区土地开发整理二级类型区初步成果表

| 一级类型区 名称 | 代码 | 二级类型区 名称 | 代码 | 典型行政区范围 |
|---|---|---|---|---|
| 藏东高山峡谷区 | I | 高山平原工程模式 | $I_1$ | 林芝县、工布江达县、波密县、昌都县、江达县、贡觉县、类乌齐县、丁青县、察雅县、八宿县、左贡县、芒康县、洛隆县、边坝县 |
| | | 峡谷丘陵工程模式 | $I_2$ | 米林县、察隅县、朗县、墨脱县 |
| 藏南高原河谷区 | II | 河谷平原工程模式 | $II_1$ | 拉萨城关区、林周县、当雄县、尼木县、曲水县、堆龙德庆县、达孜县、墨竹工卡县 |
| | | 高山平原工程模式 | $II_2$ | 乃东县、扎囊县、贡嘎县、错那县、洛扎县、加查县、隆子县、浪卡子县、桑日县、琼结县、曲松县、措美县 |
| | | 河谷丘陵工程模式 | $II_3$ | 日喀则市、南木林县、江孜县、定日县、萨迦县、拉孜县、昂仁县、谢通门县、定结县、仲巴县、亚东县、聂拉木县、萨嘎县、岗巴县、白朗县、仁布县、康马县、吉隆县 |
| 藏西高山宽谷区 | III | 峡谷丘陵工程模式 | $III_1$ | 普兰县、札达县 |
| | | 河谷平原工程模式 | $III_2$ | 噶尔县、日土县、革吉县、改则县、措勤县 |
| 藏北高原湖盆区 | IV | 高原丘陵工程模式 | $IV_1$ | 尼玛县、班戈县、申扎县 |
| | | 湖盆平原工程模式 | $IV_2$ | 那曲县、嘉黎县、比如县、聂荣县、安多县、索县、巴青县 |

表 1-6 在聚类基础上加以调整的二级工程类型区分区成果表

| 一级类型区 名称 | 代码 | 二级类型区 名称 | 代码 | 典型行政区范围 |
|---|---|---|---|---|
| 藏东高山峡谷区 | I | 高山平原工程模式 | $I_1$ | 林芝县、工布江达县、波密县、昌都县、江达县、贡觉县、类乌齐县、丁青县、察雅县、八宿县、左贡县、芒康县、洛隆县、边坝县 |
| | | 峡谷丘陵工程模式 | $I_2$ | 米林县、察隅县、朗县、墨脱县 |
| 藏南高原河谷区 | II | 湖盆平原工程模式 | $II_1$ | 拉萨城关区、林周县、当雄县、尼木县、曲水县、堆龙德庆县、达孜县、墨竹工卡县、乃东县、扎囊县、贡嘎县、加查县、浪卡子县、桑日县、琼结县、曲松县 |
| | | 峡谷丘陵工程模式 | $I_2$ | 错那县、洛扎县、隆子县、措美县 |
| | | 河谷平原工程模式 | $II_2$ | 日喀则市、南木林县、江孜县、定日县、萨迦县、拉孜县、昂仁县、谢通门县、定结县、仲巴县、亚东县、聂拉木县、萨嘎县、岗巴县、白朗县、仁布县、康马县、吉隆县 |
| 藏西高山宽谷区 | III | 峡谷丘陵工程模式 | $I_2$ | 普兰县、札达县 |
| | | 河谷丘陵工程模式 | $III_1$ | 噶尔县、日土县、革吉县、改则县、措勤县 |
| 藏北高原湖盆区 | IV | 高原丘陵工程模式 | $IV_1$ | 尼玛县、班戈县、申扎县 |
| | | 湖盆平原工程模式 | $II_1$ | 那曲县、嘉黎县、比如县、聂荣县、安多县、索县、巴青县 |

# 4 西藏自治区土地开发整理类型区划分成果

## 4.1 西藏自治区土地开发整理一级类型区划分成果说明

根据表1-4,对西藏自治区土地开发整理一级类型区及其特征分析如下。

### 4.1.1 藏东高山峡谷区

本区位于藏东,典型行政区范围包括昌都和林芝地区。近南北走向的山脉与深切割谷地相间,谷地海拔一般在2500~3600m之间,气候干旱,年降水量多在400~480mm,作物生长受低温限制,土壤碱性较强。该地区坡度大于6°的坡耕地面积达3 709 096hm$^2$,占耕地总面积的36.68%,坡度大于25°的坡耕地面积6017.69hm$^2$,占耕地总面积的5.59%。坡耕地面积大,加之天然林面积逐渐减小,暴雨季节造成耕地水土流失加重,对当地农业生产造成严重影响。该区应以坡改梯为重点,对坡度6°~25°的坡耕地进行坡改梯,对坡度大于25°的坡耕地有计划地退耕、还牧还林;狠抓中、低产田改造,大力推广农业科学技术,加强生态农业建设,建设一批稳产、高产农田,提高粮食自给能力;加强对水土流失的综合治理,植树种草,加强荒山、荒沟、荒滩和荒丘绿化,控制水土流失;改良退化草场;建立比较完善的森林生态系统预防监测和保护体系。

### 4.1.2 藏南高原河谷区

本区位于藏南,典型行政区范围包括日喀则和山南地区,以及拉萨市。近东西向的山脉与大河宽谷、湖盆相间,属雅鲁藏布江中游与朋曲上游流域,基面海拔3500~4500m,气候差异明显,年均日照达3000h以上,年平均降水量250~500mm,河川径流因雨水的季节不均衡呈现季节变化,但雅鲁藏布江中游干流及拉萨河、年楚河两大支流拥有较丰足的径流量,为农业发展提供了有利因素。该区域温度条件较差,土壤有机质含量大多在2%以上,作物一年一熟,霜冻对作物影响显著。

本区位于西藏的东南部,包括雅鲁藏布江中游下段和金沙江、澜沧江、怒江三江中游即横断山脉的北部。土地总面积24.70×10$^6$hm$^2$,其中耕地面积9 714 539hm$^2$,林地面积11 368 200hm$^2$,草地面积10 305 900hm$^2$。总人口60.9万人。受地形影响,区域内气候差异较大,年平均气温3~9℃,年降水量400~1000mm。自然植被以常绿针叶林及硬叶常绿阔叶林占优势,主要植被类型为雨林、季雨林、常绿阔叶林和针叶林、山地寒温性暗针叶林,高山灌丛、亚高山灌丛、干旱河谷灌丛等,高寒草甸、沼泽草甸等。

就整个西藏而言,该区是生态环境最好的区域,但随着人类社会、经济活动的加剧,生态环境也面临着一些问题:①由于迹地更新跟不上,森林的生态屏障作用减弱,由此引发山体滑坡、泥石流及水土流失;②坡耕地面积大,农牧业生产条件日趋下降;由于生态系统的防护功能和自我调节能力降低,抵御自然灾害的能力下降,造成洪涝、干旱、冰雹、暴雨等自然灾害频繁发生,水土流失加剧。农田土壤土层变薄,有机质含量下降,农田沙化、退化日趋严重。

### 4.1.3 藏西高山宽谷区

本区位于藏西,典型行政区范围是阿里地区。该区位于青藏高原腹地,海拔高,气候寒冷,降水较少,年平均温度0~4℃,年均降水量50~300mm。植被稀疏,大旱、大雪、大风等自然灾害频繁,土地沙化、退化严重,草原生态环境脆弱。该区主要生态环境问题表现为:①气候干暖化,冻土线上升,裸露地表面积增大,草场沙化严重;②气温低,热量不足,导致草地群落种类单调、结构简单、生态系统脆弱,植物生产量低。

### 4.1.4 藏北高原湖盆区

本区位于藏北。典型行政区范围属于那曲地区,地处唐古拉山脉、念青唐古拉山脉和冈底斯山脉之间,境内河流纵横,水资源极为丰富。本区海拔较高,高寒缺氧,气候干燥,昼夜温差大。

## 4.2 西藏自治区土地开发整理类型区工程模式

根据表1-6,在聚类基础上加以调整的二级工程类型区工程模式分析如下。

(1) $I_1$ 高山平原工程模式。

基础条件:该区一年两熟。极度干旱,生态环境脆弱,普遍盐碱危害,风沙严重。

工程特征:该区为极端干旱区,水源以地表水为主、地下水为辅,工程组合为渠道及管道输水、高新节水灌溉、机井泵站及输配电线路工程、排水工程、防护林工程。

(2) $I_2$ 峡谷丘陵工程模式。

基础条件:该区大部分区域作物能一年一熟,有的可复播,但水资源十分缺乏,有些地区位于沙漠边缘,有盐碱危害。

工程特征:该区主要工程组合为灌溉工程(渠道及管道输水、高新节水灌溉、机井泵站及输配电线路工程等),同时为防止风沙和盐碱危害加强排水工程、防护林工程的建设。

(3) $II_1$ 湖盆平原工程模式。

基础条件:热量少,只适宜种植喜凉作物;地形复杂,农田基础生产条件差。

工程特征:以地表水为水源引、蓄水灌溉工程,同时配套道路、电力等基础设施建设。

(4) $II_2$ 河谷平原工程模式。

基础条件:气候温凉,只能种植喜凉作物,作物能一年一熟,经济效益较好。

工程特征:地表水资源较丰富的地区,工程组合考虑以开发利用地表水资源为主,渠道输水灌溉为主,少量开采地下水资源为辅,田间高新节水灌溉和地面灌溉的灌溉形式。

水资源相对缺乏的区域,工程组合为引蓄水工程、高新节水灌溉工程,通过节流提高灌溉保证率,保证农田灌溉;配套道路、电力等农田基础设施。

(5) $III_1$ 河谷丘陵工程模式。

基础条件:该区大部分区域作物能一年一熟,有的可复播,但水资源十分缺乏,有些地区位于沙漠边缘,有盐碱危害。

工程特征:该区主要工程组合为灌溉工程(渠道及管道输水、高新节水灌溉、机井泵站及输配电线路工程等),同时为防止风沙和盐碱危害加强排水工程、防护林工程的建设。

(6) $IV_1$ 高原丘陵工程模式。

基础条件:热量少,只适宜种植喜凉作物;地形复杂,农田基础生产条件差。

工程特征:在降水丰富的地区,工程多以配套道路和电力等农田基础设施为主;在需要补充灌溉的地区,以开发利用地表水资源为主,根据地形条件配套修建蓄水、扬水、提水、引水灌溉工程。

西藏自治区土地开发整理工程类型区划分及主导因素如表1-7所示。

**表1-7 西藏自治区土地开发整理工程类型区划分及主导因素表**

| 工程模式名称 | | 高山平原工程模式 | 峡谷丘陵工程模式 | 湖盆平原工程模式 | 河谷平原工程模式 | 河谷丘陵工程模式 | 高原丘陵工程模式 |
|---|---|---|---|---|---|---|---|
| 工程模式代码 | | $I_1$ | $I_2$ | $II_1$ | $II_2$ | $III_1$ | $IV_1$ |
| 土地利用方式 | | 水田/旱地 | 水田/旱地 | 水田/旱地 | 水田/旱地 | 水田 | 水田 |
| 农田灌排方式 | 田块形式 | 条田 | 水平梯田 | 水平梯田/坡式梯田 | 条田/水平梯田 | 水平梯田/坡式梯田 | 水平梯田/坡式梯田 |
| | 水源类型 | 地表水/水库/塘堰 | 地表水/水库 | 地表水/湖泊 | 地表水/塘堰/地下水 | 地表水/湖泊/水库/塘堰 | 地表水/湖泊/水库/塘堰 |
| | 引水方式 | 泵站提水/自流 | 泵站提水/自流 | 泵站提水/自流 | 泵站提水/机井提水 | 泵站提水/自流 | 泵站提水/自流 |
| | 输水方式 | 明渠 | 明渠 | 明渠 | 明渠/管道 | 明渠 | 明渠 |
| | 排水方式 | 浆砌石沟/自排 | 土沟/自排 | 浆砌石沟/自排 | 土沟(或干砌石)/自排 | 土沟/自排 | 土沟/自排/抽排 |
| 其他 | 路面材料 | 田间道:硬化/泥结碎石;生产路:素土夯实/泥结碎石 | 田间道:泥结碎石;生产路:素土夯实/泥结碎石 | 田间道:硬化/泥结碎石;生产路:素土夯实/泥结碎石 | 田间道:硬化/泥结碎石;生产路:素土夯实/泥结碎石 | 田间道:硬化/泥结碎石;生产路:素土夯实 | 田间道:硬化/泥结碎石;生产路:素土夯实/泥结碎石 |
| | 农田林网类型 | 护路护沟林/农田防护林 | 水土保持林/护路护沟林 | 水土保持林/护路护沟林 | 农田防护林/护路护沟林 | 农田防护林/水土保持林/护路护沟林 | 护岸林/护路护沟林 |
| | 其他 | — | 淤地坝 | 截洪沟/拦洪沟/山堰 | 截洪沟/拦洪沟/山堰 | — | — |

# 专题二　西藏自治区土地开发整理土地平整工程建设研究

## 1　土地平整专题

### 1.1　概念

土地平整工程是指为平整后的土地具有更适合种植或者其他用途需要,而根据一定的田块标准所进行土方填挖和调配的过程,工作的内容包括条田修筑、梯田修筑、客土回填、表土保护等(曹小曙等,2009)。

### 1.2　研究目的

通过对现有国家土地平整工程建设标准的分析,以及对西藏自治区土地平整实施状况的实地调查研究,为西藏自治区土地开发整理中耕作田块平整、田埂(坎)修筑、土壤改良等工程建设制定参考标准,并提出适用于西藏自治区的土地平整工程建设标准应用成果。

### 1.3　引用标准名称及标准主要内容

#### 1.3.1　国家标准

(1)《水土保持综合治理规划通则》(GB/T 15772—1995)。本标准规定了编制水土保持综合治理规划的任务、内容、程序、方法、成果、整理等的基本要求。适用于大面积总体规划和小面积实施规划。前者指大中流域或省、地县级的规划(面积几千、几万到几十万平方千米),后者指小流域或乡、村级的规划(面积几十到几百平方千米)。

标准中对坡耕地、风沙区、小型蓄排引水工程提出了具体的水土保持措施。

(2)《水土保持综合治理技术规范 坡耕地治理技术》(GB/16453.1—1996)。本规范适用于全国各地的水蚀地区和水蚀与风蚀交错地区,包括两部分内容。

一是保水保土耕作法:①结合农事耕作,改变坡耕地的微地形,使之既能容蓄雨水又能便利耕作,以减轻水土流失,提高作物产量;②结合农事耕作,合理安排种植的作物,增加地面植物被覆,特别是在暴雨季节,要求地面有植物被覆,以减轻水土流失,提高作物产量;③结合农事耕作,采取改变土壤物理化学性质、增加土壤入渗、提高土壤抗蚀性能、减轻土壤冲刷的做法。

二是梯田:提出了坡耕地修梯田的分类与各类梯田的规划、设计、施工、管理等技术。

(3)《工程测量规范》(GB 50026—93)。

(4)《土壤环境质量标准》(GB 15618—1995)。

本标准按土壤应用功能、保护目标和土壤主要性质,规定了土壤中污染物的最高允许浓度指标值及相应的监测方法。

本标准适用于农田、蔬菜地、茶园、果园、牧场、林地、自然保护区等地的土壤。

### 1.3.2 行业标准

(1)《土地开发整理规划编制规程》(TD/T 1011—2000)。

(2)《土地开发整理项目规划设计规范》(TD/T 1012—2000)。本规范主要规定了土地开发整理项目规划的总则、内容、程序、方法、成果等的基本要求和项目设计的原则、内容及技术要求;本规范适用于土地开发整理项目的规划编制与实施,适用于土地开发整理项目的初步设计和施工图设计,并作为与设计有关的概预算、审批等方面的参考。

规范中对土地平整工程中田块规划提出了部分工程标准,如:耕作田块的方向、长度、宽度、形状、土壤等标准,并根据耕作田块所处的地形、地貌、气候、水文等自然特征及土壤质量要求,对耕作田块内部作进一步设计。

(3)《土地开发整理项目验收规程》(TD/T 1013—2000)。

(4)《全国中低产田类型划分与改良技术规范》(NY/T 310—1996)。

(5)《全国耕地类型区、耕地地力等级划分》(NY/T 309—1996)。

### 1.3.3 其他资料

(1)《基本农田建设设计规范》(DB35/T 165—2002)。本规范规定了基本农田建设的术语和定义、技术指标、耕作田块规划设计、田间排灌沟渠规划设计、机耕路规划设计、农田防护林设计及路、沟、林、渠、田综合规划设计。

规范对基本农田建设中耕作田块的方向、长度、宽度、形状、田面高程以及耕作田块对土壤理化性质的要求做了详细的规定。

(2)《土地开发整理项目资金管理暂行办法》(国土资发[2000]282号)。

(3)《实用土木工程手册》人民交通出版社,2000。

此外,由于现行土地开发整理项目相关标准中,可供土地平整工程参考的标准较少,因此在该专题分析过程中,重点加入了《土地整理工程设计》《土地整理工程》《土地开发整理项目预算编制与实务》等教科书内容,力求分析成果更客观、更全面。

## 1.4 研究的方法及技术路线

### 1.4.1 研究方法

本专题的研究方法主要如下:

(1)典型案例分析法。在全面调查西藏自治区内土地开发整理项目实施情况的基础上,按照类型区选取具有代表性的典型案例,根据典型案例的设计标准或施工标准,分析土地开发整理中土地平整的实际情况,提出具有实践指导作用的建设标准。

(2)综合比较分析法。在收集国土、水利、农牧、林业、环保、交通、建设等行业相关标准的基础上,结合土地开发整理工程建设的特征,通过不同标准的比较、分析以及归纳综合,为《西藏自治区土地开发整理工程建设标准》(以下简称《标准》)条文和条文说明的形成提供依据。

(3)调研法。部分农业重点地区采取项目区现场踏勘、项目责任人问卷调查的方法,并征求有关专家和领导意见,为标准制定提供依据。

(4)引用法。对于国家标准、行业标准以及有关土地开发整理教科书,在分析的基础上结合样本进行录选。

### 1.4.2 技术路线

本专题的研究技术路线如下:

(1)准备阶段。参考已经制定的其他省市成果,编制外业需要收集的资料清单,对拟参加本项目的研究小组成员进行专项培训,合理确定研究技术路线,并根据西藏自治区实际情况预测项目欲取得的成果。

以下是本标准研究框架图(图2-1)。

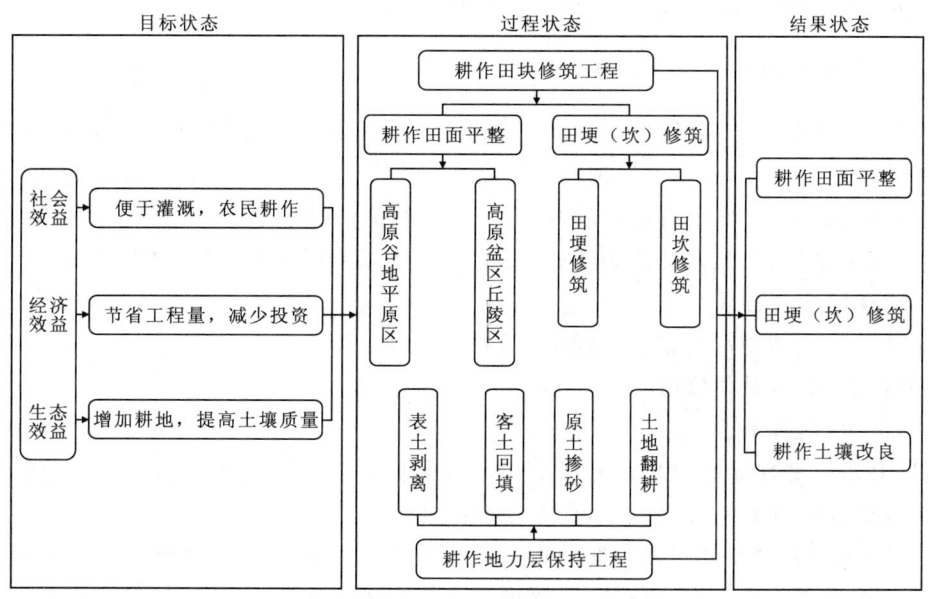

图2-1 土地平整专题研究框架图

(2)取样调研阶段。在西藏自治区土地开发整理工程建设中,针对自治区土地开发整理土地平整工程建设标准中的田块布置、条田、梯田修筑工程及耕作层地力保持工程进行样本分析及实地调研,样本及调研的支撑项目为正在实施或已经竣工的国家或省级投资土地开发整理项目,采用实地调研和问卷调查相结合的方式进行。

(3)分析研究阶段。对收集到的西藏自治区各工程类型区的土地整理项目样本,根据地貌分区,分别进行土地整理工程相关数据的提取及统计分析。此外,参考已收集到土地平整工程标准设计的相关国家标准、行业标准,并结合西藏自治区的案例统计及实地调研情况进行综合研究。

(4)《标准》编制阶段。结合其他专题,完成标准条文的编制及标准条文说明,同时完成标准研究报告的编制。

(5)《标准》修改完善阶段。标准条文制定后需多次征求相关部门的意见,并按照相关部门提供的意见修改完善,此外,按照国家要求验收完成后在西藏自治区内试行三年,试用期满后再次根据试用反馈意见修改形成最终成果,公布实施以指导西藏自治区未来土地开发整理项目的实施。

# 2 耕作田块修筑工程

## 2.1 耕作田面平整

耕作田块是末级固定田间工程设施所围成的地块,是田间作业、轮作、工程建设和管理的基本单元。它的规模、长度、宽度、方向、形状等要素合理与否,直接影响到灌溉渠系、护田林带、田间道路等作用的发挥以及生产效率和管理的便利性。

### 2.1.1 高原谷地平原耕作单元平整

从地理空间分布来看,高原谷地平原主要是指冲积、洪冲积、湖积平原及其复合类型和相对平缓的山地,主要分布在"一江三河"(雅鲁藏布江和拉萨河、年楚河、雅砻河)流域,这是耕地分布的主要地貌部位,全区现有耕地的80%以上集中在上述高原谷地平原。高原谷地平原耕作区因地势较为平坦,灌溉条件较为优越,故耕作单元以条田为主(邹利林等,2011)。

#### 2.1.1.1 现有标准内容规定

1.《土地开发整理项目规划设计规范》(TD/T 101—2000)

引用的内容如下(稍作修改)。

3.3.1.5 田块规划。

a)规划要求。整理后的田块应有利于作物的生长发育,有利于田间机械作业,有利于水土保持,满足灌溉排水要求和防风要求,便于经营管理。

b)耕作田块方向。耕作田块方向的布置应保障耕作田块长边方向受光照时间最长,受光热量最大,宜选用南北向。在水蚀区,耕作田块宜平行等高线设置;在风蚀区,则应与当地主害风向垂直或与主害风向垂直线的交角小于30°~45°方向布置。

c)耕作田块长度。根据耕作机械工作效率、田块平整度、灌溉均匀程度以及排水畅通度等因素确定耕作田块的长度。田块边长一般为500~800m,具体可依自然条件确定。

d)耕作田块宽度。耕作田块宽度应考虑田块面积、机械作业要求、灌溉排水以及防止风害等要求;同时应考虑地形地貌的限制。表2-1为田块要求宽度参考数据。

表2-1 田块要求宽度参考数据

| 机械作业要求宽度 | 200~300m |
| --- | --- |
| 灌溉排水要求宽度 | 100~300m |
| 防止风害要求宽度 | 200~300m |

e)耕作田块形状。要求外形规整,长边与短边交角以直角或接近直角为好,形状选择依次

为长方形、正方形、梯形、其他形状，长宽比以不小于4∶1为宜。

f) 耕作田块土壤。耕作田块土壤的质量，主要取决于土壤结构、土壤质地、土壤理化性质等。各地应因地制宜，提出符合当地条件的土壤质量改良要求。

g) 耕作田块内部规划。根据地形、地貌、气候等自然特征及土壤质量要求，对耕作田块内部作进一步设计。

平原地区：水稻宜采用格田形式。格田设计必须保证排灌畅通，灌排调控方便，并满足水稻作物不同生育阶段对水分的需求。格田田面高差应小于±3cm，长度保持在60～120m为宜，宽度以20～40m为宜。格田之间以田埂为界，埂高以40cm为宜，埂顶宽以10～20cm为宜。旱地田面坡度应限制在1∶500以内。

4.2.1.1 农田田面高程设计原则：①因地制宜；②确保农田旱涝保收；③填挖土方量最小；④与农田水利工程设计相结合。

4.2.1.2 农田田面高程设计：①地形起伏小，土层厚的旱涝保收农田田面设计高程根据土方挖填量确定；②以防涝为主的农田，田面设计高程应高于常年涝水位0.2m以上；③地形起伏大，土层薄的坡地田面高程设计应因地制宜；④地下水位较高的农田，田面设计高程应高于常年地下水位0.8m以上。

2.《基本农田建设设计规范》(DB35/T 165—2002)

引用的内容如下(稍作修改)。

5.4 田块的地下水位。

耕作田块田面高程应满足农作物排渍的要求，即田面高程 $E \geqslant E_0 + d$（$E_0$ 为所在田块最高地下水位的高程，$d$ 为设计排渍深度）。水田设计排渍深度可取 $d=0.6$m，旱地设计排渍深度可取 $d=0.8$m。

5.5.2 在地形较复杂或具有曲线边界的地段上设计田块时，在不过多减少机组工作单程长度的情况下，应使田块短边配置在曲线边界上，以保证与田块长边平行的要求，如图2-2所示。

5.5.3 在三角形地段上设计田块时，为保证两个长边平行，便于沿长边进行耕作可将三角形地段三条中线的交点作平行于各边的平行线，划出三个梯形田块，如图2-3所示。

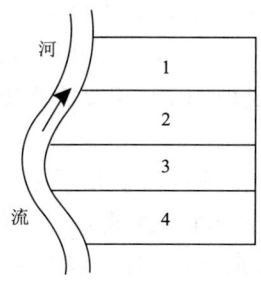
图2-2 曲线边界地段上田块设计

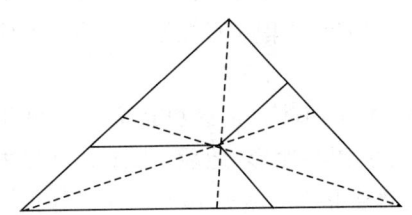
图2-3 三角形地段田块设计

5.6 耕作田块对土壤理化性的要求。

5.6.1 耕层土层厚度应在15cm以上。特殊情况下，耕作层厚度应能保障一般大田作物的正常生长。

5.6.2 耕层有机质含量一般不低于2%；土壤理化性状和土壤肥力满足作物生长发育所需的最低要求。

5.6.3 耕地pH值一般要求在5.5~7.5之间；耕层含盐量≤0.3%；特殊情况下，可以稍微放宽，以不影响出苗为限。

5.6.4 质地以砂壤至壤土为佳，不宜是砂土或重黏土。

5.7 耕作田块细部设计的要求。

5.7.1 平原地区（洋田）设计。

平原地区以种植水稻为主，水田宜采用格田形式。格田设计必须保证排灌畅通，调控方便，并满足水稻作物各生长发育阶段对水分的需求。格田田面高差应在3~5cm以内，长度保持在80~120m，宽度以30~40m为宜。格田之间以田埂为界，埂高以20~30cm，埂顶宽以15~20cm为宜。

### 2.1.1.2 标准内容应用分析

上述两个规范中对耕作田面平整过程中田块的方向、长度、宽度、形状、土壤做了一般指导性规定，在西藏自治区高原谷地平原土地整理工程中土地平整时可参考。此外，规范中对于平原地区耕作田块的内部规划中各参数也给出了标准范围，但由于西藏自治区特殊的地形、地貌条件，这些标准不能完全指导当地实践工作，只能在参照标准的前提下因地制宜、合理确定。

### 2.1.1.3 高原谷地平原耕作单元平整规划

1. 耕作田块方向

指导原则：田块方向即田块的耕作方向，一般以田块长边方向为准，它也是末级固定渠道等田间工程设施的布置方向。从排除地下水与防风要求看，保持田块方向与地下水水流方向垂直，可以达到利用排水沟截排地下水的目的。在风害较严重的地带，当田块方向与主害风方向垂直或接近90°交角时，对于防止风害具有显著的作用。

西藏规划：西藏自治区高原谷地平原耕作田块的方向主要设计如下：①在"一江三河"（雅鲁藏布江和拉萨河、年楚河、雅砻河）流域，田块方向要与地下水流方向垂直，即与等高线方向平行；②对风沙较大的耕地，田块方向既要考虑排水灌水，也要考虑防风，田块方向应与主害风方向垂直或接近90°交角。

2. 耕作田块长度

指导原则：在一定范围内拖拉机机组的工作单程、行程利用率和工作效率与田块面积、长度成正比，与机组空转次数成反比，长度越长，工作效率越高。另外，从有利灌排的角度讲，一个田块一般是末级固定渠道所控制的范围，因此耕作田块长度的确定还要考虑末级固定渠道的控制面积。

西藏规划：参照西藏自治区已规划和已施工的土地开发整理项目土地平整工程中各参数范围，并充分考虑各种地形、地貌、水文等自然因素的影响，综合确定西藏自治区高原谷地平原区耕作田块长度一般为100~400m，具体数值可依具体情况来定：①对地势开阔、农机化水平较高的地区可适当长些，机械化耕作田块的长度至少应该大于400m；②对农机化水平较低或没有实行机耕的耕作区可短些，具体长度应因地制宜，充分考虑人力、畜力作业的需要，田块长度以100~300m为宜，最大不宜超过400m。

3. 耕作田块宽度

指导原则：田块宽度的确定与整理区机械作业所采用的机械类型、末级固定渠道的间距、地下水位情况、防护林的有效间距、田块面积的大小等因素有关，同时还应考虑地形的限制。

西藏规划：参照西藏自治区已规划和已施工的土地开发整理项目土地平整工程中各参数范围，确定西藏自治区高原谷地平原耕作田块的宽度设计如下：①在农业机械化水平较高的地区，考虑机组作业的需要，田块宽度以作业小区宽度的整数倍为宜，一般满足机械作业要求的田块宽度在100～200m之间时较为合适；②在灌排设施较好的地区，田块的规划宽度应以末级沟渠的有效间距为标准进行确定，一般在50～200m之间；③在盐碱化与地下水位较高的地区，考虑到排盐排渍的需要，沟渠有效间距变窄，田块规划宽度也应该相应减小；④在风害较为严重的地区为保证最佳的防风效果，规划田块宽度不应超过树高的25倍。根据项目实地调研情况，田块规划宽度一般为50～200m。

4. 耕作田块形状

指导原则：田块形状是否规则，直接影响着机械作业效率与田间管理的方便程度。田块越规整，则机械作业过程中重耕与漏耕面积越少，有利于提高耕作质量，减少机械损耗。同时，规则的田块也方便水利水电设施、道路工程、防护林带等的设计与布局，降低整理成本，减少土地浪费。一般情况下，耕作田块的规划形状应该尽量接近矩形或者正方形，其次是直角梯形、接近直角的平行四边形或者其他规则的四边形，应尽量保证田块形状的规则性，避免出现三角形、多边形等不规则田块。对于因地形条件复杂造成外形特殊的田块，应该通过分割与合并的方式，将其变为规则的几何形状。对于因接近河流、沟渠、村界等导致形状弯曲的田块，不能机械分割或合并，应尽量将自然边界作为短边，同时保持长边的平行。

西藏规划：西藏自治区高原谷地平原耕作田块形状设计主要参考上述指导原则。

5. 耕作田块规模

指导原则：耕作田块规模的大小与项目区种植作物种类、耕作方式、地形地势条件、社会经济状况等因素密切相关。

西藏规划：根据上述指导原则和西藏自治区高原谷地平原耕作区耕作田块的实际规模，综合确定田块规模一般为4hm² 左右，具体可以按照上述指导原则因地制宜、合理确定：①机械化耕作的田块规模比依靠人畜耕作的田块规模要大得多，一般机械化耕作区的田块规模确定为4～10hm²，而依靠人畜耕作的田块规模确定为0.5～4hm²；②人均耕地面积较大的，田块规模就应大些；人均耕地面积较少的，田块规模就相应地缩小，具体规模可以根据人均耕地面积来确定。

6. 耕作田块高程

指导原则：田块高程设计的合理与否直接影响着田间平整工程量的大小以及灌排沟渠的布局。地形起伏大、土层浅薄的坡耕地田面高程设计，在考虑平整工程量的同时，应根据地形特点，尽量满足灌排设施布置的要求。

西藏规划：参照西藏自治区已规划和已施工的土地开发整理项目土地平整工程中平整单元高差、田面高差、地面坡度等参数，确定西藏自治区高原谷地平原耕作田块高程设计如下：①平整单元高差原则上要小于1m，田面坡度一般不大于10cm，地面坡度以1/500～1/300为宜；②地势较低的低洼地，田面设计高程应考虑到水位要求，平整后的高程应高于常年涝水位0.2m以上；③地下水位较高的农田，田面设计高程应高于常年地下水位0.8m以上。

7. 灌溉水田格田布局

指导原则：灌溉水田一般采用淹灌法，且要保持作物生长期间田间具有一定深度的水层。

因此,水田规划时必须重点考虑田间灌溉的要求。

西藏规划:西藏自治区灌溉水田主要分布在山南地区和林芝地区,其中绝大部分集中在山南地区。通常情况下格田的布局过程中要求通过土地平整,确保格田内部高差在±3cm以内,格田之间以田埂为界,田埂应采用土质,埂顶宽一般在15～20cm,埂高以30～40cm为宜,一般格田长度保持在60～100m,宽度保持在20～40m较为恰当。

8. 沟洫畦田

指导原则:沟洫畦田又称大地畦田,适用于旱涝交叉的平原洼地上游地区,田面不垫土或垫高不多。

西藏规划:西藏自治区沟洫畦田主要分布在河谷洼地。沟洫畦田土地平整时,应该重点考虑排水系统要求,田块长度由上一级排水沟的间距大小确定,一般在100～300m较为合适,而田块宽度则依末级固定排水沟的间距来定,一般在50～100m之间,具体设计可根据地下水与整理区土壤质地等条件确定。

### 2.1.2 高原盆区丘陵耕作单元平整

缓坡地是耕地分布的另一地貌部位,一般为相对平缓的山坡下部,约占全区耕地总面积的15%～20%,主要出现在东部的昌都、林芝地区以及南部喜马拉雅山区低山坡地。当地相对充沛的降水在很大程度上保障了种植业的灌溉需要,全区80%以上的坡耕地和半数以上的旱地分布在这些地区。高原盆区丘陵因局部地势起伏较大,耕作单元以梯田为主(邹利林等,2011)。

#### 2.1.2.1 现有标准内容规定

1.《土地开发整理项目规划设计规范》(TD/1012—2000)

在《土地开发整理项目规划设计规范》(TD/1012—2000)中3.3.1.5田块规划(g)中的3)丘陵山区是针对丘陵区灌水单元平整的要求,其他部分均为平原区整理内容,所以田块规划只引用(g)中的3)部分作为研究内容。引用标准内容如下(稍作修改)。

3.3.1.5 田块规划。

(g)耕作田块内部规划

根据地形、地貌、气候等自然特征及土壤质量要求,对耕作田块内部作进一步设计。

3)丘陵山区:丘陵山区以修筑梯田为主,根据地形、地面坡度、土层厚度的不同将其修筑成水平梯田、隔坡梯田、坡式梯田等。具体规划要求如下:

——梯田规格及埂坎形态宜因地制宜,视地形、地面坡度、机耕条件、土壤的性质和干旱程度而定。梯田应尽量集中,并考虑防冲措施。

——梯田田面长应沿等高线布设,梯田形状呈长条形或带形。若自然条件允许,梯田田面长度一般不小于100m,以150～200m为宜。

——田面宽度应考虑灌溉和机耕作业要求,陡坡区田面宽度一般为5～15m,缓坡区一般为20～40m。

2.《水土保持综合治理技术规范 坡耕地治理技术》(GB/16453.1—1996)

8.1 梯田的分类。

8.1.1 根据地面坡度不同,分陡坡区梯田与缓坡区梯田。

8.1.2 根据田坎建筑材料不同,分土坎梯田与石坎梯田。

8.1.3 根据梯田的断面形式不同,分水平梯田、坡式梯田、隔坡梯田。

8.1.4 根据梯田的用途不同,分旱作物梯田、水稻梯田、果园梯田、茶园梯田、橡胶园梯田等。

8.4 梯田类型的选用。

8.4.1 对坡耕地土层深厚,当地劳动力充裕的地区,尽可能一次修成水平梯田。

8.4.2 在坡耕地土层较薄,或当地劳动力较少的地方,可以先修坡式梯田,经逐年向下方翻土耕作,减缓田面坡度,逐步变成水平梯田。

8.4.3 在地多人少、劳动力缺乏,同时年降雨量较少、耕地坡度在 $15°\sim20°$ 的地方,可以采用隔坡梯田,平台部分种庄稼,斜坡部分种牧草;暴雨中利用斜坡部分地表径流,增加平台部分的土壤水分。

8.4.4 一般土质丘陵和塬、台地区修土坎梯田,在土石山区或石质山区,坡耕地中夹杂大量石块、石砾的,修梯田时,结合处理地中石块、石砾,就地取材修成石坎梯田。

8.4.5 丘陵区或山区的坡耕地(坡度一般为 $15°\sim25°$),按陡坡区梯田进行规划、设计。

9 规划

9.1 陡坡区梯田的规划。

9.1.1 选土质较好、坡度(相对)较缓、距村较近、交通较便、位置较低、邻近水源的地方修梯田。有条件的应考虑小型机械耕作和提水灌溉。

9.1.2 需有从坡脚到坡顶、从村庄到田间的道路。路面一般宽 $2\sim3m$,比降不超过 15%。在地面坡度超过 15% 的地方,道路采用"S"形,盘绕而上,减小路面最大比降。

9.1.3 田块布设需顺山坡地形,大弯就势,小弯取直,田块长度尽可能在 $100\sim200m$,以便利耕作。

9.1.4 梯田区不能全部拦蓄暴雨径流的地方,应布置相应的排、蓄工程;在山丘上部有地表径流进入梯田区处,应布置截水沟等小型蓄排工程,以保证梯田区安全。

9.2 缓坡区梯田的规划。

9.2.1 以道路为骨架划分耕作区,在耕作区内布置宽面($20\sim30m$ 或更宽)、低坎(1m 左右)地埂的梯田,田面长 $200\sim400m$,便利大型机械耕作和自流灌溉。

9.2.2 一般情况下耕作区为矩形或正方形,四面或三面通路,路面宽 3m 左右,路旁与渠道、农田防护林网结合;耕作区道路两端与村、乡、县公路相连。

9.2.3 对少数地形有波状起伏的,耕作区应顺总的地势呈扇形,区内梯田埂线亦随之略有弧度,不要求一律成直线。

10 设计

10.1 水平梯田的断面设计。

10.1.1 水平梯田断面设计须求得不同坡度下梯田的优化断面。田面应有适当的宽度,陡坡区一般 $5\sim15m$,缓坡区一般 $20\sim40m$。田块坡度适当,既能坚实稳固,又不夺占耕地。

10.1.2 水平梯田断面要素包括:田坎高度、原坡面斜宽、田坎占地宽、田面毛宽、田坎高度、田面净宽。

除上述要素外,田边应有蓄水埂,高 $0.3\sim0.5m$,顶宽 $0.3\sim0.5m$,内外边坡约 1:1。

10.1.3 水平梯田断面主要尺寸见表 2-2。

表 2-2  水平梯田断面尺寸参考数值表

| 适用地区 | 地面坡度 θ(°) | 田面净宽 B(m) | 田坎高度 H(m) | 田坎坡度 α(°) |
|---|---|---|---|---|
| 中国北方 | 1～5 | 30～40 | 1.1～2.3 | 85～70 |
|  | 5～10 | 20～30 | 1.5～4.3 | 75～55 |
|  | 10～15 | 15～20 | 2.6～4.4 | 70～50 |
|  | 15～20 | 10～15 | 2.7～4.5 | 70～50 |
|  | 20～25 | 8～10 | 2.9～4.7 | 70～50 |
| 中国南方 | 1～5 | 10～15 | 0.5～1.2 | 90～85 |
|  | 5～10 | 8～10 | 0.7～1.8 | 90～80 |
|  | 10～15 | 7～8 | 1.2～2.2 | 85～75 |
|  | 15～20 | 6～7 | 1.6～2.6 | 75～70 |
|  | 20～25 | 5～6 | 1.8～2.8 | 70～65 |

10.1.4  水平梯田单位面积土方量:按公顷计算为 $1250H$;按亩计算为 $83.3H$,$H$ 为田坎高度。

10.2  坡式梯田的断面设计。

10.2.1  确定等高沟埂间距。

10.2.1.1  每两条沟埂之间的斜坡田面($BX$)应有足够的宽度,以满足耕作的需要。

10.2.1.2  根据地面坡度情况,一般是地面坡度越陡,沟埂间距越小;地面坡度越缓,沟埂间距越大。

10.2.1.3  根据地区降雨情况,一般是雨量和强度大的地区沟埂间距应小些,雨量和强度小的地区沟埂间距应大些。

10.2.1.4  根据耕地土质情况,一般是土壤颗粒中含沙粒较多、渗透性较强的,沟埂间距应大些;土质黏重、渗透性较差的,沟埂间距应小些。

10.2.1.5  不同地区根据以上几方面不同条件,经综合分析,确定沟埂间距。同时可参考当地水平梯田断面设计的 $BX$ 值,并考虑坡式梯田经过逐年加高土埂,最终变成水平梯田时的断面,应与一次修成水平梯田的断面相近。

3.《土地整理工程设计》

在高原盆区丘陵耕区的坡耕地上,提高作物产量的一项重要措施在于搞好水土保持。因此,在这类地区,坡耕地整理的主要形式是修筑梯田。梯田主要有水平梯田、坡式梯田和隔坡梯田三种,以水平梯田为主。

1)水平梯田

水平梯田就是在坡面上采取半挖半填的方法,在坡耕地(一般小于15°)上沿等高线修成的田面水平、埂坎均匀的台阶式田块(图2-4、图2-5),适宜于种植水稻和其他旱作、果树等。其田面基本水平或向内微斜,保持水土的效果较好。

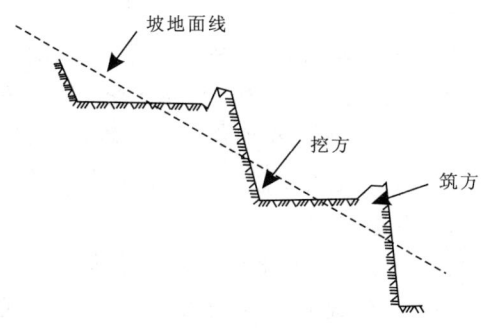
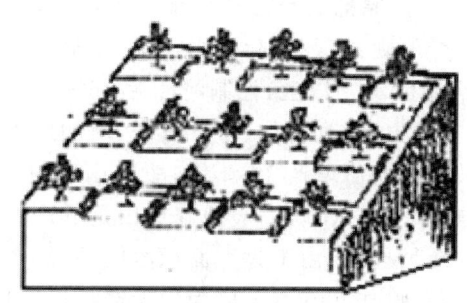

图 2-4 水平梯田示意图　　　　　图 2-5 复式水平梯田示意图

2）坡式梯田

坡式梯田指在坡面上每隔一定距离，沿等高线开沟筑埂，把坡面分割成若干等高带状的坡段，除开沟和筑埂部分改变了小地形外，其他坡面部分原状不动，这样一种形式的梯田，也就是采取田间工程措施和耕作措施相结合的办法，使坡耕地逐年变缓、变平的一种方式（图 2-6）。其田面外（顺原有地坡）倾斜，保水保土效果较差，多适用于坡度较缓及劳动力不足的地方；一般农耕地上修的坡式梯田，每两条沟埂的距离一般 20～30m。

3）隔坡梯田

隔坡梯田指两个一次修平的水平台阶之间隔着一个保持原状的斜坡段，这是水平梯田和坡式梯田相结合的一种形式（图 2-7）。一般斜坡段与水平段之比为 1∶1 或 2∶1，为造林整地采取隔坡梯田则斜坡段与水平段之比为 3∶1 或 5∶1。

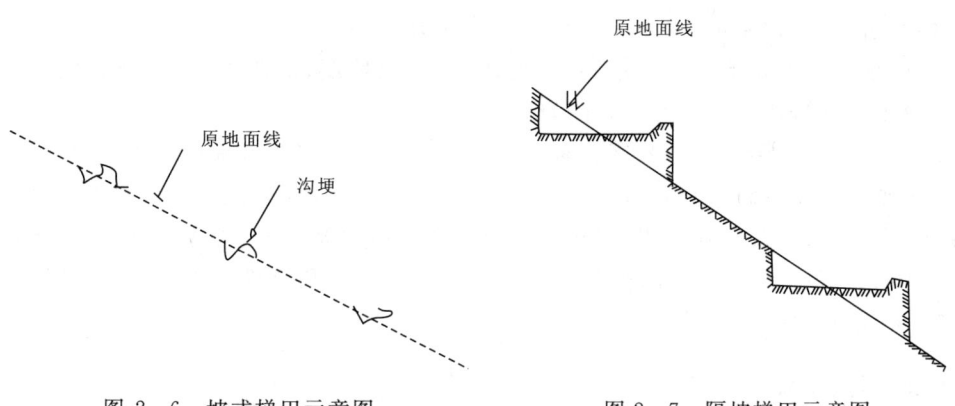

图 2-6 坡式梯田示意图　　　　　图 2-7 隔坡梯田示意图

#### 2.1.2.2 标准内容应用分析

《土地开发整理项目规划设计规范》中对丘陵山区耕作田面平整过程中田块的规格、长度、宽度做了一般指导性规定，在西藏自治区高原盆区丘陵土地整理工程中土地平整时可参考；《水土保持综合治理 技术规范 坡耕地治理技术》中对梯田进行了分类，并对不同类型的梯田进行了相应的规划和设计；《土地整理工程设计》一书中对水平梯田、坡式梯田和隔坡梯田三种梯田形态进行了描述，另外还对不同类型梯田设计重点进行了阐述，这些都可以直接用以指导西藏土地平整实际工作。

#### 2.1.2.3 高原盆区丘陵耕作单元平整规划

指导原则:实际测验证明,水平梯田对一般降雨可以就地拦蓄,土壤也不会冲走;对暴雨可拦蓄径流92.4%以上,控制泥沙87.6%~95%,基本上做到水不出田,泥不下坡,具有改变地形、制止流失、便利耕作、易于灌溉、增加地力、高产稳产的作用。水平梯田的作物产量,同未治理的坡地相比可增产1~3倍,故在山区进行改土建设,发展农业生产,应以修筑水平梯田为主,且在水土流失地区,坡地修梯田是低产变高产的主要途径。

在缓坡地区,由于是大面积灌区,地形变化不大,因此梯田的设计可以道路为骨架划分耕作区,每一耕作区基本上应为矩形或接近矩形;在丘陵山区,地形变化较大,应根据现有地形划分耕作区,例如两条沟之间夹着一个坡面,就天然开垦成一个耕作区。

具体而言,梯田布局应遵循如下的基本原则。

(1)梯田一般应布置在25°以下的坡耕地上。25°以上的坡地原则上应予以退耕,植树种草,还林还牧,发展多种经营。

(2)要统筹兼顾。对离水源、村庄近的坡地,应优先考虑修筑梯田;对一座山、一面坡以及梁(山坡中间高起处)、峁(山顶部)、弯(向里洼的大面积山坡)、墕(两山之间连接处)等各种地形,要互相结合,实行大弯就势,小弯取直,连山过墕,集中连片,一次规划,分期施工。

(3)田面长边应沿等高线布设,梯田形状呈长条形或带形。在基本上沿等高线的原则下,采取大弯就势、小弯取直的原则布设田块。为灌溉目的,梯田的纵向还应保留1/300~1/500的比降。

(4)要尽量适应机械作业和灌溉要求。在进行梯田设计时,要从梯田宽度、外形和道路设计等方面,注意使其适于小型机械的田间作业;要充分利用当地一切水源发展灌溉,并合理布置灌排系统。

(5)便利耕作,埂坎稳定,少占土地和节省劳动力。

(6)梯田规格及埂坎形态应因地制宜,视地形、地面坡度、机耕条件、土壤的性质和干旱程度而定。梯田应尽量集中,并考虑防冲措施。

西藏规划:西藏自治区高原盆区丘陵区土地耕作单元中以布置梯田为主,梯田设计要遵守上述基本原则。其中,梯田田面方向、形状与土壤设计应与高原谷地平原区耕作田面设计原则相同;梯田田面长应沿等高线布设,梯田形状呈长条形或带形,若自然条件允许,梯田田面长度一般在100m,以50~150m为宜;梯田田面宽度应考虑灌溉和机耕作业要求,陡坡区田面宽度一般为5~15m,缓坡区一般为20~40m。

### 2.2 田埂(坎)修筑

#### 2.2.1 田埂修筑

##### 2.2.1.1 现有标准内容规定

1.《土地开发整理项目规划设计规范》(TD/T 1012—2000)

引用内容如下(稍作修改)。

平原地区:水稻宜采用格田形式。格田设计必须保证排灌畅通,灌排调控方便,并满足水稻作物不同生长阶段对水分的需求。格田田面高差应小于±3cm,长度保持在60~120m为宜,宽度以 20～40m 为宜。格田之间以田埂为界,埂高以 40cm 为宜,埂顶宽以 10～20cm 为宜。旱地田面坡度应限在 1：500 以内。

2.《基本农田建设设计规范》(DB35/T 165—2002)

引用内容如下。

5.7.1 平原地区(洋田)设计。

平原地区以种植水稻为主,水田宜采用格田形式。格田设计必须保证排灌畅通,调控方便,并满足水稻作物各生长发育阶段对水分的需求。格田田面高差应在 3～5cm 以内,长度保持在 80～120m,宽度以 30～40m 为宜。格田之间以田埂为界,埂高以 20～30cm、埂顶宽以 15～20cm 为宜。

#### 2.2.1.2 标准内容应用分析

西藏自治区田埂设计、修筑时要根据耕地的具体用途确定,即耕地为水田和旱地时设计的标准和技术要点不同。水田田埂设计可以参照《土地开发整理项目规划设计规范》格田设计标准,旱地田埂设计标准相对要简易一些,不必考虑防水功能,埂高和埂宽可以参照水田设计标准。对于基本农田中的田埂设计可以参照《基本农田建设设计规范》中相关标准,但总体要在上述标准框架的指导下,合理调整。

#### 2.2.1.3 田埂规划

指导原则:西藏自治区田埂修筑主要集中在高原谷地平原区,用来划分耕作单元;高原盆区丘陵区田埂修筑主要在同一个田面内,主要用来将较大的田面划分成较小的田面,便于耕作。西藏土地平整工程中田埂规划设计主要参考上述引用的标准内容,但总体要结合当地的地形、地貌特征因地制宜,合理规划。

西藏规划:西藏自治区土地平整工程中田埂规划设计标准如下:①旱地田埂:条田之间以田埂为界,埂高以 20～30cm,埂顶宽以 15～20cm 为宜,田埂选材应因地制宜、就地选择,在土壤层较厚、石块取材不易的地区可以采用土埂,在土壤层较薄、石块取材较易的地区可以采用石埂;②水田田埂:格田之间以田埂为界,田埂应采用土质,埂高以 20～30cm,埂顶宽以 15～20cm 为宜。

### 2.2.2 田坎修筑

#### 2.2.2.1 现有标准内容规定

1.《土地开发整理项目规划设计规范》(TD/T 1012—2000)

引用内容如下(稍作修改)。

4.2.2 梯田田坎设计。

4.2.2.1 梯田田坎设计原则。

a)安全稳定;b)占地少;c)用工省;d)因地制宜选用田坎材料。

4.2.2.2 梯田设计要素。

梯田田面宽 $B$,田坎外侧坡度 $\alpha$,原地面坡度 $\theta$,田坎高 $H$(图 2-8)。从图中可推算出各要素间关系式。

$$B_m = H \operatorname{ctg}\theta$$
$$B_n = H \operatorname{ctg}\alpha$$
$$B = B_m - B_n = H(\operatorname{ctg}\theta - \operatorname{ctg}\alpha)$$

$$H = B/(\text{ctg}\theta - \text{ctg}\alpha)$$
$$B_1 = H/\sin\theta$$

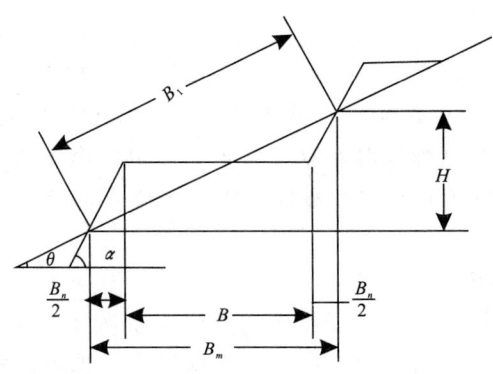

图 2-8 梯田断面要素图

式中：

$\theta$——原地面坡度；

$\alpha$——埂坎坡度；

$H$——埂坎高度(m)；

$B$——田面净宽(m)；

$B_n$——埂坎占地(m)；

$B_m$——田面毛宽(m)；

$B_1$——田面斜宽(m)。

4.2.2.3 梯田田坎设计

土质黏着力愈小或田坎愈高，田坎外侧应愈缓。田坎高度在 3m 以下的外侧坡，一般可选用 45°～80°，田坎内侧坡可选用 45°～60°。田坎稳定性要求按土力学方法进行计算。

2.《水土保持综合治理技术规范 坡耕地治理技术》(GB/16453.1—1996)

引用内容如下(稍作修改)。

3 第一类保水保土耕作法

3.1.3 实施横坡耕作的坡耕地，在坡面从上到下，每隔一定距离，还应沿等高线修筑若干道土埂，或种草带、灌木带，或用套二犁做成水平犁沟，以截短坡长，减轻水土流失。

3.1.3.1 土埂初修高度为 40～50cm，草带宽 1m 左右。每年耕作时，从上向下翻土，使两埂(或两带)间的地面坡度逐渐减缓，同时每年加高土埂 10～20cm，使之逐步形成水平梯田。

3.1.3.2 土埂或草带的距离，随不同坡度和降雨条件而异：坡度陡、雨量大的地方，间距小些；坡度缓、雨量小的地方，间距大些。一般 15°以上陡坡地，埂间距 8～15m，10°以下缓坡地，埂间距 20～30m。

3.《基本农田建设设计规范》(DB35/T 165—2002)

引用内容如下(稍作修改)。

5.7.2 低山丘陵地区(山垄田、梯田)设计。

低山丘陵地区以修筑梯田为主。根据地形、地面坡度、土层厚度的不同将其修筑成梯田。

5.7.2.1 梯田田坎设计应坚持安全，占地少，用工省的原则。

5.7.2.2 梯田规格及田坎形态宜因地制宜,视地形、地面坡度、机耕条件、土壤的性质和干旱程度而定。梯田应尽量集中,并考虑防冲措施。土质黏着力愈小或田坎愈高,田坎外侧应愈缓;一般可选用50°~80°,内侧可选用65°~85°;田坎稳定性要求按土力学方法进行计算。

5.7.2.3 梯田田面长边应沿等高线布设,梯田形状呈长条形或带形。

5.7.2.4 田面宽度应考虑灌溉和机耕作业要求,地面坡度5°~15°,田面宽度设计为5~10m为宜。

5.7.2.5 修筑田坎材料可用土料、石料。各地可因地制宜,从稳定性、占地面积、用工量等方面综合考虑,选用最适合的田坎材料。

#### 2.2.2.2 标准内容应用分析

西藏自治区土地平整工程中,梯田田坎设计可以参照《土地开发整理项目规划设计规范》中梯田田坎断面设计要素进行,田坎类型、田坎坎高设计主要根据项目区地坎高度合理确定,但梯田田坎内外侧坡度可直接引用《基本农田建设设计规范》中相关参数,田坎间距可直接引用《水土保持综合治理技术规范 坡耕地治理技术》中相关参数。

#### 2.2.2.3 田坎规划

指导原则:梯田埝坎外坡的基本要求是,在一定的土质和坎高条件下,要保证埝坎的安全稳定,并尽可能地少占农地,少用工。一般根据土质和地面坡度先选定田坎高和侧坡(指田坎边坡),然后计算田面宽度,也可根据地面坡度、机耕和灌溉需要先定田面宽,然后计算田埝高。田面愈宽,耕作愈方便,但田坎愈高,挖(填)土方量愈大,用工愈多,田坎也不易稳定。一般田坎高以0.8~1.5m为宜,缓坡上低些,陡坡上高些,但要≤3m。

西藏规划:西藏自治区高原盆区丘陵土地平整工程中田坎规划设计标准如下。①土坎修筑:根据西藏自治区耕作区地形、地貌的大致特征,地坎高小于1m时,耕作区田坎采用土质田坎,田坎设计侧坡$\beta$约为70°,田坎顶宽60cm,高出田面30cm,内坡1∶0.5;②石坎修筑:根据耕作区地形特点,地坎高度大于1m时,采用干砌片石地坎,田坎设计侧坡$\beta$约为70°,地坎顶宽60cm,干砌片石地坎顶宽60cm,内坡1∶0.4,内侧高出地面30cm。

## 3 耕作层地力保持工程

### 3.1 耕作土壤改良

#### 3.1.1 耕作土壤理化性质

##### 3.1.1.1 耕作土壤物理性质

1. 土壤砾石量

由于形成环境的特殊性,西藏自治区土壤一般含有数量不等的砾石。在西藏干旱河谷地区,耕地土壤含有少量砾石,虽有利有弊,但利大于弊。其利在于促进暴雨渗透入土,并减弱水分蒸发。但若土壤砾石过多,则妨碍耕作管理和不利于植物根系活动(张正峰,2011)。如表2-3所示,西藏大部分耕地土壤的砾石量平均值一般不超过30%,因此基本上不会成为农业生产障碍因素。

表 2-3  西藏各土类中耕地土壤砾石含量统计表[①]

| 土类 | 统计项次 | 砾石含量(%) | | | |
|---|---|---|---|---|---|
| | | 耕作层 | 心土层 | 底土层 | $\overline{X}$ |
| 亚高山草甸土 | 186 | 32.13 | 30.52 | 35.81 | 32.82 |
| 亚高山草原土 | 92 | 11.66 | 16.52 | 20.81 | 16.33 |
| 山地灌丛草原土 | 488 | 12.86 | 16.63 | 20.64 | 16.71 |
| 灰褐土 | 116 | 30.39 | 29.53 | 32.66 | 30.86 |
| 暗棕壤 | 10 | 37.46 | 35.07 | 45.38 | 39.30 |
| 棕壤 | 28 | 16.29 | 14.52 | 17.63 | 16.15 |
| 褐土 | 174 | 31.12 | 30.16 | 33.80 | 31.69 |
| 黄棕壤 | 6 | 16.47 | 20.07 | — | 18.27 |
| 黄壤 | 10 | 17.20 | 18.24 | 24.54 | 19.99 |
| 红壤 | 3 | 7.32 | 13.66 | 17.65 | 12.88 |
| 草甸土 | 202 | 13.72 | 16.47 | 20.87 | 17.02 |
| 潮土 | 376 | 5.79 | 12.61 | 16.45 | 11.62 |
| 灌淤土 | 1 | 18.20 | 13.40 | 14.70 | 15.43 |
| 新积土 | 2 | 14.00 | 29.67 | 62.67 | 35.45 |

注：$\overline{X}$ 表示耕地土壤砾石含量的平均值。

从表 2-3 中可以清楚地看出,西藏各土类中耕地土壤平均砾石量在 30%～40% 的耕地土壤有暗棕壤、新积土、亚高山草甸土、褐土和灰褐土,约占全区耕地面积的 26.4%,土壤平均砾石量在 15%～20% 的耕地土壤有山地灌丛草原土、亚高山草原土、棕壤、黄棕壤、黄壤、草甸土、灌淤土,约占全区耕地土壤面积的 59.38%,耕地红壤和潮土的平均砾石量低于 15%。

2. 土壤质地

土壤颗粒组成是指矿质单粒各粒级的相对比例,土壤质地是根据土壤颗粒组成而定的土壤名称,其对土壤肥力因素及其相互协调作用有着深刻影响。土壤质地对土壤性质和肥力不是一个单一发挥作用的因素,而是与砾石量存在一定联系的,并且土壤质地的生产意义不仅限于表层,而是涉及从上而下的质地组合即土体质地构型(表 2-4)。

根据表 2-4 西藏土壤调查结果显示,全区耕地土壤的质地构型中,均质型壤土面积最大,占全区耕作土壤面积的 27.81%,然后依次为均质砂壤土,占 14.92%,均质黏土占 6.28%,均质砾壤土占 5.22%,以上四种均质型土壤合计约占全区耕地土壤面积的 54.23%。这些土壤的厚度在 80cm 以上,砾石含量在 40% 以下,质地为壤土、砂壤土和黏土,是较好的质地构造,具备建设高产稳产田的基础条件。此外,底型土壤也是较好的质地构型,包括石底型和砾底型在内,土层厚度都达到了 60cm,最差的质地构型是粗骨土、砂砾土、砂土及石体型、砾体型、砾砂体型和砂体型等,因为这些土壤的 30cm 以下即为砾石层(砾石 50% 以上)、砾砂层(砾质砂土)或砂土层,土层浅,漏水漏肥。至于砂壤体型、壤体型和黏体型,因为在 30cm 以下分别为砂壤土、壤土或黏土,故仍为较好的质地构造。质地较差的耕地土壤面积占 13.23% 左右,显

---

[①] 数据来源：西藏土地资源调查丛书《西藏自治区土壤资源》

然是农业生产中一大不利因素。

表 2-4　西藏耕地土壤质地构型及其面积比例统计表①

| 质地构型 | 面积比例(%) | 质地构型 | 面积比例(%) |
|---|---|---|---|
| 1.均质型 | 61.17 | 3.底型 | 21.77 |
| 粗骨土(砾石>70%) | 0.30 | | |
| 砂砾(砾石50%~70%) | 0.37 | 石底型 | 12.39 |
| 泥砾土(砾石50%~70%) | 1.21 | 砾底型 | 3.91 |
| 砾砂土(砾石30%~50%) | 0.50 | 砾砂壤底型 | 0.37 |
| 砾砂壤土(砾石30%~50%) | 2.07 | 砾壤底型 | 1.64 |
| 砾壤土(砾石<30%~50%) | 5.22 | 砂底型 | 2.87 |
| 砂土(砾石<30%) | 2.50 | 壤底型 | 0.11 |
| 砂壤土(砾石<30%) | 14.92 | 黏底型 | 0.48 |
| 壤土(砾石<30%) | 27.80 | | |
| 黏土(砾石<30%) | 6.28 | 4.心型 | 0.68 |
| 2.体型 | 16.30 | 砾心型 | 0.11 |
| 石体型(砾石>70%) | 4.84 | 砂心型 | 0.33 |
| 砾体型(砾石50%~70%) | 2.78 | 壤心型 | 0.08 |
| 砾砂壤体型(砾石<30%~50%) | 0.19 | 黏心型 | 0.16 |
| 砾壤体型(砾石<30%~50%) | 1.70 | 5.三段型 | 0.08 |
| 砂体型(砾石<30%) | 1.93 | | |
| 砂体型(砾石<30%) | 1.53 | 石底砂心砂壤土 | 0.02 |
| 壤体型(砾石<30%) | 2.16 | 砂底黏心壤土 | 0.06 |
| 黏体型(砾石<30%) | 1.17 | | |

### 3.1.1.2　耕作土壤有机质

土壤有机质是土壤的重要组成部分,它能为植物生长提供 N、P、K、Ca、Mg、S 等大量元素和 Cu、Fe、Zn、B、Mn、Mo 等微量元素,同时,也能改善土壤通透性、吸附性、缓冲性等理化性状,还为土壤微生物生命活动提供碳源和能源。因此,土壤一定数量和质量的有机质是土壤肥力高低的一个重要标志。

从表 2-5 土壤农机化样可以看出潮土有机质含量最低,接下来依次是山地灌丛草原土、新积土、亚高山草原土;有机质含量最高的是暗棕壤,接下来依次是黄壤、黄棕壤、棕壤。从表 2-6 耕地土壤耕层有机质地域分布来看,林芝和昌都地区最高,平均分别达到 7.32% 和 6.77%,其次为山南、拉萨、日喀则和那曲,阿里地区含量最低,平均仅为 2.35%,只相当于林芝地区的 32.1%,昌都地区的 34.8%。由于西藏东南部气候温暖湿润,植物生长迅速,生物量大,在土壤中积累的有机质多,而西部气候较为干燥,植物生长慢,生物量小,有机质的积累也少,这就造成了西藏有机质的含量自东南向西北逐渐减少的趋势。

---

① 数据来源:西藏土地资源调查丛书《西藏自治区土壤资源》

表 2-5 西藏各耕地土类表层土壤有机质含量统计表[①]

| 土类 | 土壤剖面样 | | | | 土壤农化样 | | | |
|---|---|---|---|---|---|---|---|---|
| | $n$ | $\bar{X}$ | $S$ | $CV(\%)$ | $n$ | $\bar{X}$ | $S$ | $CV(\%)$ |
| 亚高山草甸土 | 591 | 6.82 | 5.44 | 79.8 | 856 | 8.27 | 5.26 | 89.9 |
| 亚高山草原土 | 304 | 5.22 | 7.06 | 136.1 | 444 | 3.12 | 1.89 | 60.6 |
| 山地灌丛草原土 | 680 | 2.68 | 4.06 | 154.5 | 1372 | 2.44 | 1.32 | 54.1 |
| 灰褐土 | 249 | 5.56 | 3.38 | 71.4 | 347 | 6.25 | 4.53 | 72.5 |
| 暗棕壤 | 109 | 16.72 | 13.00 | 77.8 | 119 | 16.04 | 12.90 | 80.2 |
| 棕壤 | 123 | 8.63 | 7.87 | 81.2 | 176 | 8.52 | 7.40 | 89.7 |
| 褐土 | 339 | 4.91 | 3.04 | 63.2 | 454 | 4.67 | 3.04 | 65.1 |
| 黄棕壤 | 27 | 10.11 | 3.66 | 36.0 | 38 | 8.60 | 8.53 | 99.2 |
| 黄壤 | 30 | 9.40 | 6.80 | 72.3 | 35 | 8.70 | 6.80 | 75.4 |
| 红壤 | 6 | 8.41 | 3.87 | 46.0 | 6 | 8.41 | 3.87 | 46.0 |
| 草甸土 | 567 | 4.94 | 5.33 | 103.1 | 774 | 5.11 | 5.34 | 104.5 |
| 潮土 | 661 | 2.36 | 1.19 | 46.8 | 661 | 2.36 | 1.09 | 46.8 |
| 灌淤土 | 3 | 3.83 | — | — | 3 | 3.83 | — | — |
| 新积土 | 64 | 2.67 | 3.81 | 113.6 | 66 | 2.76 | 3.86 | 139.9 |

表 2-6 西藏耕地土壤耕层有机质含量统计表[②]

| 项目 | 各地市耕地土壤耕层有机质平均含量 | | | | | | | |
|---|---|---|---|---|---|---|---|---|
| | 拉萨 | 山南 | 昌都 | 日喀则 | 那曲 | 阿里 | 林芝 | 全区 |
| $n$ | 1260 | 1273 | 1018 | 1251 | 396 | 112 | 947 | 6257 |
| $\bar{X}$ | 2.81 | 3.75 | 6.77 | 2.93 | 4.91 | 2.35 | 7.32 | 4.41 |
| $S$ | 2.31 | 2.49 | 5.62 | 3.61 | 5.74 | 2.47 | 8.11 | 4.34 |
| $CV(\%)$ | 82.20 | 66.40 | 83.00 | 123.30 | 116.80 | 105.00 | 110.80 | 98.21 |

注:CV 表示土壤剖面变异系数。

### 3.1.1.3 耕作土壤化学性质

西藏土地平整工程对耕作土壤的化学性质测评主要体现在对耕作土壤酸碱性的测定。土壤酸碱性是土壤许多性质,特别是土壤盐基状况的综合反映,土壤的酸碱度一般以 pH 值表示,通常把土壤分为极强酸(pH<4.5)、强酸性(pH=4.5~5.5)、微酸性(pH=5.5~6.5)、中性(pH=6.5~7.5)、微碱性(pH=7.5~8.5)、碱性(pH=8.5~9.0)和强碱性(pH>9.0)。

从表 2-7 可以清楚地看出西藏耕地土壤 pH 值波动幅度较大,如最高的潮土,其 pH 值高达 9.5,最低的红壤只有 4.6。此外,旱地土壤 pH 值在 7.5~8.5(微碱性)的占 76.3%,pH 值在 6.5~7.5(中性)的占 20.2%,而微酸性至强酸性的只占 1.8%,说明西藏旱地一般以微碱性为主。

---

[①][②] 数据来源:西藏土地资源调查丛书《西藏自治区土壤资源》

表 2-7 西藏耕地土壤 pH 值统计表[①]

| 土类 | 耕地土壤 | | | |
|---|---|---|---|---|
| | $n$ | 范围 | $\overline{X} \pm S$ | $CV(\%)$ |
| 亚高山草甸土 | 199 | 6.5~8.3 | 7.5±0.26 | 3.50 |
| 亚高山草原土 | 264 | 7.6~8.53 | 8.1±0.3 | 3.70 |
| 山地灌丛草原土 | 776 | 6.7~9.2 | 7.9±0.26 | 3.30 |
| 灰褐土 | 168 | 6.3~8.2 | 7.5±0.3 | 4.10 |
| 暗棕壤 | 15 | 6.2~7.5 | 7.2±0.24 | 3.40 |
| 棕壤 | 54 | 5.25~7.3 | 6.5±0.16 | 2.40 |
| 褐土 | 284 | 6.0~8.5 | 7.85±0.46 | 5.90 |
| 黄棕壤 | 7 | 6.0~7.6 | 6.5±0.57 | 8.70 |
| 黄壤 | 12 | 5.3~6.0 | 5.7±0.14 | 2.40 |
| 红壤 | 5 | 4.6~5.4 | 4.96±0.34 | 7.88 |
| 草甸土 | 334 | 5.3~8.6 | 7.8±0.36 | 4.60 |
| 潮土 | 531 | 5.7~9.5 | 7.86±0.62 | 8.02 |
| 灌淤土 | 3 | 7.4~8.1 | — | 7.97 |
| 新积土 | 12 | 7.3~8.2 | 7.95±0.37 | 2.10 |

### 3.1.2 耕作土壤改良步骤

#### 3.1.2.1 表土剥离

指导原则：①平整后的土地应保持一定的肥力，为此平整时应尽量保留表土，一般挖方处保留表土 20~30cm，填方超过 50cm 时，必须使熟土上翻，回填熟土层厚 20~30cm；②在土地平整施工中，田块的挖填高程差小于 10cm 时，平整施工对对耕作层影响较小，可不进行表土剥离；③保留表土越厚，倒土工作量越大，用工量越多，因此表土剥离厚度从增产要求与省工结合起来考虑，表土剥离厚度宜为 25~30cm。

剥离方法：揭表土，表土保护常用方法有三种：一为横向中带聚土法，把地块横向等分三带，中带为不动土区，把上下两带的表土聚于中带；二为竖向分厢聚土法，竖向分厢，厢宽 3~5m，每两厢为一组，相互翻土；三为逐台下翻法，从下台改起，首台不留表土，将二台土置于首台，以此逐台下翻，最末一台表土，采用客土。

西藏规划：西藏自治区土地平整工程中表土剥离主要在熟土层较厚的河谷地区进行。一般而言，现状耕作区土层平均厚度在 60cm 以上，新开发的耕地表面以卵石和碎石为主。因此，对现状耕作区进行表土剥离时要根据土层厚度合理确定剥离和保留地表土厚度，一般表土剥离厚度在 15~30cm 之间，以 25cm 左右为宜；对新开发的耕地不必进行表土剥离。表土剥离采用的方法应根据项目区实际情况，合理选择。

---

① 数据来源：西藏土地资源调查丛书《西藏自治区土壤资源》

### 3.1.2.2 客土回填

指导原则:在客土回填之前要对项目区场地进行平整,场地平整应尽量减少挖填方量,可以适当保持耕作单元之间一定的高差,在确定项目区土地平整方案时,最好能实现项目区土方挖填内部找平。此外,场地平整时要对砾石含量过大或砾石较大的耕作土壤进行清理,以保持适当的砾石含量,便于耕作。若项目区需要客土回填时,应考虑以下几个方面。

(1)客土土源要"舍远求近",尽量接近项目区,减少运输距离,节约运输费用。

(2)土壤质地较好,尤其是耕作田块的表土应没有污染,避免大的砂砾,能够保砂、保水、保肥。

(3)取土区的安全问题,即防止土源地接近铁路、公路路基,大江、大河及水库堰塘的堤岸,避免事故发生。

(4)应与当地的生产生活需要有机结合。即取土与当地的塘堰清淤、河流清障等水利兴修、道路修建、鱼池开挖等结合起来,做到一举两得;若项目区需要挖方、外运土石方时,也应考虑到当地的生产和生活,就近运输,降低外运成本。

客土回填应留有一定的虚高。进行平整的田块,其填土部分,由于所填虚土将会有一定的沉陷。因此,在填土处一般应留有相当于填土厚度20%左右的虚高,保证虚土沉实后达到田面的标准要求。

西藏规划:西藏自治区土地平整工程中客土回填重点要注意的就是客土土源问题。另外,对耕作土壤质地构型以粗骨土、砂砾土、砂土及石体型、砾体型、砾砂体型和砂体型等为主的耕地,表土回填前要回填一定厚度的客土,使土层厚度达到60cm以上,以增强表层土壤的蓄水蓄肥能力,因为这种构型的耕地土壤30cm以下即为砾石层(砾石50%以上)、砾砂层(砾质砂土)或砂土层,土层浅,漏水漏肥。客土选取要严格遵守上述指导原则,充分利用耕作区表层熟土。此外,在土地平整前将挖填方部分地块原表土进行剥离后,应采用机械并辅以人工的方式对项目区进行推高填低,推土平地,以实现田面平整的要求,然后将剥离表土或外运熟土均匀回填于田面,以保持或增强土壤肥力。客土回填最好能实行挖填方内部找平,若土地平整回填土方有剩余,可用于筑路工程。

总体上讲,西藏耕地主要分布在"一江两河"流域,且"一江两河"流域地势开阔平坦和缓坡地段土壤以山地灌丛草原土为主,成土母质以深厚冲积物、洪积物和坡积物为主,土壤侵蚀较轻,因此不仅土层厚,砾石也较少,这是其农业开发的有利因素之一。

### 3.1.2.3 原土掺砂

指导原则:土质以较肥沃的砂质壤土为好。土质黏重板结的地块,要通过掺砂、多施土杂肥、有机肥改良土壤;砂瘠地要适当掺黏土和多施有机肥改良土壤,才有利于作物的生长。当土壤过砂或过黏时,可采用砂黏互掺的办法改良土壤的物理性状,其目的是增加土壤有机质和养分含量,改良土壤性状,提高土壤肥力。同时,在掺砂过程中应适量加入有机肥,以进一步提高土壤肥力,改善土质情况,可增强土壤胶体对重金属和农药的吸附能力。土壤掺砂,又称客土,一般一份黏土加两三份砂。这种改良土壤的方法,具有增厚土层、保护根系、增加营养、改良土壤结构等作用。

西藏规划:从西藏耕作土壤物理性质上看,由于形成环境的特殊性,西藏自治区土壤一般含有数量不等的砾石,耕作土壤适当的含有少量砾石,有利于促进暴雨渗透入土,并减弱水分蒸发。此外,西藏耕作土壤的黏粒矿物组成也是了解土壤吸湿性、胀缩性和离子吸附性等理化性质,评价土壤肥力的重要依据之一。西藏土地平整工程中一般较少对表土进行大量掺砂,因为耕作原始表层土壤吸水积肥能力较强。

对土质含黏粒50%以上、砂颗粒50%以下的土壤,要通过掺砂改良土壤,砂瘠地要适当掺黏土和多施有机肥改良土壤。因为这类土壤因含黏粒多,空隙度小,空气和水在土壤中不易流动,变化慢,保水保肥力高一些,特别是重黏土(含黏粒90%以上),由于含黏粒高,收缩大,遇干旱龟裂,使植物根拉断或暴露空气中。因此,这种土壤需经常中耕疏松,掺砂改良,通过深翻压埋有机物,多施有机肥等措施,改善土壤结构,增强土壤透气透水的能力,具体措施如下:①掺砂客土,改善耕性;②经常清理三沟,增加土壤通透性,协调水、肥、气、热、菌的矛盾;③多施有机肥料,促进土壤团粒结构形成;④勤中耕松土,加速肥料的分解释放能力,为作物幼苗及时供给有效养分(白玛卓嘎,2006)。

从西藏耕作土壤有机质组成看,耕作土壤中潮土有机质含量最低,接下来依次是山地灌丛草原土、新积土、亚高山草原土;有机质含量最高的是暗棕壤,接下来依次是黄壤、黄棕壤、棕壤(西藏自治区土地管理局,1984)。西藏土地平整工程中对于有机质含量较低的潮土、山地灌丛草原土、新积土、亚高山草原土要做到以下几项措施:①多种植绿肥,增施有机肥。根据西藏海拔高、气温低、肥料分解缓慢的特点,可以采取绿肥、秸秆堆沤腐熟后回填或饲养牲畜后畜粪回填的方法。②合理的耕地轮作。粮肥轮作,既能调节土壤中有机质的数量及其在不同土层深度的分布,又能调节土壤有机质分解转化的水热条件。③适当增施化肥。特别是氮化肥,既能提高作物产量及秸秆数量,又能调整土壤的碳氮比,增强土壤微生物的活动,改善土壤腐殖质的品质。④施用化学改良剂,采取生物改良措施。在受重金属轻度污染的土壤中施用抑制剂,可将重金属转化成为难溶的化合物,减少农作物的吸收。常用的抑制剂有石灰、碱性磷酸盐、碳酸盐和硫化物等。⑤建立良性生态系统保证土壤肥力的不断发展,使地力常用常新。

从西藏耕作土壤化学性质来看,主要考虑耕作土壤的酸碱性,据西藏自治区土壤资源调查结果显示:西藏耕地土壤pH值幅度较大,如最高的潮土,其pH值高达9.5,最低的红壤只有4.6。此外,旱地土壤pH值在7.5~8.5(微碱性)的占76.3%,pH值在6.5~7.5(中性)的占20.2%,而微酸性至强酸性的只占1.8%,说明西藏旱地一般以微碱性为主。对于呈碱性的耕作土壤,改良措施如下:①使用酸性肥料,如硫酸铵、硝酸铵、氯化铵、过磷酸钙、磷酸二氢钾、氢化钾、硫酸钾等,定向中和碱性;②种植耐碱作物,如豆科作物、麻类、地下结实作物等,边利用边改良;③加深耕层,三沟配套,降低水位,逐年洗碱(盐);④多施农家肥料,改良土壤,培肥地力,增强土壤的亲和性能。对于呈酸性的耕作土壤,改良措施如下:①使用石灰中和酸性,每次每亩施4.0~5.0kg,以后每亩施用量减少一半,直到改造为中性或微酸性土壤;②种植绿肥,增加土中有机质,可以达到改善土壤耕性的效果;③增加灌溉次数(水田可串灌),冲淡酸性对作物的危害;④种植耐酸作物,如油菜、水稻、茶、桑、果树等,边利用边改良;⑤增施碱性肥料,如碳酸氢铵、氨水、钙镁磷肥、磷矿石粉、草木灰等,对提高作物产量有好处。

#### 3.1.2.4 土壤翻耕

指导原则:土壤翻耕的首要环节是土壤翻耕作业,翻耕不仅可以疏松土壤,增加土壤透气性,有利于根系发育,而且还能提高根系吸收肥水能力。在不同的季节里,应采用内翻和外翻交互使用方法,以达到更新土壤及提高肥力的目的。翻耕时期要合理选择,在尽量提早的前提下,要注意土壤水分的情况,一般土壤含水量占土壤持水量的60%~70%时最易翻耕,黏质土壤要注意选择适当的时期翻耕。翻耕深度不宜太深,秋耕深应在20cm左右。翻耕后的耕地,应无大土块,松碎,平整均匀。无深松深翻基础的地块,要进行秋翻或耙茬深松,深松深度25cm以上。

西藏规划:西藏自治区耕作层厚度一般为30cm左右,土地平整工程中土地翻耕深度在20cm左右最为适宜。土壤翻耕前可以配合施撒农家肥、有机肥等肥料,翻耕过程中顺便清理残留的体积较大的碎石,清理出来的碎石可以累加到田坎上,以增强田坎的稳定系数。

## 3.2 其他

### 3.2.1 土石方爆破

石方开挖应根据地形、地质、开挖断面及施工机械配备等情况,采用能保证边坡稳定的方法施工。石方需要用爆破法开挖时,应调查开挖边界线外的建筑物结构类型、完好程度,距开挖界距离,然后制定爆破方案。对于土地平整工程来说,土石方工程一般可以分为表土推覆、客土调用、田块制作以及土方调配等工程。

### 3.2.2 水力冲填(挖土)

水力冲填指利用水力冲松泥土,使之变成泥浆,然后用泥浆泵抽出,经管道输送至施工地点,使土料自行沉淀,并把水排掉,逐层填筑而形成水工建筑物的施工方法。用作水力冲填的土料,颗粒要适宜水力输送和具有较好的排水固结性能。也可以利用挖泥船排出的泥浆,作为冲填材料。用水力冲填法筑成的土坝,成为冲填土坝。施工时一般从坝的两侧或一侧将泥浆注入预先用土埂围成的池内,由于颗粒较大的泥土先沉,形成坝壳,颗粒较小的泥土后沉,流至中部或上游侧,形成防渗墙,水由预先设置的排水系统泄去,依次逐层填筑,即成土坝。此法也可用于河滩洼地造田。

# 4 规划总结

## 4.1 耕作田面平整

### 4.1.1 土地平整的要求

#### 4.1.1.1 土地平整的一般要求

土地平整是保证灌水质量,提高劳动生产率、节约灌溉用水的一项重要措施。土地平整既要符合地面灌溉排水要求,又要便于耕作和田间管理。其基本要求是:①平整后田块内各点的田面高程应比最末一级固定渠道(农沟或毛渠口)引水口的渠底高程低;②平整后的田面应满足灌水要求,由灌水方向保证一定的坡度,对旱作地面灌溉,田面坡度应满足畦灌、沟灌灌水技术要求;③满足一定的平整精度,一般畦灌地面高差小于±3cm,沟灌地面高差±5cm;④平整后的土地应保持一定的肥力,平整时应尽量保留表土,一般挖方处保留表土20~30cm,填方超过50cm时,必须使熟土上翻,回填熟土层厚20~30cm。

#### 4.1.1.2 土地平整的一般步骤

土地平整的一般步骤：①平整前测量。平整前先进行测量,掌握项目区地形情况和地面高程变化,并确定平整方案,测量比例一般为1：500。②平整方量计算。根据确定的平整方案,划分平整单元区,根据挖填平整的原则,确定挖填分界线、挖填范围和代表点的挖填高度。③土方量调配。当挖填方量计算完成以后,应做出运土最省、施工方便的调配方案,确定运土路线和运土量,为下一步施工作准备。④土地平整方法。主要有人工平整（倒槽法、抽槽法）和机械平整（全铲法）,不同地貌类型的田块设计有不同的平整方法。⑤平整后田间管理。土地平整后及时灌水,增施有机肥,深耕细整,耙磨碾压等,不仅可以踏实土壤,促进土壤熟化,而且可以蓄足底墒,改善土壤结构,满足作物生长需要。

### 4.1.2 高原谷地平原耕作单元平整

#### 4.1.2.1 高原谷地平原平整的一般要求

高原谷地平原耕作田面平整一般采用设计田块内推土平整。以最末一级固定渠道分水口控制的渠道范围为平整单元区,并按照末级渠道的走向,根据毛门的开设密度设计多个平整高程,在一个设计高程内实现挖填平衡,即符合田块内平整。当单元内土源不够时,需从相邻单元区运送土料。

根据不同田块需要的回填量计算客土运输量,属于土方调配内容。进行土方调配时,应力求挖填平衡和运距最短,便于机械化施工。对于河滩地开发,需要客土回填改良土壤时,应先进行原场地平整,然后再覆盖客土,覆土后就地推平。

耕作田面平整应以机械施工为主,人工施工为辅。施工过程包括：土方开挖、运输、填筑与压实等,当遇坚硬土层、岩土或障碍物时,通常需要爆破。

#### 4.1.2.2 高原谷地平原平整的具体规划

耕作田块方向：西藏自治区高原谷地平原耕作田块的方向主要设计如下：①在"一江三河"（雅鲁藏布江和拉萨河、年楚河、雅砻河）流域,田块方向要与地下水流方向垂直,即与等高线方向垂直；②对风沙较大的耕地,田块方向既要考虑排水灌水,又要考虑防风,田块方向应与主害风方向垂直或接近90°交角。

耕作田块长度：西藏自治区高原谷地平原区耕作田块长度一般为100~400m,具体数值可依具体情况来定：①对地势开阔、农机化水平较高的地区可适当长些,机械化耕作田块的长度至少应该大于400m；②对农机化水平较低或没有实行机耕的耕作区可短些,具体长度应因地制宜,充分考虑人力、畜力作业的需要,田块长度以100~300m为宜,最大不宜超过400m。

耕作田块宽度：西藏自治区高原谷地平原耕作田块的宽度设计如下：①在农业机械化水平较高的地区,考虑机组作业的需要,田块宽度以作业小区宽度的整数倍为宜,一般满足机械作业要求的田块宽度在100~200m之间时较为合适；②在灌排设施较好的地区,田块的规划宽度应以末级沟渠的有效间距为标准进行确定,一般在50~200m之间；③在盐碱化与地下水位较高的地区,考虑到排盐排渍的需要,沟渠有效间距变窄,田块规划宽度也应该相应减小；④在风害较为严重的地区,为保证最佳的防风效果,规划田块宽度不应超过树高的25倍。根据项目实地调研情况,田块规划宽度一般为50~200m。

耕作田块形状：一般情况下,耕作田块的规划形状应该尽量接近矩形或者正方形,其次是直角梯形、接近直角的平行四边形或者其他规则的四边形,应尽量保证田块形状的规则性,避免出现三角形、多边形等不规则田块。

耕作田块规模:西藏自治区高原谷地平原耕作区耕作田块的实际规模一般确定在 $4hm^2$ 左右,具体可以按照上述指导原则因地制宜、合理确定:①机械化耕作的田块比起依靠人畜耕作的田块规模要大得多,一般机械化耕作区的田块规模确定为 $4\sim10hm^2$,而依靠人畜耕作的田块规模确定为 $0.5\sim4hm^2$;②人均耕地面积较大的,田块规模就应大些;人均耕地面积较少的,田块规模就应相应缩小,具体规模可以根据人均耕地面积确定。

耕作田块高程:西藏自治区高原谷地平原耕作田块高程设计如下:①平整单元高差原则上要小于1m,田面坡度一般不大于10cm,地面坡度以 $1/500\sim1/300$ 为宜;②地势较低的低洼地,田面设计高程应考虑到水位要求,平整后的高程应高于常年涝水位 0.2m 以上;③地下水位较高的农田,田面设计高程应高于常年地下水位 0.8m 以上。

灌溉水田格田布局:通常情况下,西藏自治区在灌溉水田格田的布局过程中,要求通过土地平整,确保格田内部高差在 3cm 以内,格田之间以田埂为界,田埂应采用土质,埂顶宽一般在 $15\sim20cm$,埂高以 $30\sim40cm$ 为宜,一般格田长度保持在 $60\sim100m$,宽度保持在 $20\sim40m$ 较为恰当。

沟洫畦田:西藏自治区沟洫畦田田块长度一般在 $100\sim300m$ 较为合适,而田块宽度一般在 $50\sim100m$ 之间,具体设计可根据地下水与整理区土壤质地等条件确定。

### 4.1.3 高原盆区丘陵耕作单元平整

#### 4.1.3.1 高原盆区丘陵平整的一般要求

高原盆区丘陵土地平整包括坡改梯和制埂等工作内容。制埂类型有制土埂和制石埂,首选筑石埂;当投资不足时,可以选择石埂和土埂间筑,或生物筑埂。

坡改梯工程一般以人工施工为主,在计算田间搬移土方量时,应扣除制埂土方量。为防止降雨径流对坡面土坎的冲刷,在土坎外面应植草防护(有些地方称为生物制埂)。

#### 4.1.3.2 高原盆区丘陵平整的具体规划

西藏自治区高原盆区丘陵区土地平整中以布置梯田为主,梯田设计要遵守梯田平整基本原则。其中,梯田田面方向、形状与土壤设计应与高原谷地平原区耕作田面设计原则相同;梯田田面长应沿等高线布设,梯田形状呈长条形或带形,若自然条件允许,梯田田面长度一般在 100m,以 $50\sim150m$ 为宜;梯田田面宽度应考虑灌溉和机耕作业要求,陡坡区田面宽度一般为 $5\sim15m$,缓坡区一般为 $20\sim40m$。

## 4.2 田埂(坎)修筑

### 4.2.1 田埂规划

西藏自治区土地平整工程中田埂规划设计标准如下。①旱地田埂:条田之间以田埂为界,埂高以 $20\sim30cm$,埂顶宽以 $15\sim20cm$ 为宜,田埂选材应因地制宜、就地选择,在土壤层较厚、石块取材不易的地区可以采用土埂,在土壤层较薄、石块取材较易的地区可以采用石埂;②水田田埂:格田之间以田埂为界,田埂应采用土质,埂高以 $20\sim30cm$,埂顶宽以 $15\sim20cm$ 为宜。

### 4.2.2 田坎规划

西藏自治区高原盆区丘陵土地平整工程中田坎规划设计标准如下。①土坎修筑:根据西藏自治区耕作区地形、地貌的大致特征，地坎高小于1m时，耕作区田坎采用土质田坎，田坎设计侧坡$\beta$约为70°，田坎顶宽60cm，高出地面30cm，内坡1：0.5；②石坎修筑：根据耕作区地形特点，地坎高度大于1m时，采用干砌片石地坎，田坎设计侧坡$\beta$约为70°，地坎顶宽60cm，干砌片石地坎顶宽60cm，内坡1：0.4，内侧高出地面30cm。

## 4.3 耕作土壤改良

### 4.3.1 土壤改良的一般原则

耕作土壤改良是耕作层地力保持工程的重要内容，为了确保耕地质量、保证作物生长，耕作土壤改良必须对耕作田块土层厚度、耕作层厚度及其他影响农作物生长的土壤理化性质做出符合当地客观实际的规定。

当耕地土层较薄时，可以通过就地深耕松土或客土，以增加土层厚度；土地平整工程实施过程中，应当对耕作表土进行剥离，在客土回填的过程中对土地进行平整，客土回填后采取合理措施对土壤酸碱性、黏度、有机质含量及其他理化性质进行改良，然后在种植之前，对土壤进行翻耕，以增加土壤含氧量及改善土壤硬度。此外，对耕地的使用要合理，不能过度，在使用的过程中，要建立良性生态系统保证土壤肥力的不断发展，使地力常用常新。

### 4.3.2 土壤改良的具体规划

表土剥离：西藏自治区土地平整工程中表土剥离主要在熟土层较厚的河谷地区进行。一般而言，现状耕作区土层平均厚度在60cm以上，新开发的耕地表面以卵石和碎石为主。因此，对现状耕作区进行表土剥离时要根据土层厚度合理确定剥离和保留地表土厚度，一般表土剥离厚度在15～30cm之间，以25cm左右为宜；对新开发的耕地不必进行表土剥离。表土剥离采用的方法应根据项目区实际情况，合理选择。

客土回填：西藏自治区土地平整工程中客土回填重点要注意的就是客土土源问题。另外，对耕作土壤质地构型以粗骨土、砂砾土、砂土及石体型、砾体型、砾砂体型和砂体型等为主的耕地，表土回填前要回填一定厚度的客土，使土层厚度达到60cm以上，以增强表层土壤的蓄水蓄肥能力，因为这种构型的耕地土壤30cm以下即为砾石层（砾石50%以上）、砾砂层（砾质砂土）或砂土层，土层浅，漏水漏肥。客土选取要严格遵守上述指导原则，充分利用耕作区表层熟土。此外，在土地平整前将挖填方部分地块原表土进行剥离后，应采用机械并辅以人工的方式对项目区进行推高填低，推土平地，以实现田面平整的要求，然后将剥离表土或外运熟土均匀回填于田面，以保持或增强土壤肥力。客土回填最好能实行挖填方内部找平，若土地平整回填土方有剩余，可用于筑路工程。

原土掺砂：采用保护措施加生物措施。从西藏耕作土壤物理性质上看，由于形成环境的特殊性，西藏自治区土壤一般含有数量不等的砾石，耕作土壤适当的含有少量砾石，有利于促进暴雨渗透入土，并减弱水分蒸发。此外，西藏耕作土壤的黏粒矿物组成也是了解土壤吸湿性、胀缩性和离子吸附性等理化性质，评价土壤肥力的重要依据之一。西藏土地平整工程中一般较少对表土进行大量掺砂，因为耕作原始表层土壤吸水积肥能力较强。

对土质含黏粒50%以上、砂颗粒50%以下的土壤，要通过掺砂改良土壤，砂瘠地要适当掺黏土和多施有机肥改良土壤。因为这类土壤因含黏粒多，空隙度小，空气和水在土壤中不易流动,变化慢,保水保肥力高一些,特别是重黏土(含黏粒90%以上),由于含黏粒高,收缩大,遇干旱龟裂,使根拉断或暴露空气中。因此,这种土壤需经常中耕疏松土壤,掺砂改良土壤,通过深翻压埋有机物,多施有机肥等措施,改善土壤结构,增强土壤透气透水的能力,具体措施如下:①掺砂客土,改善耕性;②经常清理三沟,增加土壤通透性,协调水、肥、气、热、菌的矛盾;③多施有机肥料,促进土壤团粒结构形成;④勤中耕松土,加速肥料的分解释放能力,为作物幼苗及时供给有效养分。

从西藏耕作土壤有机质组成看,耕作土壤中潮土有机质含量最低,接下来依次是山地灌丛草原土、新积土、亚高山草原土;有机质含量最高的是暗棕壤,接下来依次是黄壤、黄棕壤、棕壤。西藏土地平整工程中对于有机质含量较低的潮土、山地灌丛草原土、新积土、亚高山草原土要做到以下几个措施:①多种植绿肥,增施有机肥。根据西藏海拔高、气温低、肥料分解缓慢的特点,可以采取绿肥、秸秆堆沤腐熟后回填或饲养牲畜后畜粪回填的方法。②合理的耕地轮作。粮肥轮作,既能调节土壤中有机质的数量及其在不同土层深度的分布,又能调节土壤有机质分解转化的水热条件。③适当增施化肥。特别是氮化肥,既能提高作物产量及秸秆数量,又能调整土壤的碳氮比,增强土壤微生物的活动,改善土壤腐殖质的品质。④建立良性生态系统保证土壤肥力的不断发展,使地力常用常新。

从西藏耕作土壤化学性质看,主要考虑耕作土壤的酸碱性,据西藏自治区土壤资源调查结果显示:西藏耕地土壤pH值幅度较大,如最高的潮土,其pH值高达9.5,最低的红壤只有4.6。此外,旱地土壤pH值在7.5～8.5(微碱性)的占76.3%,pH值在6.5～7.5(中性)的占20.2%,而微酸性至强酸性的只占1.8%,说明西藏旱地一般以微碱性为主。对于呈碱性的耕作土壤,改良措施如下:①使用酸性肥料,如硫酸铵、硝酸铵、氯化铵、过磷酸钙、磷酸二氢钾、氢化钾、硫酸钾等,定向中和碱性;②种植耐碱作物,如豆科作物、麻类、地下结实作物等,边利用边改良;③加深耕层,三沟配套,降低水位,逐年洗碱(盐);④多施农家肥料,改良土壤,培肥地力,增强土壤的亲和性能。对于呈酸性的耕作土壤,改良措施如下:①使用石灰中和酸性,每次每亩施4.0～5.0kg,以后每亩施用量减少一半,直到改造为中性或微酸性土壤;②种植绿肥,增加土中有机质,可以达到改善土壤耕性的效果;③增加灌溉次数(水田可串灌),冲淡酸性对作物的危害;④种植耐酸作物,如油菜、水稻、茶、桑、果树等,边利用边改良;⑤增施碱性肥料,如碳酸氢铵、氨水、钙镁磷肥、磷矿石粉、草木灰等,对提高作物产量有好处。

土壤翻耕:西藏自治区耕作层厚度一般为30cm左右,土地平整工程中土地翻耕深度在20cm左右最为适宜。土壤翻耕前可以配合施撒农家肥、有机肥等肥料,翻耕过程中顺便清理残留体积较大的碎石,清理出来的碎石可以累加到田坎上,以增强田坎的稳定系数。

附 西藏自治区土地开发整理项目土地平整工程各参数一览表

| 项目名称 | 地貌类型 | 耕作田面平整 | | | | 田坎设计 | 土壤改良 | | |
|---|---|---|---|---|---|---|---|---|---|
| | | 田块长度(m) | 田块宽度(m) | 平整单元高差(m) | 田面坡度(cm) | 地面坡度 | | 土层厚度(cm) | 表土剥离厚度(cm) | 耕作层(cm) |
| 贡嘎县岗堆镇 | 坡度为2°~5° | 100~300 | 200 | — | — | — | — | — | 15 | 不小于30 |
| 乃东县昌珠镇和亚堆镇 | 昌珠:河谷平原,亚堆:河谷平原,具有一定坡度 | 200~350 | 50~150 | 小于1 | 不大于10 | 1/500~1/150 | 田坎高度小于80cm时,采用土质地坎,地坎高度大于80cm时,采用干砌片石地坎。土质地坎设计侧坡β约为70°,地坎顶宽60cm,高出地面30cm,边坡1:0.5。干砌石地坎顶宽60cm,高出地面30cm | 60以上 | 25 | 30以上 |
| 芒康县嘎托镇 | 河谷盆地,坡度小于5° | 100~400 | 10~50 | 小于1.5 | — | — | 田坎采用土质地坎,选择田坎高H<1m,田坎设计侧坡β约为70°。田坎顶宽30cm,出田面20cm,内坡1:0.4 | — | 20 | 30以上 |
| 日喀则市江当乡 | 坡度为1.5% | 100~300 | 250 | — | — | — | — | — | 25 | 不低于25 |
| 林周县松盘乡 | 小于5° | 200~500 | 100~200 | 小于1 | 不大于10 | 1/500~1/150 | 田坎采用土质地坎,选择田坎高H<1m,田坎设计侧坡β约为70°,田坎顶宽60cm,出田面30cm,内坡1:0.5 | 60以上 | 25 | 30以上 |

# 专题三　西藏自治区土地开发整理田间道路及农田防护工程专题研究

## 工程一　田间道路

## 1　绪论

### 1.1　研究背景

为了进一步加强土地开发整理项目申报、实施及验收等标准化建设，加强项目的全过程管理，提高项目决策的科学化水平，合理确定土地开发整理工程建设标准，提高投资效益，2007年7月31日，国土资源部下发了《关于编制〈土地开发整理工程建设标准〉有关问题的通知》（国土资厅发[2007]137号）。由此西藏自治区开展了《西藏自治区土地开发整理工程建设标准》的编制工作。

### 1.2　研究的目的和意义

#### 1.2.1　研究目的

田间道路工程是土地开发整理工程建设的重要组成部分，它关系到农业生产、物资运输、农民生活和农机耕作等方面的需要，为满足西藏自治区农业生产与生活的需要，进行田间道路工程专题研究是十分必要的。研究下述标准的目的就是为《西藏自治区土地开发整理工程建设标准》中关于田间道路的建设标准和等级、桥涵建设标准和等级提供依据。

#### 1.2.2　研究意义

田间道路工程是土地开发整理工程建设的重要组成部分，因地制宜、科学合理地制定符合西藏自治区实际情况的田间道路建设标准，对于提高西藏自治区土地开发整理建设工程项目中田间道路工程规划设计的科学性，严格控制项目建设规模，有效利用项目建设投资，促进项目的全过程管理，推广新技术、新工艺、新设备、新材料在项目建设中的应用，充分发挥项目的投资效益，将具有十分重要的意义。

### 1.3　研究方法与参考标准

#### 1.3.1　研究方法

（1）抽样调查方法。通过抽样调查的方法调查研究西藏自治区不同地貌类型、不同气候和土壤等自然条件,不同土地利用方式以及不同经济发展水平等社会经济条件下的田间道路建设工程的内容、模式、建设标准以及建设效果,为《标准》的制定提供基础数据支撑。

(2)综合比较分析法。在收集土地、水利、农业、交通、电力、林业、环保等行业标准的基础上,综合土地开发整理工程建设的特性,通过不同标准的比较、分析以及归纳综合,将收集到的标准进行分类,为标准条文和条文说明的形成提供依据。

在编制标准时对于国家强制性标准一般直接引用,对于推荐类标准和行业标准我们一般结合本地情况引用。考虑到已有标准的实施具有一定的权威性和适用范围,我们尽可能原文引用,为了考虑区域差异性,有时采用浮度值的方法进行表述。

(3)典型案例分析法。在全面调查整个自治区范围内土地开发整理项目实施情况的基础上,按照类型区选取具有代表性的典型案例,分析土地开发整理中田间道路工程建设的区域特性和工程特点,提出具体建设标准的技术要求。

(4)定性与定量分析相结合的方法。在定性分析的基础上,采用统计分析法等定量方法,统计分析各类型区田间道路工程建设条件和关键技术指标,为定量确定田间道路尺寸参数等提供依据。

### 1.3.2 参考标准

西藏自治区土地开发整理项目田间道路工程通过引用相关的公路工程建设等方面的标准、技术规范等,研究和提出了田间道路工程建设标准和技术规定。

主要参考和引用的标准、技术规程有:《公路工程技术标准》(JTG B01—2003)、《土地开发整理标准》(TD/T 1011~1013—2000)、《公路路基设计规范》(JTG D30—2004)、《公路水泥混凝土路面设计规范》(JTG D40—2002)。

## 2 西藏自治区自然条件对田间道路工程建设的影响分析

### 2.1 西藏自治区自然条件对田间道路工程建设的影响分析

#### 2.1.1 地形地貌条件及其影响

西藏是世界上海拔最高的高原——青藏高原的主体部分,平均海拔在4000m以上。地势由西北向东南倾斜,地形复杂多样。境内海拔7000m以上的山峰有50多座,8000m以上的有11座,其中喜马拉雅山主峰珠穆朗玛峰海拔8848.13m,为世界最高峰,有"世界屋脊"和地球"第三极"之称(段丽萍,2005)。

西藏地形地貌可分成四大片:①东部藏东三江峡谷。在南北走向的平行山脉之间,分别挟持着金沙江、澜沧江和怒江的深切沟谷,山顶与谷底高差2000余米,气候垂直差异明显,山顶终年积雪不化,山腰森林密布,山麓田园常青,景色奇特。②西北部羌塘高原。绵延成片、波状起伏,海拔4500m以上的山峰占全区面积的2/3。③藏南谷地。位于羌塘高原以南,是由雅鲁藏布江流域构成,平均海拔在3500m左右,土地肥沃,为西藏主要的农业区。④喜马拉雅山地。位于西藏南部,由几条东西走向的山脉组成,平均海拔6000m以上。据测算,海拔4000m

以上地域占全区总面积的86.1%，海拔3000m以下的地域仅见于横断山区南部、雅鲁藏布江下游及喜马拉雅山南麓局部河谷地区，不及全区总面积的5%（西藏自治区土地管理局，1984）。

地形地貌对田间道路工程建设的影响：地形地貌是影响土地开发整理的主导因素，其通过土壤、气候、水文的再分布影响着土地资源的类型及特征。不同的地区由于不同的海拔高度、地势起伏、地面坡度和坡向特征，因而有了特征各异的地形地貌，不同的地表通过对热量、水分的再分配制约着农、林、牧用地的分布及利用方式，进而影响到田间道路与农田防护及生态环境保护工程的规划设计、施工和后勤管护。

地形地貌决定了选线的条件，并在很大程度上影响道路的技术标准。道路工程范围内地形形态、相对高差、倾斜度及平整度等各类地形特征，给道路选线，规划设计、施工和维护等各个阶段施加着不同的影响。田间道路工程设计时应根据土地整理区的具体地形地势，因地制宜地进行工程设计，下面以道路选线设计为例说明地形地貌的影响。

谷地平原地区地形平坦，无明显起伏，地面自然坡度一般在3°以内。微丘地形是指起伏不大的丘陵或岗地，地面自然坡度在20°以下，相对高差在100m以下。

对于这些地势较平缓的平原、岗地或微丘地形，田间道路设计一般不受地形限制，路线平、纵、横三方面的几何线形很容易达到标准，布局时主要考虑地物障碍问题，其路线特征是平面线形应力求顺直，以直线为主体线形，弯道转角一般较小，平曲线半径较大；在纵面上，坡度平缓，以低路堤为主。

对于河湾顺适、地形开阔且有连续的宽缓台地的河谷地形，河床坡度大部分在5°以下，地面自然坡度在20°以下，沿河设线一般不受限制，路线纵坡平缓或略有起伏。

同时，要结合渠系布设，路面多采用泥结碎石，部分经济条件好、人口密集的地区可对路面进行硬化，路面宽4～5m。生产路设计考虑到小型农用机械通行要求，路面设计较宽，一般宽1.5～2.0m，部分可以达到3m，且以平直路为主。

重丘地形对道路设计影响较大，地形变化复杂，具有深谷和较高的分水岭，地面自然坡度大部分在20°以上。路线平、纵、横面大部分受地形限制（鲍金星，2007）。

在这些地区田间道设计则应按照具体地形，采取沿沟走边的方法布设，宽3～4m。当坡面较陡时，田间道设计成斜线形、"S"型或"之"字形，以降低路面的纵坡，利于车辆通行。山区生产路多设计为台阶式，且路面相对较窄，通常0.6～1.2m。

另外，在地势较平缓地区，人口密度相对较大，集中居民点密度也相对较大，因此，在道路规划时，田间道路的路网设计密度应相对较大；而在人口稀疏的重丘地形区，路网设计密度不宜过大。

## 2.1.2 气候条件及其影响

青藏高原具有较明显的季风气候性质。夏季高原为热低压中心，高原内部温凉少雨，其东南部则温暖多雨。海拔4000m地区，最热月平均约10～15℃，降水量在300～600mm之间。冬季，高原受西风带控制，寒冷而干燥，最冷月平均气温多低于0℃，大风频繁。受地理条件的影响，西藏气温较低，热量水平不高，年平均气温，藏西北和藏南高原一般低于0℃；"一江两河"（雅鲁藏布江及其支流拉萨河和年楚河）和藏东"三江"（怒江、澜沧江、金沙江）流域的大部分地区则在0～10℃之间；只有藏东南一角与喜马拉雅山南坡深切河谷地区，年平均温度高于

10℃。年温差较小,昼夜温差较大是西藏的主要气候特征(彭振斌等,2006)。

西藏阳光充足,全年平均日照时数在1500～3400h之间,以西部地区最高,藏东南地区日照数最少。西藏绝大部分地区多年平均降水在500mm以下,趋势由东南向西北逐渐减少。无霜期一般120～140d,主要农区终霜期平均在5月中旬,初霜期在9月中、下旬。在藏北,则无明显无霜期。

气候条件包括降水量、蒸发量、气温、日照、积温、无霜期、冰冻、温度、风力、风向、冰雹、河道的水位流量、含沙量、水质及河道的特征(如长度、坡度、面积、流势等)等,这些都是工程设计时应该考虑的条件。

气候情况直接或间接地影响着地面水的数量、地下水位高度、大气降水量及其强度和形态、路基水温状况、泥泞期、冬季积雪和冰冻延续期,并在一定程度上限制道路施工期限和条件。

### 2.1.3 土壤条件及其影响

西藏自治区内成土条件复杂,土壤发育类型众多,约有28个土类、67个亚类。随着生物作用与淋溶作用的逐渐减弱及钙化、盐分积累作用的增强,从藏东南山地的生物作用旺盛、淋溶强烈的酸性森林土壤地带,向西北依次为高山草甸土地带、高山草原土地带、高原荒漠土地带等(李明森,1984)。在此水平分带的基础上又有着多种不同的垂直土壤地带分布的表现。

西藏土壤水平地带分布的规律是:由东南向西北,土壤由砖红壤、黄壤、黄棕壤-褐土和棕壤-高山灌丛草甸土-高山草甸土-高山亚高山草原土和亚高山灌丛草原土-亚高山荒漠土-荒漠草原土和高山荒漠土。①

西藏土壤的垂直分布在高原边缘地带很突出,而且垂直带谱也比较复杂,高原面上土壤垂直带谱比较简单。

土是路基与路面基层的材料,它影响路基形状和尺寸的确定,也影响着路面型式和结构的确定(程海东,2005)。

地面的植被覆盖影响暴雨径流、水土流失程度,并在一定程度上影响路基土壤的水力和热力状况。

各类型土壤具有不同特点,有着不同的农业生产限制因素,农田防护与生态环境工程应针对各土壤类型农业生产的障碍因素采取改善与治理措施。

### 2.1.4 水文、地质条件及其影响

西藏自治区内外流水系的流域面积约占西藏总面积的49%,其中雅鲁藏布江是西藏最大的河流,在我国境内长达2057km,流域面积达$24 \times 10^4 km^2$,水量仅次于长江和珠江,位列中国第三。高原内部还有许多短小的内流河,如藏北的扎加藏布、波仓藏布及索里藏布等。它们的流域面积有限,流量远逊于外流河,而且不少内流河仅雨季才有径流。西藏地区绝大部分河流主要靠雨水补给,其次靠冰川融水和地下水补给,在雨季,7～9月的径流量占全年总径流量的一半以上;而11月至翌年3月为枯水期,小河溪一般断流。因此,在春旱时期,农田灌溉用水颇显紧张。西藏的地下水较丰富,它与河湖等地表径流的关系十分密切,估计全区地表径流约

---

① 数据来源:西藏生态安全屏障保护与建设规划(2008—2030年)。http://bgt.ndrc.gov.cn/zcfb/200903/t20090302_498976.html

有30%系由地下水补给。

水文状况决定排水结构物的数量和大小,水文地质情况决定了含水层的厚度和位置、地基或路基岩层滑塌的可能性。

地质构造,决定道路地基及路基附近岩层的稳定性,确定有无滑塌、碎落和崩塌的可能,同时也决定土石方工程施工难易和筑路材料的质量。

谷地平原区的不良地质现象较少,但存在软土和沼泽地段,另外,平原区地面平坦,往往排水较困难,地面积水较多,地下水位较高,土壤水文条件较差,容易影响地基稳定性。当线路走向与分水岭基本一致时,应尽可能沿接近分水岭的地势较高处布线。高处土壤干燥、地下水位较低,从工程上看,一般情况高处地基稳定,借土方便,对农田、灌溉沟渠干扰也比较少。

盆区低山丘陵水文条件复杂,雨季暴雨集中,洪水历时短暂,猛涨猛落,流速快,流量大,冲刷和破坏力很大。因此,山区田间道路建设中,应特别注意边坡稳定性问题,正确处理好路线和河流的关系,并对路基和排水构造物采取必要的加固措施,确保路基稳定。

## 2.2 田间道路工程建设存在的主要问题及原因分析

虽然当前区内田间道路对经济、社会和国防建设的制约状况得到进一步缓解,但与西藏经济社会发展的需求差距仍很大,与全国乃至西部其他省区水平相比仍落后,西藏田间道路工程建设还存在以下问题和困难。

(1)自治区原始田间道路规格和分布不合理,路网不健全,不符合新农村建设发展要求和节约集约用地的要求;部分田间道路,防护林配套不完善,缺乏施工后的维护。

(2)由于国家规程规定的指标"刚性"有余,"弹性"不足,因此各地对道路建设标准的理解和运用方面,很难做到"两全其美"。

(3)伴随着物价的上涨,按照国家规定的现行标准,土地开发整理项目定额所规定的人工费定额普遍降低,加上物价指数和材料费的不断上涨,从而存在着预算经费不足的问题,在一定程度上制约了道路工程布局设计和项目的顺利实施。

# 3 田间道路工程建设标准内容规定及研究分析

## 3.1 引用标准名称

《公路工程技术标准》(JTG B01—2003);
《土地开发整理标准》(TD/T 1011~1013—2000);
《公路路基设计规范》(JTG D30—2004);
《公路水泥混凝土路面设计规范》(JTG D40—2002)。

## 3.2 《公路工程技术标准》(JTG B01—2003)

### 3.2.1 标准简介

《公路工程技术标准》对公路工程总体控制要素、路线、路基路面、桥涵、隧道、汽车及人群荷载、路线交叉等方面进行了界定,适用于新建和改建公路。本标准只列出同控制公路工程建设规模和技术标准有关的技术指标,其他相关技术指标均移至相应设计规范。

### 3.2.2 标准内容摘抄及研究分析

标准内容摘抄如下(稍作修改)。

2 控制要素

2.0.7 各级公路建筑限界的规定。

(4)一条公路应采用同一净高。高速公路、一级公路、二级公路的净高应为5.00m;三级公路、四级公路的净高应为4.50m。

分析:土地整理工程中田间道路工程部分很少涉及道路的服务水平、抗震设计等要求,因此没有进行分析。

3 路线

3.0.1 一般规定。

(1)路线设计应根据公路等级及其功能,正确运用技术指标,保持线形连续、均衡,确保行驶安全、舒适。

(3)公路选线必须由面到带、由带到线,在对地形、工程地质、水文地质等调查与勘查的基础上论证,确定路线方案。

(4)路线线位应考虑同农田与水利建设、城市规划的配合,尽可能避让不可移动文物、自然保护区,保护环境且同当地景观相协调。

3.0.10 四级公路采用4.50m路基时,应设置错车道。设置错车道路段的路基宽度应不小于6.50m。

3.0.11 各级公路路基宽度规定。

(1)各级公路路基宽度为车道宽度与路肩宽度之和,当设有中间带、加(减)车道、爬坡车道、紧急停车带、错车道等时,应计入这些部分的宽度。

(3)四级公路宜采用双车道路基宽;交通量小的路段,可采用单车道4.50m路基宽。

(4)确定路基宽度时,中央分割带宽度、左侧路缘带宽度、右侧硬路肩宽度、土路肩宽度等的"一般值"和"最小值"应同类项相加。

3.0.16 最大纵坡规定。

(2)公路改建中,设计速度为40km/h、30km/h、20km/h的利用原有公路的路段,经技术经济论证,最大纵坡值可增加1%。

(3)越岭路线连续上坡(或下坡)路段,相对高差为200~500m时,平均纵坡不应大于5.5%;相对高差大于500m时,平均纵坡不应大于5%。任意连续3km路段的平均纵坡不应大于5.5%。

3.0.18 公路纵坡变更处应设竖曲线。

分析:以上摘抄的各条均是田间道路工程可能用到的路线设计的标准,对于高等级公路的路线要求在此没有分析。

4 路基路面

4.0.1 一般规定。

(1)路基路面应根据公路功能、公路等级、交通量,结合沿线地形、地质及路用材料等自然条件进行设计,保证其具有足够的强度、稳定性和耐久性。同时,路面面层应满足平整和抗滑的要求。

(2) 路基设计应重视排水设施与防护设施的设计,取土、弃土应进行专门设计,防止水土流失、堵塞河道和诱发路基病害。

(3) 路基断面形式应与沿线自然环境相协调,避免因深挖、高填对其造成不良影响。高速公路、一级公路宜采用浅挖、低填、缓边坡的路基断面形式。

(4) 通过特殊地质和水文条件的路段,必须查明其规模及其对公路的危害程度,采取综合治理措施,增强公路防灾、抗灾能力。

4.0.3 路基高度设计,应使路肩边缘高出路基两侧地面积水高度,同时考虑地下水、毛细水和冰冻的作用,不使其影响路基的强度和稳定性。沿河及受水浸淹的路基边缘标高,应高出规定设计洪水频率的计算水位加壅水高、波浪侵袭高和0.5m的安全高度。

4.0.4 路基压实度和原地面处理要求:

(1) 路堤基底应清理和压实。基底强度、稳定性不足时,应进行处理,以保证路基稳定,减少工后沉降。

4.0.6 路面设计标准轴载为双轮组单轴100kN。

4.0.8 路面结构层所选材料应满足强度、稳定性和耐久性的要求。同时路面垫层材料宜采用水稳性好的粗粒或各种稳定类粒料。

4.0.9 路基路面排水应符合以下规定:

(1) 路基、路面排水设计应综合规划、合理布局,并与沿线排灌系统相协调,保护生态环境,防止水土流失和污染水源。

(2) 根据公路等级,结合沿线气象、地形、地质、水文等自然条件,设置必要的地表排水、路面内部排水、地下排水等设施,并与沿线排水系统相结合,形成完整的排水体系。

(3) 特殊地质环境地段的路基、路面排水设计,必须与该特殊工程整治措施相结合,进行综合设计。

分析:路基路面的要求在此规范中描述比较笼统,没有详细的要求,在其他规范中应该继续寻找分析关于路基路面的标准。

5 桥涵

5.0.1 一般规定。

(1) 桥梁应根据公路功能、等级、通行能力及抗洪防灾要求,结合水文、地质、通航、环境等条件进行综合设计。

(3) 桥梁设计应遵循安全、适用、经济、美观和有利环保的原则,并考虑因地制宜、便于施工、就地取材和养护等因素。

(4) 桥涵的设置应结合农田基本建设考虑排灌的需要。

(6) 桥梁结构应考虑桥面铺装进行综合设计。桥面铺装应有完善的桥面防水、排水系统。

5.0.2 桥涵分类规定如表3-1所示。

5.0.3 桥梁全长:有桥台的桥梁应为两岸桥台侧墙或八字墙尾端间的距离;无桥台的桥梁应为桥面系长度。

桥涵的跨径小于或等于50m时,宜采用标准化跨径。

桥涵标准化跨径规定如下:0.75m、1.0m、1.25m、1.5m、2.0m、2.5m、3.0m、4.0m、5.0m、

6.0m、8.0m、10m、13m、16m、20m、25m、30m、35m、40m、45m、50m。

表 3-1  桥涵分类

| 桥涵分类 | 多孔跨径总长 $L$(m) | 单孔跨径 $L_k$(m) |
| --- | --- | --- |
| 特大桥 | $L>1000$ | $L_k>150$ |
| 大桥 | $100 \leqslant L \leqslant 1000$ | $40 \leqslant L_k \leqslant 150$ |
| 中桥 | $30<L<100$ | $20 \leqslant L_k<40$ |
| 小桥 | $8 \leqslant L \leqslant 30$ | $5 \leqslant L_k<20$ |
| 涵洞 | — | $L_k<5$ |

注：①单孔跨径系指标准跨径。
②梁式桥、板式桥的多孔跨径总长为多孔标准跨径的总长；拱式桥为两岸桥台内起拱线间的距离；其他形式桥梁为桥面系车道长度。
③管涵及箱涵不论管径或跨径大小、孔数多少，均称为涵洞。
④标准跨径：梁式桥、板式桥以两桥墩中线间距离或桥墩中线与台背前缘间距为准；拱式桥和涵洞以净跨径为准。

5.0.6  桥下净空应符合以下规定：
（2）跨线桥桥下净空，应符合被交叉公路、铁路、其他道路等建筑限界的规定。
（3）桥下净空还应考虑排洪、流水、漂流物、冰塞以及河床冲淤等情况。

5.0.7  桥梁及其引道的平、纵、横技术指标应与路线总体布设相协调。桥上纵坡不宜大于4%，桥头引道不宜大于5%。位于市镇混合交通繁忙处，桥上纵坡和桥头引道纵坡均不得大于3%。桥头两端引道线形应与桥上线形相配合。

分析：此章对桥涵的基本分类，及桥梁的设计标准提出了要求。但是对于土地整理工程中的小桥涵描述得比较少。

## 3.3 《土地开发整理标准》(TD/T 1011～1013—2000)

### 3.3.1 标准简介

《土地开发整理标准》规定了土地开发整理项目规划的总则、内容、程序、方法、成果等的基本要求和项目设计的原则、内容及技术要求。《土地开发整理标准》适用于土地开发整理项目的规划编制与实施，适用于土地开发整理项目的初步设计和施工图设计，并作为与设计有关的概预算、审批等方面的依据。

### 3.3.2 标准内容摘抄及研究分析

标准内容摘抄如下（稍作修改）。

4.5.2.2  道路宽度：干道路面宽6～8m，高出地面0.7～1.0m；支道路面宽3～6m，高出地面0.5～0.7m。

4.5.2.3  道路纵坡：主要指干道。平原地区一般应小于6%；丘陵山区应小于8%，个别大纵坡地段以不超过11%为宜。

4.5.2.4  道路弯道半径：根据地形、工程难易及行驶安全确定。平原地区或丘陵地区弯道半径不小于20m，山区最小半径可为15m，对翻山越岭回头弯道半径一般可采用12m。

4.5.3 田间道设施设计原则:
a)道路中心线以平直线为主,路长最短,联系简捷。
b)道路坡度、转弯角度等技术指标应符合有关技术要求。
c)应与田、林、村、渠、沟等布局相协调,有利于田间生产管理。
d)保护生态环境,防止水土流失。
4.5.5 田间道纵坡。
4.5.5.1 最大纵坡:宜采取6‰～8‰。
4.5.5.2 最小纵坡:以满足雨雪排除要求为准,一般宜取0.3‰～0.4‰,多雨地区宜取0.4‰～0.5‰。

分析:本标准主要针对土地整理工程中田间道路提出标准,其中对于干道、支道、道路纵坡、弯道半径、田间道纵坡提出了要求,但是对于具体道路设计的路基路面、路肩等的强度、材料、质量等级等方面都没有作出规定。有待于通过研究其他标准对其进行补充完善。

## 3.4 《公路路基设计规范》(JTG D30—2004)

### 3.4.1 标准简介

《公路路基设计规范》主要提出了公路路基设计中对路基的一般规定,对路基排水、路基防护与支挡、关于路基拓宽改建及对特殊路基的设计要求。本规范适用范围为新建、改建公路的路基设计,其他公路的路基设计亦可参照使用。《公路路基设计规范》涵盖了《公路粉煤灰路堤设计与施工技术规范》(JTJ016—93)、《公路软土地基路堤设计与施工技术规范》(JTJ017—96)、《公路排水设计规范》(JTJ018—96)、《公路土工合成材料应用技术规范》(JTJ019—98)等规范的相关内容,并针对目前公路路基设计中反映比较突出的问题,如高填深挖的界限与设计原则、边坡防护、路基压实标准、特殊路基设计等作了重点规定。该规范施行以来,对统一公路工程路基设计技术要求、提高公路路基设计水平、保证公路路基质量起到了重要的作用。

### 3.4.2 标准内容摘抄及研究分析

标准内容摘抄如下(稍作修改)。

1 总则

1.0.8 受水浸淹路段的路基边缘标高,应不低于路基设计洪水频率的水位加壅水高、波浪侵袭高,以及0.5m的安全高度。

1.0.9 水文及水文地质条件不良地段的路基设计最小填土高度不应小于路床处于中湿状态的临界高度;当路基设计标高受限制时,应对潮湿、过湿状态的路基进行处理,处理后的土基回弹模量不应小于路面设计规范规定的要求。

分析:总则提出了规范制定的目的,规范适用的范围,对路基设计的总体要求。其中上述条例具体提出了公路路基设计的总体要求。

3 一般路基

3.1 一般规定。

3.1.1 路基设计之前,应做好全面调查研究,充分收集沿线地质、水文、地形、地貌、气象、地震等设计资料。改建公路设计时,还应收集历年路况资料及当地路基的翻浆、崩塌、水毁、沉降变形等病害的防治经验。

3.1.2 路基设计应根据当地自然条件和工程地质条件,选择适当的路基横断面形式和边坡坡度。河谷地段不宜侵占河床,可视具体情况设计其他结构物和防护工程。

3.1.3 陡坡上的半填半挖路基,可根据地形、地质条件,采用护肩、砌石或挡土墙;当山坡高陡或稳定性差,不宜多挖,可采用桥梁、悬出路台等构造物;三、四级公路的悬崖陡壁地段,当山体岩石整体性好时,可采用半山洞。

3.1.4 沿河路基边缘标高应满足本规范第1.0.8条的规定,并根据冲刷情况,设置必要的防护设施。沿河路基废方应妥善处理,以免造成河床堵塞、河流改道或冲毁沿线构造物、农田、房屋等不良后果。

分析:3.2 路床的设计要求在土地整理工程中一般没有详细的考虑,因此舍弃此要求。

3.3 填方路基。

3.3.1 填料选择。

(1)填方路基应优先选用级配较好的砾类土、砂类土等粗粒土作为填料,填料最大粒径应小于150mm。

(2)泥炭、淤泥、冻土、强膨胀土、有机质土及易溶盐超过允许含量的土等,不得直接用于填筑路基。冰冻地区的路床及浸水部分的路堤不应直接采用粉质土填筑。

(5)浸水路堤应选用渗水性良好的材料填筑。当采用细砂、粉砂作填料时,应考虑震动液化的影响。

(6)桥涵台背和挡土墙背应优先选用渗水性良好的填料。在渗水材料缺乏的地区,采用细粒土填筑时,宜用石灰、水泥、粉煤灰等无机结合料进行处治。

3.3.3 细粒土作填料时,土的含水量应接近最佳含水量,当含水量过高时,应采取晾晒或掺入石灰、水泥、粉煤灰等材料进行处治。

3.3.4 路堤边坡形式和坡率应根据填料的物理力学性质、边坡高度和工程地质条件确定。

(1)当地质条件良好,边坡高度不大于20m时,其边坡坡率不宜陡于表3-2的规定值。

表3-2 路堤边坡坡率

| 填料类别 | 边坡坡率 | |
| --- | --- | --- |
| | 上部高度($H \leqslant 8m$) | 下部高度($H \leqslant 12m$) |
| 细粒土 | 1:1.5 | 1:1.75 |
| 粗粒土 | 1:1.5 | 1:1.75 |
| 巨粒土 | 1:1.3 | 1:1.5 |

(2)对边坡高度超过20m的路堤,边坡形式宜采用阶梯形,边坡坡率应按第3.6节的规定通过稳定性分析计算确定,并应进行个别设计。

3.4 挖方路堤。

3.4.1 土质路堑。

(1)土质路堑边坡形式及坡率应根据工程地质与水文地质条件、边坡高度、排水措施、施工方法,并结合自然稳定山坡和人工边坡的调查及力学分析综合确定。

边坡高度不大于20m时,边坡坡率不宜大于表3-3的规定值。

表3-3 土质路堑边坡坡率

| 土的类别 | | 边坡坡率 |
|---|---|---|
| 黏土、粉质黏土、塑性指数大于3的粉土 | | 1∶1 |
| 中密以上的中砂、粗砂、砾砂 | | 1∶1.5 |
| 卵石土、碎石土、圆砾土、角砾土 | 胶结和密实 | 1∶0.75 |
| | 中密 | 1∶1 |

注:黄土、红黏土、高液限土、膨胀土等特殊土质挖方边坡形式及坡度应按第7章的有关规定确定。

4 路基排水

4.1 一般规定。

4.1.1 公路路基排水设计应防、排、疏结合,并与路面排水、路基防护、地基处理以及特殊路基地区(段)的其他处治措施相互协调,形成完善的排水系统。

4.1.3 排水困难地段,可采取降低地下水位,设置隔离层等措施,使路基处于干燥、中湿状态。

分析:一般规定中另外两条均是设计、施工总体要求,因此没有进行分析。

4.2 地表排水。

4.2.1 路基地表排水设施设计中,对于降雨的重现期:高速公路、一级公路应采用15年,其他等级公路应采用10年。各类地表排水设施的断面尺寸应满足设计排水流量的要求,沟顶应高出沟内设计水面0.2m以上。

4.2.2 路基地表排水设施包括边沟、截水沟、排水沟、跌水与急流槽、蒸发池、油水分离池、排水泵站等,应结合地形和天然水系进行布设,并做好进出口的位置选择和处理,防治出现堵塞、溢流、渗漏、淤积、冲刷和冻结等现象。

4.2.3 地表排水沟管排放的水流不得直接排入饮用水水源、养殖池。

4.2.4 边沟。

边沟断面形式及尺寸应根据地形地质条件、边坡高度及汇水面积等确定。

边沟沟底纵坡宜与路线纵坡一致,并不宜小于0.3%。困难情况下,可减小至0.1%。

路堑边沟的水流,不应流经隧道排出。

边沟有可能产生冲刷时,应进行防护。

4.2.5 截水沟。

截水沟应根据地形条件及汇水面积等进行设置。挖方路基的堑顶截水沟应设置在坡口5m以外,并宜结合地形进行布设。填方路基上侧的路堤截水沟距填方坡脚的距离,不应小于2m。在多雨地区,视实际情况可设一道或多道截水沟。

截水沟断面形式应结合设置位置、排水量、地形及边坡情况确定,一般情况下,沟底纵坡不宜小于0.3%。

截水沟的水流应排至路界之外,不宜引入路堑边沟。

截水沟应进行防渗加固。

4.2.6 排水沟。

将边沟、截水沟、取（弃）土场和路基附近低洼处汇集的水引向路基以外时，应设置排水沟。

排水沟断面形式应结合地形、地质条件确定，沟底纵坡不宜小于0.3%，与其他排水设施的连接应顺畅。易受水流冲刷的排水沟应视实际情况采取防护、加固措施。

分析：在路基地表排水的多种形式中，土地整理工程常用的排水形式就是边沟、截水沟、排水沟，对于跌水与急流槽、蒸发池等形式比较少见，因此没有引用分析。

4.3　地下排水。

4.3.1　进行地下排水设计前，应进行野外工程地质和水文地质调查、勘探和测试，查明水文地质条件，获取有关水文地质参数。

4.3.2　路基地下排水设施包括暗沟（管）、渗沟、渗水隧洞、渗井、仰斜式排水孔、检查疏通井等。地下排水设施的类型、位置及尺寸应根据工程地质和水文地质条件确定，并与地表排水设施相协调。

4.3.3　暗沟（管）。

暗沟（管）用于排除泉水或地下水集中水流。

暗沟沟底的纵坡不宜小于1%，条件困难时亦不得小于0.5%，出水口处应加大纵坡，并应高出地表排水沟常水位0.2m以上。

分析：地基的地下排水中有多种形式，但是除了暗沟（管）外其他形式都很少涉及，因此只对暗沟（管）进行了分析。

本规范中第5章是路基防护与支挡，第6章是路基拓宽改建，第7章是特殊路基，这些内容在土地整理工程中应用很少，因此不做摘抄和分析。

## 3.5　《公路水泥混凝土路面设计规范》(JTG D40—2002)

### 3.5.1　标准简介

为适应交通运输发展和公路建设的需要，提高水泥混凝土路面的设计质量和技术水平，保证工程安全可靠、经济合理，制定《公路水泥混凝土路面设计规范》。本规范适用于新建和改建公路和水泥混凝土路面设计。本规范涉及的标准规范较多，包括：《公路排水设计规范》(JTJ018-97)、《公路沥青路面设计规范》(JTJ014—97)和《公路水泥混凝土路面养护技术规范》(JTJ073.1—2001)、《公路自然区划标准》(JTJ003—86)、《公路工程结构可靠度设计统一标准》(GB/T 50283—1999)和《公路水泥混凝土路面接缝材料》(JT/T 203—1995)等。

### 3.5.2　标准内容摘抄及研究分析

分析：本规范第1章叙述了本规范的制定目的、使用范围，第2章与标准内容无关，对于土地整理工程而言，第5章（接缝设计）、第6章（面层配筋设计）、第7章（材料组成要求及性质参数）、第8章（加铺层结构设计）的内容在土地整理工程中都很少涉及，因此不对其进行分析。在此主要针对第3、4章内容进行摘抄分析。

标准内容摘抄如下（稍作修改）。

3　设计依据

3.0.6　水泥混凝土的强度以28d龄期的弯拉强度控制。当混凝土浇筑后90d内不开放交通时,可采用90d龄期的弯拉强度。各交通等级要求的混凝土弯拉强度标准值不得低于表3-4的规定。

表3-4 混凝土弯拉强度标准值

| 交通等级 | 特重 | 重 | 中等 | 轻 |
|---|---|---|---|---|
| 水泥混凝土的弯拉强度标准值(MPa) | 5.0 | 5.0 | 4.5 | 4.0 |
| 钢纤维混凝土的弯拉强度标准值(MPa) | 6.0 | 6.0 | 5.5 | 5.0 |

3.0.7 在季节性冰冻地区,路面的总厚度不应小于表3-5规定的最小防冻厚度。

表3-5 水泥混凝土路面最小防冻厚度

| 路基干湿类型 | 路基土质 | 当地最大冰冻深度(m) | | | |
|---|---|---|---|---|---|
| | | 0.5~1.00 | 1.0~1.50 | 1.5~2.00 | ≥2.00 |
| 中湿路基 | 低、中、高液限黏土 | 0.3~0.50 | 0.4~0.60 | 0.5~0.70 | 0.6~0.95 |
| | 粉土,粉质低、中液限黏土 | 0.4~0.60 | 0.5~0.70 | 0.6~0.85 | 0.7~1.10 |
| 潮湿路基 | 低、中、高液限黏土 | 0.4~0.60 | 0.5~0.70 | 0.6~0.90 | 0.7~1.20 |
| | 粉土,粉质低、中液限黏土 | 0.4~0.70 | 0.5~0.80 | 0.7~1.00 | 0.8~1.30 |

注:①冻深小或填方路段,或者基、垫层为隔温性能良好的材料,可采用低值;冻深大或挖方及地下水位高的路段,或者基、垫层为隔温性能较差的材料,应采用高值。
②冻深小于0.50m的地区,一般不考虑结构层防冻厚度。

分析:以上两条都是对水泥混凝土路面的质量提出的要求,分别是强度要求和路面厚度要求,其中3.0.6是国家强制性规定。此章中其余各条分别对可靠度等级、材料性能和尺寸、设计荷载提出要求,对于土地整理工程,道路要求比公路部门要求有所降低,通行车辆也没有交通部门的复杂,因此在此没有对这些条文进行摘抄和分析。

4 结构组合设计

4.1.3 地下水位高时,宜提高路堤设计标高。在设计标高受限制,未能达到中湿状态的路基临界高度时,应选用粗粒土或低剂量石灰或水泥稳定细粒土做路床或上路床填料;未能达到潮湿状态的路基临界高度时,除采用上述填料措施外,还应采取在边沟下设置排水渗沟等降低地下水位的措施。

4.1.4 路基压实度应符合《公路路基设计规范》(JTJ013)的要求。多雨潮湿地区,对于高液限土及塑性指数大于16或膨胀率大于3%的低液限黏土,宜采用由轻型压实标准确定的压实度,并在含水量略大于其最佳含水量时压实。

4.1.5 岩石或填石路床顶面应铺设整平层。整平层可采用未筛分碎石和石屑或低剂量水泥稳定粒料,其厚度视路床顶面不平整程度而定,一般为100~500mm。

4.2 垫层

4.2.1 遇有下述情况时,需在层基下设置垫层:
——季节性冰冻地区,路面总厚度小于最小防冻厚度要求(表3-4)时,其差值应以垫层厚度补足;

——水文地质条件不良的土质路堑,路床土湿度较大时,宜设置排水垫层;
——路基可能产生不均匀沉降或不均匀变形时,可加设半刚性垫层。

4.2.2 垫层的宽度应与路基同宽,其最小厚度为150mm。

4.2.3 防冻垫层和排水垫层宜采用砂、砂砾等颗粒材料。半刚性垫层可采用低剂量无机结合料稳定粒料或土。

4.3 基层。

4.3.2 基层类型宜依照交通等级按表3-6选用。混凝土预制块面层应采用水泥稳定粒料基层。

表3-6 适宜各交通等级的基层类型

| 交通等级 | 基层类型 |
| --- | --- |
| 特重交通 | 贫混凝土、碾压混凝土或沥青混凝土基层 |
| 重交通 | 水泥稳定粒料或沥青稳定碎石基层 |
| 中等或轻交通 | 水泥稳定粒料、石灰粉煤灰稳定粒料或级配粒料基层 |

4.3.3 湿润和多雨地区,路基为低透水性细粒土的高速公路和一级公路或者承受特重/重交通的二级公路,宜采用排水基层。排水基层可选用多孔隙的开级配水泥稳定碎石、沥青稳定碎石或碎石,其孔隙率约为20%。

4.3.4 基层的宽度应比混凝土面层每侧至少宽出300mm(采用小型机具施工时)或500mm(轨模式摊铺机施工时)或650mm(滑模式摊铺机施工时)。路肩采用混凝土面层,其厚度与行车道面层相同时,基层宽度宜与路基同宽。级配粒料基层的宽度也宜与路基同宽。

4.3.5 各类基层厚度和适宜范围见表3-7。

表3-7 各类基层厚度的适宜范围

| 基层类型 | 厚度适宜的范围(mm) |
| --- | --- |
| 贫混凝土或碾压混凝土基层 | 120~200 |
| 水泥或石灰粉煤灰稳定粒料基层 | 150~250 |
| 沥青混凝土基层 | 40~60 |
| 沥青稳定碎石基层 | 80~100 |
| 级配粒料基层 | 150~200 |
| 多孔隙水泥稳定碎石排水基层 | 100~140 |
| 沥青稳定碎石排水基层 | 80~100 |

4.4 面层。

4.4.2 面层一般采用设接缝的普通混凝土;面层板的平面尺寸较大或形状不规则,路面结构下埋有地下设施,高填方、软土地基、填挖交界段的路基等有可能产生不均匀沉降时,应采用设置接缝的钢筋混凝土面层。其他面层类型可根据适用条件按表3-8选用。

表 3-8 其他面层类型选择

| 面层类型 | 适用条件 |
| --- | --- |
| 连续配筋混凝土面层 | 高速公路 |
| 沥青上面层与连续配筋混凝土或横缝设传力杆的普通混凝土下面层组成的复合式路面 | 特重交通的高速公路 |
| 碾压混凝土面层 | 二级及二级以下公路、服务区停车场 |
| 钢纤维混凝土面层 | 标高受限制路段、收费站、混凝土加铺层和桥面铺装 |
| 矩形或异形混凝土预制块面层 | 服务区停车场、二级及二级以下公路桥头引道沉降未稳定段 |

4.4.3 普通混凝土、钢筋混凝土、碾压混凝土或钢纤维混凝土面层板一般采用矩形。其纵向和横向接缝应垂直相交,纵缝两侧的横缝不得相互错位。

4.4.5 横向接缝的间距按面层类型和厚度选定:

——普通混凝土面层一般为 4～6m,面层板的长宽不宜超过 1.3m,平面尺寸不宜大于 25m$^2$;

——碾压混凝土或钢纤维混凝土面层一般为 6～10m;

——钢筋混凝土面层一般为 6～15m。

4.5 路肩。

4.5.2 路肩铺面可选用水泥混凝土面层或沥青面层。

4.6 路面排水。

4.6.1 行车道路面应设置双向或单向横坡,坡度为 1‰～2‰。路肩铺面的横向坡度值宜比行车道路面的横坡值大 1‰～2‰。

分析:对于第 4 章结构组合设计中并不是逐节进行分析,而是剔除了关于设计详细要求的部分条目。

# 4 应用成果

## 4.1 田间道路等级、功能及使用范围

按照《土地开发整理标准》(TD/T 1011～1013—2000)和新农村建设的客观要求,道路工程建设应满足项目区对内和对外交通的需要,既要满足农业机械化作业的需要,又能保持与外界便捷的联系,方便农业生产,便于农产品的运出和农业生产资料的运入。良好的道路系统,是保证项目区与外界及项目区内部之间进行物质、能量交换的有效通道。

根据《土地开发整理项目规划设计规范》(TD/T 1012—2000),项目区内的农村道路,按主要功能和使用特点可分为干道、支道、田间道和生产路四级。其中,干道是乡镇与村庄联系的道路,以通行汽车为主,是整个项目区道路网的骨干,联系着农村居民点和各乡镇,承担着项目区的主要客货运输;支道一般指村庄与村庄之间联系的道路,是村庄对外联系的通道,承担着运进农业生产资料、运出农产品的重任;田间道是指联系村庄与田块,为货物运输,作业机械向田间转移及为机器加水、加油等生产过程服务的道路;生产路是指联系田块,通往田间的道路,

主要起田间货物运输的作用,为人工田间作业和收获农产品服务。

根据自治区实际情况和土地开发整理投资状况,同时为了避免与交通部门的公路建设工程相重叠,土地整理中的农村道路工程拟分为田间道、生产路两级(表3-9)。对项目区内部分需要维修的支道,可适当维修。

表3-9 道路功能及适用范围

| 道路等级 | 功能 | 适用范围 |
| --- | --- | --- |
| 田间道 | 沟通项目区与外界的联系,农产品及货物运输、农业机械向田间转移及为机械加水、加油生产服务 | 连接较大自然村或连接较大自然村与主干公路的通道,连接居民点到田间的通道 |
| 生产路 | 人畜田间作业和收获农产品服务 | 联系田块之间的人畜通道 |

## 4.2 田间道路工程布置

田间道路工程布局既要考虑工程量大小,工程占地情况,投资多少,又要考虑施工、养护管理、经济效益、交通运营等方面的利弊得失,还必须考虑对自然生态环境造成的影响。

(1)田间道路总体布局要与土地利用总体规划相衔接,尤其要与项目区新农村建设发展规划要求相衔接。

在土地整理项目道路布局中,充分考虑新农村建设道路发展要求,既要让老百姓实实在在地体会到土地整理项目带来的好处,得到群众的支持和拥护,也要有利于突出土地整理项目工程的亮点。

(2)田间道路工程布置要充分利用原有田间道路,并尽可能结合干支道布置。各级道路要做好衔接,统一协调规划,使各级田间道路形成系统网络。

在规划布局项目区道路系统时,应充分考虑对原有田间道路的利用,原有道路一般只需铺设一层路面即可达到新修道路的标准。一方面,利用原有道路既可以减少新建道路花在路基和垫层上的费用,又减少因废弃原有道路、复垦为耕地的费用。另一方面,利用原有道路可以继续发挥其既有的联系服务功能,维护既有的田间生产组织关系,减少新建道路带来的土地利用关系和权属调整。

由于田间道路主要是为田间机械运输服务的,因此要保证车辆既能进得去,又能出得来。只有将田间道路布置成网状,同时使项目区内的道路与项目区外的主要道路相贯通,田间道路与村庄干支道有机衔接,使得项目区内外成为一个连贯的闭合回路系统,项目区内的道路系统才更能发挥其价值,才能保证车辆进得去,出得来。

(3)田间道路工程总体布局应从方便农业生产与生活、有利于机械化耕作和节省道路占地等方面考虑,尽量不要破坏已有的各项建设工程,做到既经济又节约用地。

基本农田土地整理的一个主要目标就是增加耕地面积,这势必要求在道路的设计中,尽量少占农田。另外,农地整理投资密度较小,如何在有效投资的条件下,达到基本农田土地整理的效果,就必须要求充分利用原有基础设施,做好新建设施与原有设施的协调。

(4)项目区道路布局应与田、林、村、渠、沟等布局相协调,以有利于田间生产管理。一般地田间道宜与斗渠、斗沟对应布设,生产路宜与农沟农渠对应布设。

田间道路布置应结合项目区内灌溉排水渠、沟合理布置。路、渠、沟的结合形式,应有利于灌排、机耕、运输和田间管理,且不影响田间作物光照条件,并能节约土地,减少平整土地和修建田间灌排建筑物的工程量。

道路与田、林、村、渠、沟等协调布局常见的形式有"田—路—沟—林—渠""田—沟—路—渠—林""沟—林—渠—路—田"三种。

"田—路—沟—林—渠",这种布置形式可利用挖排水斗沟的土方填筑路基,节省土方量,并且拖拉机组可以直接下地作业,道路以后也有拓展的余地。但是斗渠和斗沟之间应种植数行树木。此外,横向田间道要穿越农沟,须在农沟与斗沟连接处埋设涵管或修建桥涵、涵洞等建筑物。埋设涵管时,如果孔径不足,势必影响排水,在雨季田块易积水受淹。并且在这种情况下,道路位置较低,为避免被淹,必须在路旁修筑良好的截水路沟。如果居民点靠斗沟一侧,宜采用这种形式。

"田—沟—路—渠—林",这种布置形式便于渠沟的维修管理,但今天拓展有困难。拖拉机组进入田间必须跨越排水斗沟,需要修建桥梁。在降水较多的地区,排水斗沟断面较大,如采用这种形式基建投资大。在降雨量较小的地区,可以采用这种形式。

"沟—林—渠—路—田",如果居民点靠近斗渠,采用上述布局形式会增加拖拉机组下地的空行行程,增加生产费用。一般结合斗渠布置,这样机组下地作业方便,但需修建涵管等建筑物,加大基建费用。同时还要在渠路之间种植两三行树或开挖路沟,以便截排渠边渗水,保证路面干燥。

(5)道路线路选择要因地制宜,充分考虑当地地形地貌和气候、水文等自然条件。

在谷地平原区,道路尽量短顺平直,在易受洪水浸没的地段,应尽量把路线置于高处,对常年积水洼地,应绕行或抬高路基。道路穿过洪水可浸没的地区,为使道路在汛期仍可通畅,保证道路的安全及使用寿命,应尽量将路线选择在高于汛期洪水位处。另外,西藏自治区受季风气候的影响,雨量较丰富,在平原湖区,因常常积雨而排不出去,容易形成积水洼地,这种地质条件是不利于直接铺设道路的,解决措施一是使道路铺设绕过积水洼地,二是抬高道路路基,使得道路路面高于洼地积水位线。

在盆区低山丘陵布置田间道应根据具体地形,采取通梁联岇、沿沟走边的方法布设。田间道路应设置在沟边、沟底或山岇的脊梁上,如山低坡缓,田间道路呈斜线形;如山高坡陡,田间道路可呈"S"形、"之"字形或螺旋形迂回上山。这样既可以减缓纵向坡度,也可以节省大量土石方。

(6)路线最短,联系便捷,尽量少用地,道路宽度、道路纵坡、弯道半径等技术指标应符合有关技术要求。

田间道路工程应满足主要农用机械、客、货等车流和人流的安全与畅通的要求,项目类型区内道路系统建设技术指标应符合生产和生活对田间道路工程建设的要求。田间道路中心线以平直线为主,路线最短,联系方便。同其他田间道相交时,应采用正交,以方便畜力车转弯。

(7)田间道路两侧绿化应满足农田林网建设的要求,保护和改善生态环境,防止水土流失。

## 4.3 田间道路设计

道路设计应在平、纵、横三个方面进行综合设计,保持各元素之间的协调一致。不恰当的线形组合,容易造成交通事故,降低通行能力。

### 4.3.1 路基设计

**1. 路基设计的基本要求**

道路路基是路面的基础,是道路工程的主要组成部分。路面损坏往往与路基填料不当、路基排水不畅、压实度不够、强度低等有直接关系,因此路基必须有足够的强度、稳定性和耐久性。

田间道路路基应根据其使用要求和当地自然条件(包括地形地貌、气象、水文、工程地质条件和材料等情况)并结合施工方案进行设计,路基的宽度和厚度既要保证符合道路的强度和稳定性要求,在经济上又要合理可行。

盆区低山丘陵的路基设计,应根据当地自然条件,特别是工程地质条件,选择适当的路基断面形式、边坡坡度及病害防治措施。平原、微丘陵地区路基,特别是水文地质不良地段的路基,应具有一定的高度,并设置必要的排水设施,以保证路基的稳定。山坡上的半挖半填路段,当填方边坡不宜填筑或占地太多时,可采用护肩、砌石或挡土墙。沿河路基设计应事先查明洪水情况。沿河路基应具有一定的高度,并根据冲刷情况设置必要的防护工程,以防止路基被淹或冲毁。

**2. 路基宽度与边坡**

路基宽度为路面宽度与路肩宽度之和。路基呈梯形,地宽与边坡满足表 3-10 占地宽度的规定,顶宽等于或略大于路面宽度。规划路基宽度应与项目区周边道路宽度相适应。

表 3-10 各类型区田间道路宽度与边坡标准

| 道路等级 | 路面宽度 | 路基宽度 | 路肩宽度 | 边坡比 | 适用类型区 |
|---|---|---|---|---|---|
| 田间道 | 5~6m | 6~7m | 0.5m | 1:1、1:1.5 | 高山平原工程模式、河谷平原工程模式、湖盆平原工程模式 |
| 田间道 | 4~6m | 5~7m | 0.5m | 1:1、1:1.5 | 河谷平原工程模式、河谷丘陵工程模式、湖盆平原工程模式 |
| 田间道 | 4~5m | 5~6m | 0.5m | 1:1、1:1.5 | 峡谷丘陵工程模式、河谷丘陵工程模式 |
| 田间道 | 3.5~4.5m | 4.5~5.5m | 0.5m | 1:1、1:1.5 | 高原丘陵工程模式、峡谷丘陵工程模式 |
| 田间道 | 3.5~4m | 4.5~5m | 0.5m | 1:1、1:1.5 | 河谷丘陵工程模式、高原丘陵工程模式、峡谷丘陵工程模式 |
| 生产路 | 2~3m | 2.5~3.5m | — | 1:0.5、1:1 | 高山平原工程模式、河谷平原工程模式、湖盆平原工程模式 |
| 生产路 | 2~2.5m | 2.5~3m | — | 1:0.5、1:1 | 河谷平原工程模式、河谷丘陵工程模式、高原丘陵工程模式 |
| 生产路 | 1.5~2m | 2~2.5m | — | 1:0.5、1:1 | 峡谷丘陵工程模式、河谷丘陵工程模式、高原丘陵工程模式 |
| 生产路 | 1~2m | 1.5~2.5m | — | 1:0.5、1:1 | 峡谷丘陵工程模式、河谷丘陵工程模式、高原丘陵工程模式 |

路基边坡应保持稳定。田间道边坡一般采用1∶1,受水浸淹的边坡应放缓为1∶1.5;横向排水坡度应大于1.5%。特殊地段,为保持路基边坡的稳定,应设计挡土墙。生产路边坡一般采用1∶1。

3.路基高度

路基高度应保证路肩边缘高出路基两侧地面积水高度,避免地面积水、地下水、毛细水、洪水对路面强度和稳定性的影响。

为防止洪水对道路的影响,考虑到壅水高及波浪侵袭高的作用,参考《公路工程技术标准》(JTGB01—2003)4.0.3条规定,沿河及受水浸淹的路基设计标高,应高于十年一遇频率洪水的洪水位加壅水高、波浪侵袭高和0.5m的安全高度。

4.路基材料

路基应采用水稳性好的材料填筑,田间道一般为原土夯实路基,路基施工应采用压实机具机械碾压,采取分层填筑、压实。在谷地平原地区地质基础不良的地方田间道路应先填筑沙砾石,再分层夯实,地质基础较好的地方,也需将原土夯实。丘陵地区填筑路基的地段,应视情况作同样的夯实处理。生产路无行车要求,路基一般为原土夯实。

5.路肩

为保护行车道等主要结构的稳定,减少路面破损,同时为保证行车安全和从事生产人员通行的需要,一般应在田间道两侧设置路肩。

路肩的宽度视农村道路的级别而定,一般田间道路肩宽不超过0.25m。路肩材料的选用应做到因地制宜,经济合理,节省投资,通常采用素土或浆砌块石做路基。路肩横坡度应较路面横坡大1%,以利迅速排水。

### 4.3.2 路面设计

1.路面设计的基本要求

田间道路路面应具有良好的稳定性和足够的强度,其表面应满足平整、抗滑和排水的基本要求。

路面设计应根据道路使用要求与项目区气候、水文、土质、地形地貌等自然条件,遵循因地制宜、合理选材、方便施工、利于养护的原则,结合当地实践经验,进行路基路面综合设计。

2.路面结构

土地整理项目区应结合投资预算的大小,根据就地取材的原则,合理选择路面结构和面层类型,并结合当地的自然条件和路基状况对路面进行综合设计。考虑到西藏自治区农业配套机耕路等级低,交通量较少,工程资金有限,宜简化结构组成。

田间道路面有垫层和面层两层构成,生产路路面只有面层一层。面层应该具备较高的结构强度、刚度和稳定性,而且应当耐磨、不透水,其表面还应有良好的抗滑性和平整度。

3.路面宽度和厚度

路面宽度、路面厚度具体标准见表3-11。不受水淹没的路面设计标高,田间道应高出田面高程0.5m,生产路段应高出田面高程0.3m;挖渠土填筑路段应高于地下水位0.5m以上,有灌溉渠道时,护坡道应高出水渠设计水位0.5m。

各类型区道路断面尺寸的确定,一般是根据调查得到的数据,采用算术平均法得到各类型区道路断面尺寸的区间范围。

表 3-11　道路厚度标准　　　　　　　　　　　　　　　　　　　　　（单位：m）

| 道路等级 | | 田间道 | 生产路 |
| --- | --- | --- | --- |
| 路基宽度 | 一般值 | 0.40 | 0.35 |
| | 变化值 | 0.30~0.50 | 0.30~0.40 |
| 路面厚度 | 一般值 | 0.25 | 0.15 |
| | 变化值 | 0.2~0.3 | 0.10~0.15 |

在季节性冰冻地区，水泥混凝土路面的总厚度不应小于表 3-12 规定的最小防冻厚度。

根据《公路水泥混凝土路面设计规范》，并结合西藏自治区当地气候条件，经研究得出了田间道路路面最小防冻厚度。

表 3-12　田间道路路面最小防冻厚度

| 路基干湿类型 | 路基土质 | 当地最大冰冻深度(m) | | | |
| --- | --- | --- | --- | --- | --- |
| | | 0.50~1.00 | 1.01~1.50 | 1.51~2.00 | >2.00 |
| 中湿路基 | 低、中、高液限黏土 | 0.30~0.50 | 0.40~0.60 | 0.50~0.70 | 0.60~0.95 |
| | 粉土，粉质低、中液限黏土 | 0.40~0.60 | 0.50~0.70 | 0.60~0.85 | 0.70~1.10 |
| 潮湿路基 | 低、中、高液限黏土 | 0.40~0.60 | 0.50~0.70 | 0.60~0.90 | 0.75~1.20 |
| | 粉土，粉质低、中液限黏土 | 0.45~0.70 | 0.55~0.80 | 0.70~1.00 | 0.80~1.30 |

注：① 冻深小或填方路段，或者基、垫层为隔温性能良好的材料，可采用低值；冻深大或挖方及地下水位高的路段，或者基、垫层为隔温性能较差的材料，应采用高值。
② 冻深小于 0.50m 的地区，一般不考虑结构层防冻厚度。

(1) 对于水泥混凝土路面遇有下述情况时，需在层基下设置垫层：
——季节性冰冻地区，路面总厚度小于最小防冻厚度要求（表 3-12）时，其差值应以垫层厚度补足；
——水文地质条件不良的土质路堑，路床土湿度较大时，宜设置排水垫层；
——路基可能产生不均匀沉降或不均匀变形时，可加设半刚性垫层。

垫层的宽度应与路基同宽，其最小厚度为 150mm。防冻垫层和排水垫层宜采用砂、砂砾等颗粒材料。半刚性垫层可采用低剂量无机结合料稳定粒料或土。

(2) 水泥混凝土路面面层一般采用设接缝的普通混凝土，普通混凝土面层板一般采用矩形。其纵向和横向接缝应垂直相交，纵缝两侧的横缝不得相互错位。

横向接缝的间距按面层类型和厚度选定：
——普通混凝土面层一般为 4~6m，面层板的长、宽比不宜超过 1.30，平面尺寸不宜大于 25m²；
——碾压混凝土或钢纤维混凝土面层一般为 6~10m。

(3) 普通混凝土、钢筋混凝土、碾压混凝土或配筋混凝土面层所需的厚度不低于 220m。

### 4. 路面材料

田间道路一般采用中低级路面，铺设沙砾石或泥结碎石。经济较发达的地区可适当提高为次高级路面，其主要连村道路可以结合新农村建设道路规划，适当地做水泥或沥青路面，部分地区也可就近利用独立工矿排放的废渣，既有利于环保又经济适用。可用的工业废渣包括：粉煤灰、煤渣、高炉矿渣、钢渣(已经过崩解达到稳定)及其他冶金矿渣和煤矸石等。丘陵山区砾石区且地质条件较好的田间道，可以为原土路面，路况不好的应作以上同样的处理。

生产路一般为原土路面，路况特别不好的应作沙砾石路面或泥结碎石路面。而在坡度较大的丘陵山区，为防止路面冲刷，避免加剧水土流失，生产路可就近取当地石材、石板、块石等作为面层，修建石质台阶路；部分路段也可采用水泥混凝土或预制混凝土面层或几种材质的组合，具体以坡度大小和受雨水冲刷影响情况大小确定表3-13。

表3-13 田间道路路面材料表

| 道路类型 | 田间道 | 生产路 |
| --- | --- | --- |
| 面层类型 | 1. 沥青、水泥加固土<br>2. 混凝土<br>3. 工业废渣<br>4. 泥结碎石<br>5. 沙砾石 | 1. 原土<br>2. 泥结碎石<br>3. 当地石材、石板、块石<br>4. 预制混凝土板<br>5. 混凝土 |
| 基层 | 填隙碎石、块石或卵石 | 无 |

### 4.3.3 路拱坡度

路拱坡度应根据路面类型和当地自然条件，按表3-14规定的数值采用。路肩横向坡度一般应较路面横向坡度大1%～2%。路拱坡度主要是考虑路面排水的要求，路面越粗糙，要求路拱坡度越大。但路拱坡度过大对行车不利，故路拱应限制在一定范围内。此处根据《公路路线设计规范》(JTG D20—2006)6.5.5第四条和6.5.4条作出了相应规定。

表3-14 田间道路的路拱横向坡度

| 路面类型 | 路拱平均横坡度(%) |
| --- | --- |
| 水泥混凝土路面 | 1～2 |
| 沥青路面 | 1.5～2.5 |
| 泥结碎石路面 | 2～3 |
| 碎石、砾石等粒料路面 | 2.5～3.5 |
| 土路面 | 3～4 |

### 4.3.4 路基路面排水系统设计

(1)路基应根据沿线的降水与地质、水文等具体情况，设置必要的地面排水、地下排水、路基边坡排水等设施；并与沿线桥涵配合，形成良好的排水系统以保证路基及其边坡的稳定。对于降雨量较大的地区，路基边坡宜采用护坡形式以防冲刷。

（2）田间道路基路面排水系统包括边沟、截水沟、排水沟、涵洞等。设置排水系统，不仅要满足道路排水的需要，而且要能够使路、田分开，以免护路林的树根伸入田间，与作物争肥。在丘陵地区道路一侧开挖足够宽度和深度的截流沟，还可以防止降雨和山洪冲坏路面和路基。

（3）一般边沟的深度和宽度不得小于0.4m，截水沟和排水沟的深度和宽度不得小于0.6m，但与沟渠结合时，边沟、截水沟和排水沟的深度和宽度应同灌溉与排水工程一道选择大者。

（4）可采用浆砌石墙或预制混凝土块衬砌，有关技术要求按输水工程和排水工程执行。

### 4.3.5 错车道设计

田间道宽度不能满足两辆车并行的，应在适当距离内设置错车道。错车道应设在有利地点，并使驾驶员能看到相邻错车道间驶来的车辆。参照《公路工程技术标准》(JTG B01—2003)3.0.10条的规定，设置错车道路段的路基宽度不应小于6.5m，有效长度宜为15～20m（不含渐变段长度）。

### 4.3.6 下机道设计

为了农业生产的方便，在田间道与田块相接处，应设置下机道。根据实地调查，下机道宽度宜为3～4m，下机道的设置数量一般以100m设置一个为宜，考虑到实施土地承包制的实际情况，也可以2～3个农户共用一个下机道的标准设置（西藏自治区各项目区下机道的常规做法）。

### 4.3.7 道路的转弯半径和纵坡

道路的转弯半径和纵坡设计参数根据道路设计规范要求确定。其中田间道主要参考了国家四级公路的设计标准，同时结合西藏自治区基本农田区实际情况而定。

1. 最小转弯半径

参照《公路工程技术标准》(JTG B01—2003)3.0.14的规定，田间道的圆曲线最小半径应不小于15m。

2. 田间道路纵坡

（1）最大纵坡：参照《公路工程技术标准》(JTG B01—2003)3.0.16的规定，田间道的圆曲线最小半径应不小于15m。

（2）最小纵坡：根据《土地开发整理项目规划设计规范》(TD/T 1012—2000)规定，以满足雨雪水排出要求为准，一般宜取0.3%～0.4%，多雨地区宜取0.4%～0.5%。生产路原则上不超过15%，坡度较大的山区地段可设梯步。道路的转弯半径和纵坡及车辆荷载设计见表3-15的规定。

（3）最大纵坡长度：田间道最大纵坡长度限制应满足表3-16的规定。当连续纵坡大于5%时，应在不大于表3-15所规定的长度处设缓和坡段。

表 3-15 转弯半径、纵坡和车辆荷载的规定

| 道路等级 | | 田间道 | 生产路 |
|---|---|---|---|
| 最小转弯半径(m) | | ≥15 | ≥10 |
| 最大坡度 | | 平原地区≤6% | 平原地区≤15% |
| | | 丘陵山区≤9% | 丘陵山区≤15% |
| 最小坡度 | | 一般地区 0.3%～0.4% | 一般地区 0.3%～0.4% |
| | | 多雨地区 0.4%～0.5% | 多雨地区 0.4%～0.5% |
| 车辆荷载 | 设计荷载 | 汽-10 级 | — |
| | 验算荷载 | 履带-50 | — |

表 3-16 田间道的不同纵坡最大坡长

| 道路类型 | 纵坡坡度 | | | | | |
|---|---|---|---|---|---|---|
| | 4% | 5% | 6% | 7% | 8% | 9% |
| 田间道 | 1200m | 1000m | 800m | 600m | 400m | 300m |

## 4.4 田间道路工程技术指标表

田间道路工程技术指标如表 3-17～表 3-20 所示。

表 3-17 田间道尺寸设计

| 田间道要素 | 取值范围 | 取值 |
|---|---|---|
| 路基宽度(m) | 一般值 | 5 |
| | 变化值 | 4.5～6.0 |
| 路面宽度(m) | 一般值 | 4 |
| | 变化值 | 3.5～5.0 |
| 路肩宽度(m) | 一般值 | 0.5 |
| | 变化值 | 0.30～0.50 |
| 路基厚度(m) | 一般值 | 0.40 |
| | 变化值 | 0.30～0.50 |
| 路面厚度(m) | 一般值 | 0.25 |
| | 变化值 | 0.2～0.3 |
| 路肩厚度(m) | 一般值 | 0.5 |
| | 变化值 | 0.50～0.60 |

表 3-18　田间道转弯半径、纵坡和车辆荷载的规定

| 道路设计要素 | 取值 |
|---|---|
| 最小转弯半径 | ≥15 |
| 最大纵坡 | ≤9% |
| 最小纵坡 | 0.3%~0.4% |
| 车辆设计荷载 | 汽-10级 |
| 车辆验算荷载 | 履带-50 |

表 3-19　生产路设计要素　　　　　　　　　　　　　　　（单位：m）

| 生产路要素 | 较高规格 | 较低规格 |
|---|---|---|
| 路基宽度 | 1~2 | 0.8~1.0 |
| 路面宽度 | 0.8~1.5 | 0.6~0.8 |
| 路基厚度 | 0.3~0.4 | 0.2~0.3 |
| 路面厚度 | 0.10~0.15 | 0.05~0.10 |
| 路面材料 | 水泥混凝土 | 浆砌块石、水泥混凝土 |

表 3-20　田间道路各项技术指标表

| 名称 | 各项指标的具体内容 | | | | | | |
|---|---|---|---|---|---|---|---|
| 不同纵坡最大坡长(m) | 纵坡坡度 | 4% | 5% | 6% | 7% | 8% | 9% |
| | 最大坡长 | 1200 | 1000 | 800 | 600 | 400 | 300 |
| 凸形竖曲线半径(m) | 一般值 | 17 000 | | | | | |
| | 极限值 | 11 000 | | | | | |
| 凹形竖曲线半径(m) | 一般值 | 200 | | | | | |
| | 极限值 | 100 | | | | | |
| 设计速度(km/h) | 20 | | | | | | |
| 车道宽度(m) | 3.00(单车道时为3.50) | | | | | | |
| 竖曲线最小长度(m) | 20 | | | | | | |
| 田间道路路面面层类型 | 沥青混凝土、水泥混凝土、沥青贯入、沥青碎石、沥青表面处治、砂石路面 | | | | | | |
| 汽车荷载等级 | 公路-Ⅱ | | | | | | |

# 工程二 农田防护

## 1 研究目的

通过对相关标准的研究,分析原有标准涉及的范围和内容,为西藏自治区土地开发整理工程提供可利用和借鉴的农田防护与生态环境保持工程方面的相关标准内容。研究结果主要用于合理布置农田防护林、护路护沟林、水土保持林等,减轻水土流失、土地沙漠化等土地贫瘠现象及风沙等自然灾害对农田的危害,提高土地资源的利用效率和农田的产出率,同时增加有效耕地面积,改善生产生活条件和生态环境,进而确保西藏自治区的经济、社会、环境三大效益的良性循环。

## 2 引用标准名称

《水土保持综合治理技术规范 沟壑治理技术》(GB/T16453.3—1996);
《水土保持综合治理技术规范 风沙治理技术》(GB/T16453.5—1996);
《水土保持综合治理技术规范 荒地治理技术》(GB/T16453.2—1996);
《造林技术规程》(GB/T15776—2006);
《开发建设项目水土保持方案技术规范》(SL204—98)。

## 3 标准内容规定及研究分析

### 3.1 《水土保持综合治理技术规范 沟壑治理技术》

#### 3.1.1 标准简介

该规划包括三部分内容,其中本研究涉及到如下部分:
《水土保持综合治理技术规范 沟壑治理技术》标准规定了为制止沟头前进而采取的沟头防护工程的规划、设计、施工和管理的技术标准。适用于我国北方(西北、东北、华北)高原区、丘陵区、漫岗区和土石山区等沟壑发育、沟头前进危害严重地区。我国其他沟壑发育、沟头前进危害严重地区也可参照使用。

### 3.1.2 标准内容摘抄及研究分析

标准内容摘抄如下。

3 沟头防护工程基本规定

3.2 修建沟头防护工程的重点位置是:当沟头以上有坡面天然集流槽,暴雨中坡面径流由此集中泄入沟头、引起沟头剧烈前进的地方。

3.3 沟头防护工程的主要任务:制止坡面暴雨径流由沟头进入沟道或使之有控制地进入沟道,从而制止沟头前进,保护地面不被沟壑割切破坏。

3.4 当坡面来水不仅集中于沟头,同时在沟边另有多处径流分散进入沟道的,应在修建沟头防护工程的同时,围绕沟边,全面地修建沟边埂,制止坡面径流进入沟道。

分析:沟头防护工程主要适用于沟头前进危害严重地区,防止沟头进一步前进产生沟壑破坏农田或造成大量水土流失,对沟头防护工程的规定以上述规定为准。当前西藏项目区农田防护林布设可参考以上条文。

4 沟头防护工程规划

沟头防护工程分蓄水型与排水型两类。规划中应根据沟头以上来水量情况和沟头附近的地形、地质等因素,因地制宜地选用。

4.1 蓄水型沟头防护工程。

当沟头以上坡面来水量不大,沟头防护工程可以全部拦蓄的,采用蓄水型。蓄水型又分两种:

4.1.1 围埂式。在沟头以上 3~5m 处,围绕沟头修筑土埂,拦蓄上面来水,制止径流进入沟道。

4.1.2 围埂蓄水池式。当沟头以上来水量单靠围埂不能全部拦蓄时,在围埂以上附近低洼处,修建蓄水池,拦蓄部分坡面来水,配合围埂,共同防止径流进入沟道。

分析:沟头防护形式的选择应根据规划区实际情况而定,在农田防护林工程中沟头防冲林布设过程中可引用以上条文。

## 3.2 《水土保持综合治理技术规范 风沙治理技术》

### 3.2.1 标准简介

该标准规定了风蚀地区风沙治理各项措施的规划、设计、施工、管理等技术要求,适用于风蚀地区,土地整理项目中,防风固沙也是一个重要的内容,其中一些治理措施要依照本规范来执行。

### 3.2.2 标准内容摘抄及研究分析

标准内容摘抄如下(稍作修改)。

3 治理措施

3.1 北方沙化地区南沿,采取沙障固沙、营造防风固沙林带、固沙草带、引水拉沙造田,以及防止风蚀的耕作技术等综合措施。

3.2 黄泛区古河道沙地,先治理风口,堵住风源,采取翻淤压沙、造林固沙等措施,将沙地改造成果园或农田。

3.3 东南沿海岸线沙带,沿海岸线选择抗风沙树种,采用客土植树等方法,营造海岸防风林带。

分析:不同地域可采用的措施不同,土地整理项目中要因地制宜采取措施。

## 4 沙障固沙

4.1 沙障的设置方法与采用的重点地区。

4.1.1 沙障是用柴草、活性沙生植物的枝茎或其他材料平铺或直立于风蚀沙丘地面,以增加地面糙度,削弱近地层风速,固定地面沙粒,减缓和制止沙丘流动。

4.1.2 采用沙障的重点地区,对流动沙丘和半流动沙丘,应首先采用沙障固沙,阻止沙丘流动,再营造防风固沙林带、农田防护林网。

4.2 沙障的分类。

4.2.1 根据沙障在地面分布形状划分。

4.2.1.1 带状沙障。沙障在地面呈带状分布,带的走向垂直于主风向。

4.2.1.2 方格状(或网状)沙障。沙障在地面呈方格状(或网状)分布,主要用于风向不稳定,除主风向外,还有较强侧向风的地方采用。

4.2.2 根据沙障的不同材料划分。

4.2.2.1 柴草沙障。大部由柴草或作物秸秆做成,是铺设沙障的主要材料。

4.2.2.2 黏土沙障。少数地方沙层较浅;或沙丘附近有碱滩地,用黏土压沙,堆成土埂,作为沙障。

4.2.2.3 采用卵石或其他材料(如活性沙生植物枝茎)做成沙障。

4.2.3 根据铺设沙障的柴草与地面的角度划分。

4.2.3.1 平铺式沙障。将作沙障的柴草横卧平铺在地面,上压枝条、沙土或用小木桩固定。

4.2.3.2 直立式沙障。将做沙障的柴草直立,一部分埋压沙中,一部分露出地面。

分析:主要介绍各类沙障的布置方法及采取的相应措施、适用范围,农田防沙时可利用执行。

## 5 固沙造林

固沙造林包括防风固沙基干林带、农田防护林网、沿海岸线防风林带,风口造林,片状固沙造林。

5.1 固沙造林的规划设计。

5.1.1 林带规划设计。

设计内容包括林带走向、宽度、间距、结构、混交类型。

5.1.1.1 林带走向。

5.1.1.1.2 农田防护林网(包括护牧林网),主林带走向应垂直于主风方向,或呈不大于30°~45°的偏角。副林带和主林带相垂直;如因地形地物限制,主、副林带可以有一定偏角。低洼地区可以"林随水走";平坦地区可以"林随路走";风蚀山丘地区,主林带可沿等高线布设,副林带可和上下坡的路边造林、河边、沟岸造林互相连接,形成林网。

5.1.1.1.3 沿海岸线防风林带,应按沙滩沿海岸线的自然分布走向设置。

5.1.1.2 林带宽度。

5.1.1.2.2 农田防护林网,主带宽 8~12m,副带宽 4~6m;地少人多地区,主带宽 5~6m,副带宽 3~4m。

5.1.1.2.3 沿海岸线防风林带,根据海风强劲程度和海滩情况,一般宽 10~20m,最大可达 100~200m。

5.1.1.3 林带间距。

5.1.1.3.2 农田防护林网,林带的间距应按乔木主要树种壮龄时期平均高度的 15~20 倍计算。主林带和副林带交叉处只在一侧留出 20m 宽缺口,便于交通。

5.1.1.3.3 沿海岸线防风林带,依沙滩分布的宽度,可于近海前沿设一道主干防风林带,或者在第一道近海防风主干林带之后,每隔 100~300m,再设第二、三道防风林带。

5.1.1.4 林带结构。

5.1.1.4.1 疏透型。林带间距 10~15 倍树高,适用于重度风蚀区农田防护林网。

5.1.1.4.2 紧密型。林带间距 8~10 倍树高,适用于风口造林和防风固沙基干林带,以及铁路、公路干线两侧林带。

5.1.1.4.3 通风型。林带间距 15~20 倍树高,适用于中、轻度风蚀区农田防护林网和沿海岸线防风林带。

5.1.1.5 林带混交类型。

混交类型有乔灌混交、乔木混交、灌木混交、综合型混交四种。

5.1.1.5.1 乔灌混交林带:乔木、灌木树种按比例组成,构成紧密结构或疏透结构林带,适于干旱与风害严重的地区。

5.1.1.5.2 乔木混交林带:由两层乔木组成,上层为喜光树种,下层为耐阴的伴生树种。也可用两种喜光树种,分别配置于林带两侧,组成通风结构林带,适于农耕地或沿海沙带。

5.1.1.5.3 灌木混交林带:林带全由灌木组成,用作生物沙障。

5.1.1.5.4 综合型混交林带:乔灌混交和喜光、耐阴性、伴生树种混交的综合性林带。适于防风固沙基干林带和风口造林。

5.1.2 风口造林设计。

设置与主害风向相垂直的带状沙障,宽度 1~2m,间距 20~30m。在沙障内营造紧密型乔灌混交林,株距 0.5m,行距 1.0m,交错排列,乔灌比例 1:1,株间或行间混交,或呈块状混交,迎风面栽灌木,背面栽乔木。

5.2 固沙造林的树种选择。

5.2.1 树种选择原则。

5.2.1.1 应选择适合当地生长,有利于发展农、林、牧、副业生产的优良树种和乡土树种。

5.2.1.2 乔木树种应具有耐瘠薄、干旱、风蚀、沙割、沙埋,生长快,根系发达,分枝多,冠幅大,繁殖容易,抗病虫害,改良沙地见效快,经济价值高等优点。北方选择的树种须耐严寒,南方选择的树种须耐高温。

5.2.1.3 灌木应选择防风固沙效果好,抗旱性能强,不怕沙埋,枝条繁茂,萌蘖力强,条材(或薪柴)产量高,质量好的树种。

5.2.2 北方风沙区造林主要树种。

5.2.2.1 乔木:杨树(青杨、胡杨、小叶杨、新疆杨、河北杨、合作杨、大官杨)、旱柳、白榆、樟子松等。

5.2.2.2 灌木：沙柳、沙米、沙棘、沙蒿、花棒、踏郎、柠条、紫穗槐、沙拐枣、红柳、枸杞等。

分析：主要介绍各类固沙造林的设计方案及相应树种选择，对项目区风沙片区提供可选择的树种。

## 3.3 《水土保持综合治理技术规范　荒地治理技术》

### 3.3.1 标准简介

该标准规定了在有水土流失的荒地上采取人工造林措施以防治水土流失，并发展林果生产，增加经济收入的规划、设计、施工、管理等技术要求。适用于全国各地有水土流失（水蚀）的荒地。

### 3.3.2 标准内容摘抄及研究分析

标准内容摘抄如下（稍作修改）。

3　基本规定

3.1　本篇所称荒地是指除耕地、林地、草地和其他用地（村庄、道路、水域）以外，一切可以利用而尚未利用的土地。包括荒山、荒坡、荒沟、荒滩、河岸以及村旁、路旁、宅旁、渠旁（简称"四旁"）等；同时也包括退耕的陡坡地、轮歇地与残林、疏林等需经人为干预才能防治水土流失并获得经济效益的土地。

3.2　上述各类土地的治理和利用，除人工造林外，还有人工种草与封育治理，应根据各类荒地的不同立地条件和当地发展生产的需要，进行总体规划，分别采取上述三种不同的治理措施。对其中需采取人工造林治理开发的荒地，按本篇的要求执行。

3.3　采取人工造林对各类荒地的治理，应同时着眼于开发利用，要求能够获得经济、生态、社会三方面的效益。

3.3.1　减轻或制止水土流失，改善生态环境。

3.3.2　解决农村燃料不足，缓解饲料、肥料缺乏问题。

3.3.3　发展以林果为主导产品的商品经济，增加经济收入。

3.4　在水土保持范畴内，人工造林包括利用荒地建成的各类经济林与果园。对有的地方在农地上进行农林间作或粮果间作的，其造林技术要求可参照使用本标准，不另作规定。

3.5　荒地治理中需修建小型蓄排工程的，参照GB/T 16453.4第一篇中有关各条执行。

分析：本篇所指荒地与土地资源对地类的分类有所不同，该标准的一些原则可以采用，但表述上要进一步分析。

4　规划

4.1　林种规划。

4.1.1　根据不同用途布设林种。

4.1.1.1　水保型经济林（含果园）。在造林面积中应占相当比重，作为农民脱贫致富奔小康的主要财源之一。有条件的可规划人均 0.05～0.1hm² 或占人工林地的 15%～20%。

4.1.1.2　水保型薪炭林。在农村燃料缺乏的地区应占相当比重，根据各地人均年需烧柴数量和每公顷林木可能提供的烧柴数量确定种植面积。

4.1.1.3　水保型饲料林。我国北方干旱、半干旱饲草不足地区，可结合水土保持营造柠条、紫穗槐等灌木饲料林作为补充。根据每公顷放牧林的载畜量和牧畜发展数量,确定放牧林面积。

4.1.1.4 水保型用材林。荒坡上水土保持人工造林作为用材林的,必须修好蓄水保土的整地工程,以免因用材伐木引起水土流失。干旱少雨的水土流失地区用材林主要造在路旁、村旁、宅旁、渠旁、河滩和沟底,以及其他水源较好且伐木不致引起水土流失的地方。

4.1.2 根据不同地型部位布设林种。

4.1.2.1 丘陵、山地坡面水土保持林。根据荒坡所在位置、坡面坡度与水土流失特点,分别布设在坡面的上部、中部或下部,与农地、牧地成带状或块状相间;在地多人少的地方,可整个坡面全部造林。

4.1.2.2 沟壑水土保持林。分沟头、沟坡、沟底三个部位,与沟壑治理措施中的沟头防护、谷坊、淤地坝等紧密结合。

4.1.2.3 河道两岸、湖泊水库四周、渠道沿线等水域附近水土保持林,主要用以巩固河岸、库岸与渠道,防止塌岸和冲刷渠坡。

4.1.2.4 路旁、渠旁、村旁、宅旁造林。在平原区和高原区的塬面,一般是道路与渠道结合形成大片方田。路旁、渠旁造林,应按照农田防护林网的要求进行。山区、丘陵区村旁、宅旁造林,应以经济林为主,形成庭院经济。

4.2 林型规划。

4.2.1 纯林。

4.2.1.1 灌木纯林。主要适应于干旱、半干旱地区,水土流失严重,立地条件很差的地方,一般用作薪炭林或饲料林。

4.2.1.2 乔木纯林。主要适应于立地条件较好的地方,同时其树种生物学特点要求为纯林。一般用作经济林和速生丰产林。

4.2.2 混交林。

除灌木纯林和乔木纯林外,一般水土保持林大多应采用混交林,以充分利用水土资源,减轻病虫害,提高造林效益。

4.2.2.1 混交类型:

a) 针叶树种与阔叶树种混交。

b) 乔木与灌木混交。

c) 深根性树种与浅根性树种混交。

d) 阴性树种与阳性树种混交。

4.2.2.2 混交方式:

a) 株间混交。适应于瘠薄土地,在乔木株间栽种具有保土、改土作用的灌木;或在每5~10株灌木间,稀疏地栽植一株乔木。

b) 行间混交。一般乔木与灌木,阴性树种与阳性树种都适宜采用。

c) 带状混交。适应于初期生长较慢、且两类互有矛盾的树种。带的宽度根据树种特点具体研究确定。

d) 块状(不规则)混交。适应于树种间竞争较强烈或地形破碎、立地条件镶嵌分布的地方。

4.3 树种规划。

4.3.1 适地适树。

4.3.1.1 小流域内造林考虑适地适树。小流域内坡面、沟壑等不同地类,坡面的上部、中部、下部、阴坡、阳坡等不同位置,立地条件不同,不仅应布设不同林种,在同一林种中,还需考虑配置不同树种。

4.3.1.2 全国范围内造林适地适树的基本要求。根据各地气温、降雨、土质等主要生态因素,将全国粗略划分为七个不同立地条件的气候带,各气候带种植适应的树种。

4.3.2 优质高产。

4.3.2.1 水保型经济林:要求产品适销对路,在市场上有较强的竞争能力;同时要求易于运销、加工增值的树种。

4.3.2.2 水保型薪炭林:要求萌芽、萌蘖力强,耐平茬,火力旺的树种。

4.3.2.3 水保型饲料林:要求耐干旱、耐放牧、耐平茬,同时适口性好的树种。

4.3.2.4 水保型用材林:要求材质好、价值高、速生丰产的树种。

4.3.3 在符合上述原则前提下,尽量采用乡土树种;乡土树种不能满足要求的,通过试验,引进外地优良树种。

分析:荒地造林的原则,对林种、林型、树种等方面的要求,在农田防护林建设中可以采用相关原则进行规划设计和施工。

## 3.4 《造林技术规程》

### 3.4.1 标准简介

本标准适用于全国范围适宜造林地段的人工造林(含林冠下造林)以及四旁植树,不包括飞播造林。

本标准规定了人工造林设计、造林方法、造林树种选择和造林密度、种植点配置、整地、造林用种子/苗木及其处理、造林施肥、栽植、未成林抚育管护、检查验收和造林技术档案等方面的技术要求。

### 3.4.2 标准内容摘抄及研究分析

标准内容摘抄如下(稍作修改)。

4 总则

4.1 人工造林要坚持因地制宜、适地适树、科学造林。

4.2 人工造林要坚持森林资源可持续发展与生物多样性保护、生态保护和社会经济发展相结合。

4.3 人工造林应按规划设计,按设计施工,按项目组织管理,按技术标准进行检查验收,积极推行报账制、合同制、监理制等管理制度。

分析:人工造林是本标准中的主要内容,也是土地整理项目中最基本的造林工程,在造林过程中必须基于以上原则和条件来实施工程。

8 造林技术

8.1 树种选择与栽植密度。

8.1.1 树种选择。

8.1.1.1 树种选择原则：

a) 根据森林主导功能和经营目标选择造林树种，优先选择生态目的和经济目的相结合的树种。

b) 树种的生物学、生态学特性与造林地立地条件相适应。

c) 根据经营目标，因地制宜地确定针叶树种和阔叶树种、乔木和灌木的合理比例，选择多种造林，防止树种单一化。

d) 选择稳定性好、抗性强的树种。

e) 优先选择优良乡土树种，慎用外来树种。需要引进外来树种时，应选择经引种试验并达到 GB/T14175 标准的树种。

f) 对容易引起地力衰退的树种，种植一、二代后，应更换适宜造林树种。

8.1.1.2 防护林。

a) 应根据防护对象选择适宜树种，一般应具有生长快、防护性能好、抗逆性强、生长稳定等优良性状。

b) 营造农田、经济林园、苗圃和草（牧）场防护林的主要树种应具有树体高大；树冠适宜、深根性等特点。经济林园防护林树种应具有隔离防护作用且没有与林园树种有共同病虫害或是其中间寄主。

c) 风沙地、盐碱地和水湿地区的树种应分别具有相应的抗性。

d) 在干旱、半干旱地区可分别优先选用耐干旱的灌木树种、亚乔木树种。

e) 严重风蚀、干旱地区，要注意选择根系发达、耐风蚀、干旱的树种。

8.1.2 树种配置。

a) 为提高人工林的抗逆性能和综合效益，维护和提高林地生产力，应因地制宜地营造混交林。

b) 生态公益林应根据情况分别选择针叶树种与阔叶树种混交、落叶树种与常绿树种混交、乔木树种与灌木树种混交的方式营造混交林。混交方式根据树种生物学特性和立地条件确定。营造生态公益林混交林的比重应占生态公益林年度作业设计总面积或年度施工面积的30%以上。

c) 年均降水量 400mm 以下的干旱地区，或热带/亚热带岩溶地区、干热（干旱）河谷等生态环境脆弱地带，可加大灌木树种的比重。

d) 生态公益林人工更新时，宜保留天然幼树，使之形成混交林。

e) 经济林应配置相应的授粉品种。

8.1.3.3 以下情况，在适宜的造林密度范围内，初植密度可适当小些：

a) 北方没有灌溉条件的干旱、半干旱地区的造林。

b) 干热（干旱）河谷等生态环境脆弱地带和风沙危害严重地区的造林。

c) 培育大径材，不进行间伐的用材林。

d) 乔木经济林。

e) 平原地区长期进行林农间种或机械作业的造林。

8.2 种植点配置。

8.2.1 配置原则。

按照林种、立地条件、树种确定的造林密度进行种植点配置。

8.2.2 种植行的走向。

a)在平地造林时,种植行宜南北走向。

b)在坡地造林时,种植行宜选择沿等高线走向。

c)在风害严重地区,种植行宜与主风向垂直。

分析:在项目区的土地开发整理工程中,造林技术的树种选择与栽植密度、种植点配置须按此标准执行。

## 3.5 《开发建设项目水土保持方案技术规范》(SL 204—98)

### 3.5.1 标准简介

《开发建设项目水土保持方案技术规范》主要包括以下内容:

第一部分 总则。简述编制本规范的目的和意义,适用范围,水土保持方案分阶段的要求,开发建设项目水土流失防治任务及责任范围,水土保持方案应达到的目标等。

第二部分 水土保持方案编制要求。主要有水土保持方案各设计阶段的要求,水土保持方案报告书的编制及其基本情况调查、水土流失预测、防治方案的制定、投资概(估)算和效益分析等。

第三部分 水土流失防治工程。对防治开发建设项目水土流失的拦渣工程、护坡工程、土地整治工程、防洪工程、防风固沙工程、泥石流防治工程、绿化工程七个方面的措施,分别提出技术要求。

其中对具体项目的某些要求可以为土地整理行业所借鉴和依照执行。

### 3.5.2 标准内容摘抄及研究分析

标准内容摘抄如下(稍作修改)。

4 护坡工程

4.1 一般规定。

4.1.2 根据边坡的高度和坡度等不同条件,分别采取不同的护坡工程,主要有以下几种。

a)对边坡高度大于4m、坡度大于1.0∶1.5的,应采取削坡升级工程。

b)对边坡小于1.0∶1.5的土质或沙质坡面,可采取植物护坡工程。

c)对堆置物或山体不稳定处形成的高陡边坡,或坡脚遭受水流淘刷的,应采取护坡工程。

d)对条件较复杂的不稳定边坡,应采取综合护坡工程。

e)对滑坡地段应采取滑坡治理工程。

4.2.4 坡面防护。

a)削坡升级后的坡面,应采取植物护坡措施。在阶梯形的小平台和大平台形的大平台中,宜种植乔木或果树,其余坡面可种植草类、灌木。

b)植物护坡有关技术,参照本规范4.3的要求执行。

4.3 植物护坡。

4.3.2 造林护坡。

对坡度10°~20°,在南方坡面土层厚15cm以上、北方坡面土层厚40cm以上、立地条件较好的地方,采用造林护坡。

a) 护坡造林应采用深根性与浅根性相结合的乔灌木混交方式,同时选用适应当地条件、速生的乔木和灌木树种。

b) 在坡面的坡度、坡向和土质较复杂的地方,将造林护坡与种草护坡结合起来,实行乔、灌、草相结合的植物或藤本植物护坡。

c) 坡面采取植苗造林时,苗木宜带土栽植,并应适当密植。

4.6.4 滑坡体上造林。适用于滑坡体基本稳定,但由于人为挖损等原因,仍有滑坡潜在危险的坡面。在滑坡体上种植深根性乔木和灌木,利用植物根系巩固坡面,同时利用植物蒸腾作用,减少地下水对滑坡的促动。

分析:在护坡林布设中,可参考规范中植物护坡执行,实现保护坡耕地的目的。

# 4 农田防护工程

## 4.1 防护林布设规划

西藏高原地形开阔,风力强盛,是全国大风(17m/s)比较多的地区之一,大风的持续时间长,风能资源丰富。西藏境内主要有两条主风带:一条位于藏北高原地区,大致沿那曲—阿里公路一段;另一条在喜马拉雅山脉之间的山谷地带东段。区内年有效风能密度与年有效风力小时数分布大体相同,藏北高原是全藏风力最大地区,大致范围:东到安多,西抵达阿里地区北部,南抵冈底斯山和念青唐古拉山北部;其次为喜马拉雅山脉地区。大多盛行于12月至翌年5月,此期间大风日数占全年的75%左右,尤以2~4月最为集中,占全年大风日数的50%左右。这个时期正是雨水缺少的干季,两者结合,形成沙尘暴和沙尘天气,严重影响农牧业生产。农田防护林最显著的防护效应是降低风速,因为林带对风有一定的阻挡作用,改变了风的流动方向和结构,使林带背风面的风力减弱。因此,在西藏地区营造农田防护林是土地开发整理的重要部分,也是改善该地区生态环境的重要措施(张正峰,2011)。

### 4.1.1 规划原则

(1) 全面规划,重点突出。西藏高原防护林布设范围广,在布设过程中,应从全方位布局出发,在地形地貌形成的不同范围区域,因地制宜,科学规划,布设重点防护林营造工程。在项目区整理工程中,农田分布区域应进行重点防护。

(2) 经济可行。西藏高原土地面积辽阔,全区范围内风沙较大,但考虑到防护林总体布设执行的困难性以及经济的不可支撑,应遵循重点区域防护,从而达到以局部改善全局的效应,实现农田防护的目的。

(3) 适地适树,合理布设原则。在防护林布设中,所选树种对造林立地条件具有良好的适应性,能够使林带较快生长与发育和发挥较高的防护效能,较少感染病虫害,具有较稳定的结构和较长的寿命。另外,主要树种还应具有树体高大、树冠适宜、深根性等特点。在水湿地区的树种还应具有耐水湿的特性,严重风蚀、干旱地区,要注意选择根系发达、耐风蚀、干旱、沙压的树种。尽量选用当地的优良树种和经过实践考验证明适宜的外来树种。

### 4.1.2 规划依据

西藏高原防护林布设有其特殊依据,包括以下几个方面。

(1)地形地貌特点。西藏自治区属于高原地区,全区平均海拔在4000m以上。地势由西北向东南倾斜,地形复杂多样。根据一级类型区划分:①藏东高山峡谷区。在南北走向的平行山脉之间,分别挟持着金沙江、澜沧江和怒江的深切沟谷,山顶与谷底高差2000余米,气候垂直差异明显。②藏西高山宽谷区。山脉之间大多为宽谷湖盆地形,阿里地区为典型示范区。③藏北高原湖盆区。近东西向的山脉与内流湖盆宽谷相间,绵延成片、波状起伏,海拔4400m以上的占全区面积2/3。④藏南高原河谷区。位于羌塘高原以南,由雅鲁藏布江流域构成,平均海拔在3500m左右,土地肥沃,为西藏主要的农业区。

(2)风带范围。西藏境内主要有两条主风带:一条位于藏北高原地区,大致沿那曲—阿里公路一段;另一条在喜马拉雅山脉之间的山谷地带东段。区内年有效风能密度与年有效风力小时数分布大体相同,藏北高原是全藏风力最大地区,大致范围:东到安多,西抵达阿里地区北部,南抵冈底斯山和念青唐古拉山北部;其次为喜马拉雅山脉地区。

(3)干湿气候特点,高原气候。除呈现西北严寒干燥,东南温暖湿润的总趋向外,还有多种多样的区域气候和明显的垂直气候带。与中国大部分地区相比,西藏的空气稀薄,日照充足,气温较低,降水较少。西藏自治区各地降水的季节分配不均,干季和雨季的分界非常明显,而且多夜雨。

(4)土壤类型分布特点。随着山体高度的不断抬升,而引起水热条件的变化,从而导致土壤垂直地带分布规律,这在西藏自治区内表现得十分突出,不仅在相对高差很大的藏东南深切割山地上的土壤垂直分布带谱非常明显,而且在耸立于高原面上的许多山地也很常见。

(5)树种生长与分布特点。由于西藏高原地形地貌的复杂多样以及在不同环境条件下土壤所呈现的特征,树种在不同地带也呈现出了复杂多样性。喜马拉雅山南侧临近边境的山地主要为热带雨林或季雨林植被。在藏东昌都的横断山脉及喜马拉雅山北侧的林芝地区,因基底海拔较高(多在2500m高度以上)、湿润季风气流影响有所减弱,针阔叶混交林下山地暗针叶林(云杉、冷杉)等。另外,在金沙江、澜沧江及怒江等大河流的谷底内,因气候相对干热,出现了旱中生落叶灌丛或干性森林植被(如稀疏云杉或松柏林)。雅鲁藏布江与朋曲河谷地的山地为灌丛草原。藏东北的那曲一带高原山地生境冷湿,已无森林分布。同时,西藏也有较丰富的经济林,如在林芝等地区分布有核桃、苹果、梨、柑橘、油桐、油茶等。

### 4.1.3 规划方案

基于以上原则和依据,将西藏高原农田防护林规划为以下几个方面。

1. 农田防护林的布设

农田防护林,即在农地周围主要布设主林带和副林带以控制田块受风沙灾害的影响、改善农田耕作条件为主要目的的人工林。

2. 护路护沟林布设

护路护沟林,即布置于田间道与(斗)沟渠两侧或单侧,主要起防止冲刷和美化景观的作用。

3. 水土保持林布设

水土保持林是在水土流失地区营造的以减轻地表径流和土壤冲刷,减少江河库塘泥沙淤积,保持和恢复土地肥力,增加植被改善生态环境,促进农业稳定高产,保障交通、水利、水保工程安全的一种防护林。根据西藏高原水土状况,水土保持林主要包括:

(1)护坡林。护坡林是为防止地表径流破坏作用的扩大,在低山丘陵坡耕地上每隔一定距离配置的具有特殊功能的水流调节林,横截坡向,使地表水流受到阻滞,以降低流速,增大渗透,分散水流,最终达到保护农田的目的。

(2)在大江大河沿岸的防护林布设。为防止江河沿岸水土受到冲刷以及塌岸,以保证河流谷地内农用地耕作不受影响,应在大江大河沿岸布设防护林,即护岸林。

(3)固沟防冲林。固沟防冲林,即为了防止沟头、沟岸及沟底因受地表径流的侵蚀冲刷而继续塌陷下切,并带走大量的泥沙,危害周围的农田,因此而布设的防护林。

(4)梯田埂坎防护林。梯田埂坎林是指以调节坡面径流、保持水土、固结土体、稳定埂坎坡面为目的的人工造林工程。

## 4.2 农田防护林

西藏全区农田分布广泛,除主要分布在"一江两河"流域和金沙江、怒江、澜沧江等河谷地区以外,在地势高寒的那曲、阿里和日喀则西部等局部河谷或湖区,以及海拔较低的昌都、山南、日喀则等地均有分布。由于全区农田分布的特点以及所处地区地形地貌的差异,风沙影响的不同程度,且全年无固定风向,故各区域应根据风沙危害的不同程度和田块布局、田间道路及沟渠的布设,营造防护林网。

西藏高原土地开发整理工程的农田防护林建设应因地制宜地考虑,宜在田间道路、主要沟渠两侧或一侧种植1~2行防护林,在居民点四周种植保护环境的生态林。其中,平原地区林带走向应与田、沟、渠、路有机结合,在田、渠、路、林网的配套上要按方田林网设计,采取以渠、路定林,渠、路、林平行,把渠、路设计在林带的阴面。丘陵地区主林带应沿等高线布设,副林带与上下坡的路边造林,河边、沟岸造林互相连接,形成林网。

1. 林带结构

林带结构是指田间防护林造林的类型、宽度、密度、层次和断面形状等的结合,一般采用林带的透风系数作为划分林带结构类型的标准,可分为紧密结构(透风系数<0.35)、疏透结构(0.35>透风系数<0.60)和透风结构(透风系数>0.60)三种类型。

(1)紧密结构林带。在有叶期其纵断面上下枝叶稠密、透光空隙少,大部分气流从林带顶部通过。最小弱风区出现在背风面$(1\sim3)H$($H$为林带高度,m)处,风速减弱59.6%~68.1%,相对有效防风距离为$10H$(按减低旷野风速20%)计算,在$30H$范围内风速降低30.16%。

(2)疏透结构林带。在其纵断面上具有较均匀分布的透光孔隙,大约有50%的风从林带内通过,在背风面林缘附近形成小漩涡,最小弱风区出现在背风面$(3\sim5)H$处,风速减弱53%~56%,相对有效放风距离为$25H$,在距林带$47H$处风速恢复为100%,在$30H$范围内风速平均减弱56.5%。

(3)透风林带结构。风能较顺利地通过,下层树干间的大孔隙形成许多通风道,背风面林缘附近风速仍然较大,从下层穿过的风受到挤压而加强。因此,带内的风速比旷野还要大,到了背风林缘,接触了挤压状态,开始扩散,风速也随之减弱,但在林缘附近仍与旷野风速相近,最小弱风区出现在背风(3~5)$H$处,随着远离林带,风速逐渐增加。相对有效防风距离为$30H$范围内,风速平均降低24.7%。

西藏全区范围内受风沙危害较严重,尤其是两条风带区,而在目前农田分布的主要区域,也存在一定程度的风沙影响。由于紧密结构林带占耕地面积多,防护距离短,故对于较大风沙的防御与风速减低程度不及疏透结构林带,因此,应多选用疏透结构林带,部分风沙较小的区域可选择透风林带结构。

2. 林带方向

林带方向的设置决定于主害风风向频率分布状况,与主害风向相垂直的林带走向,能够达到较远的有效保护距离及一定的保护效果。由于西藏地形地貌的影响以及农田分布的情况,全区范围内无固定风向,因此,农田防护林主林带的布设方向必须结合所在区域的主害风向。在布设中应注意以下几点:

(1)主林带应与主害风风向垂直。若综合考虑到地形和灌溉渠系布局等因素不能与主害风方向垂直时,偏角不大于30°。

(2)副林带与主林带垂直,主、副林带构成方形林网。另外,在其他条件的限制下,主、副林带可以有一定偏角。

同时,在具体布设时,为了既少占地又可达到必要的防护效果,农田保护工程宜与道路工程、灌排工程一起统筹安排。因此,林带走向应与现有或规划的道路、沟渠、河流和田块的布置方向相一致,尽量做到林随水走,林随路走,沟渠、路、林三网合一,以便经营管理和农业耕作。

3. 林带间距

林带间距指的是两条相邻主林带或两条相邻副林带中心线之间的距离。影响林带间距确定的因素主要为主害风季节最大平均风速值、林网中不致农作物遭受灾害的最大风速、林带高度,与林带的结构也有关(表3-21)。

表3-21 不同结构林带防风效果

| 林带结构 | 旷野农田风速 | 不同树高倍数处风速(m/s) | | | | | |
|---|---|---|---|---|---|---|---|
| | | 5 | 10 | 15 | 20 | 25 | 30 |
| 疏透结构 | 为旷野(%) | 40.0 | 47.0 | 63.0 | 73.0 | 83.0 | 93.0 |
| | 降低(%) | 60.0 | 53.0 | 37.0 | 27.0 | 17.0 | 7.0 |
| 透风结构 | 为旷野(%) | 70.0 | 56.5 | 69.2 | 82.5 | 89.9 | 94.1 |
| | 降低(%) | 30.0 | 43.5 | 30.8 | 17.5 | 10.1 | 5.9 |

疏透林带结构的有效防护距离在迎风面为树高的5倍,在背风面为树高的20~25倍,同时结合田块布局,林带的间距在100~400m为宜,对地势开阔、农机化水平较高的地区,林带间距大于400m。可种植高达5m左右的藏青杨,防风范围最大可达125m,林带间距应结合机械作业的要求确定,一般不超过400m。

透风林带结构的有效防护距离在迎风面为树高的10倍,在背风面达树高的20倍,由于在部分地区全年风速较小,可将林地间距定为300~500m,可种植5m的藏川杨、银白杨等,防风范围最大可达100m。

另外,在低山丘陵区,林带间距应与项目区田间道、主要沟渠的间距相结合而定。

4. 林带宽度

在林带布设中,宽度应符合最大限度发挥林带的防护效益要求(表3-22),应最小限度占用耕地,并与当地环境、种植方式和林木生长的稳定性相适宜。

表 3-22  不同带宽林带综合防风效能值表

| 带宽(行) | 有效防护距离(为树高倍数) | 平均防风效率(%) | 综合防风效能值 |
| --- | --- | --- | --- |
| 2 | 20 | 12.9 | 258 |
| 3 | 25 | 13.8 | 345 |
| 5 | 25 | 25.3 | 632.5 |
| 9 | 52 | 24.7 | 617.5 |
| 18 | 15 | 27.3 | 409.5 |

由此,可根据具体项目区对防风效果的需要,选择不同带宽的防护林。另外,林带宽度可按以下公式计算:

$$L=(n-1)\times d+2a$$

式中:$L$——林带宽度;

$n$——植树行数;

$d$——行距;

$a$——由田边到林缘的距离。

在西藏高原农田防风主林带,可布设4~6行,宽度6~12m,副林带可略窄,2~4行为宜,宽度3~8m。在风力强盛区域,林带宽度根据具体情况相应增大。在山南地区雅鲁藏布江宽谷地带和阿里、那曲等地区风沙危害严重区域,农田防护林主林带和副林带可分别增至8~12行和6~10行,宽度范围分别为11~24m和8~20m。

另外,在路、渠边布设的防风林,宽度由路、渠宽度而定,一般布设1~2行。株行距应满足所选树种的生长特性及防风要求,一般采用与农田无共同病虫害的高大乔木,不宜选用枝叶过于茂盛及根系发达的树种,以避免深入农田或争肥,行距为3~4m,株距为2~3m。

## 4.3 护路护沟林

为节约用地,特别是在西藏高原优良耕地极为有限的情况下,更应当重视减少护路护沟林的胁地危害。因此,田间道护路护沟林单侧宽度不得大于5m,具有运输功能并与村庄及乡村公路连接的田间道可适当放宽,以便农机下田。且单侧布置林带时,如沟、渠、路为南北走向时,林带宜配置在东侧,沟、渠、路为东西走向时,宜配置在沟、渠、路的南侧,尽量使林冠阴影覆盖在沟、渠、路面上,从而减轻林带的遮荫胁地影响;生产路、农渠宜栽植灌木丛等偏低的植物,且其宽度不超过1m。

## 4.4 水土保持林

### 4.4.1 护坡林

由于西藏高原的特殊地形地势,坡耕地普遍存在,为保证并提高坡耕地耕作条件及作物产出率,护坡林起到不可或缺的作用,尤其是怒江、澜沧江、金沙江上游坡耕地质量普遍偏低,作物产量偏低,那曲地区坡耕地水土流失严重。护坡林的设置大体上沿等高线或径流中点连线配置,并综合考虑各方面的情况进行适当调整,使其既不分割农田,又能起到有效的保护作用。根据斜坡所在位置、坡面坡度和水土流失特点,护坡林分别布设在坡面的上部、中部和下部。根据斜坡的地形起伏,林带布置重点有以下四种形式。

(1)平直斜坡,其上部径流集中,流速大,土壤易侵蚀,林带应布设在斜坡中央,将斜坡分为两半,以减少水从上向下的流量。

(2)凹型斜坡,即斜坡上中央部坡度大,冲刷现象较频繁,斜坡下部坡度小,虽然流量增多,但流速小,因此侵蚀程度相对小,甚至形成沉淀。护坡林除在下部转折点处布设外,还应在上部的转折处布设,若上部陡坡部分侵蚀严重,可考虑全部造林。

(3)凸型斜坡,即斜坡上部地形平坦,水土流失轻,而在斜坡下部,流量流速大,土壤侵蚀作用强烈,故林带位置一般在斜坡的脚下部分,以地形转折点为最好。

(4)凹凸斜坡互相重叠形成的接替型斜坡,应根据上述凹型斜坡与凸型斜坡情况在坡面上曲线转折处布设护坡防护林,重点在斜坡陡峭且狭长的地段布设。

护坡林一般布设1~2行,株距2m左右,树种应当根据布设地区重点考虑其耐蚀性、耐水湿和根系发达的树种,如旱柳、水杉、云杉、紫穗槐等。

### 4.4.2 护岸林

根据西藏全区江河分布,以及相应区域所属类型区与土壤类型,并结合河岸的特征,布设护岸林。江河沿岸或堤脚压浸平台处可根据具体情况,种植单双排或宽带防护林以保护岸坡。本研究所涉及区域多为天然河道,因此在护岸林布设中以此为主要对象。

天然河道的不规则断面护岸林。对于这种未经改造或局部小规模改造的大河流复式断面河道具备发展宽林带的条件,护岸林既能起到护岸护坡的作用,也有一定的经济效益。在雅鲁藏布江、拉萨河、年楚河流域,即藏南山原湖盆宽谷地区,所呈现的土壤类型(垂直分布)是大陆性带谱类型,在江河沿岸可种植云杉、冷杉、高山松、落叶松、巨柏等营造水源涵养林及水土保持林。

深切的天然河槽护岸林。深切的天然河槽断面一般出现在山坡或山地农田边岸,沿岸设置护岸林,树木从水边向岸上与山谷边缘的森林连接,亦可构成区域生态环境系统。在金沙江、澜沧江及怒江等大河流沿岸,为基带褐土与灰褐土,因此,结合林种、林型规划分类与树种选择原则,在此可布设水源涵养林,可种植适宜该气候与土壤条件的云杉、冷杉和高山松、圆柏、沙棘等。

在大江大河沿岸洪水可能淹没的地方,面临着大量土壤被冲刷、水蚀的危险,因此,根据目前国内防洪工程的经验,采取柳树防洪工程,即种柳树护岸。

护岸林的布设与河道的延伸密切相关,在林带形状设计时应当结合具体情况布设自由林网带,一般设计2行,株距2~3m,并选择耐水湿、根系发达的树种,如旱柳和水杉等。

### 4.4.3 固沟防冲林

固沟防冲林,即为了防止沟头、沟岸及沟地因受地表径流的侵蚀冲刷而继续塌陷下切,并带走大量的泥沙,危害周围的农田,因此而布设的防护林。对于西藏高原这种丘陵山区多且梯田较普遍的区域,固沟防冲林及其重要,一般沿侵蚀沟的沟边沿、沟坡和沟底造林。

沟头防冲林的作用在于减低进入沟头的水流速度,避免因水流集中冲刷而使沟头继续延伸、切割、破坏农田。在沟头侵蚀活动剧烈的位置,在距沟头3~5m处修建围埝,在围埝内每隔10m左右建一横埝。埝处沟边部分栽种蘖性很强的灌木,在堰内栽植乔灌混交林。若侵蚀不剧烈,可直接在沟头附近栽种2~3行灌木,远沟头处布设5~10m的乔灌混交林或全灌木林。

沟边防蚀林,其作用在于固边防冲、防塌坡以稳定沟边,最终达到防止沟边侵蚀的目的。当集水面积小,沟坡不太陡且沟岸比较稳定的地区,林带沿沟边沿线以上2~3m外布设,林带宽度一般为10~12m,靠近沟边2~3m处,留作天然草地。若集水面积大、沟坡陡且沟岸不稳定,应由沟底按自然倾角35°向边坡上方引线,在此线与沟边交点以外2~3m处开始造林,林带宽度可增大至12~18m。沟岸地带为农田时,为少占耕地,林带可在沟边1~2m处布设,宽度可减至4~8m。同时,由于西藏区域性及季节性降雨不均匀,应充分考虑林带与沟边的距离、树种和林带宽度,可在一定范围内灵活选用。

沟坡防冲林,其目的在于缓流固坡、阻止沟岸扩张,并充分利用沟坡土地,提供一定的经济价值,一般为全坡造林。一般情况下,沟坡造林从下部开始,逐步上升。由于该防冲林是在沟坡上实现固坡的,所选树种应是根系发达、枝叶茂盛、固土作用强且生命力顽强的速生树种。在坡向和土质的影响下,应在阳坡和阴坡分别布设防冲林。特别是在澜沧江东部、金沙江中上游,山地针叶林带的树种组成较简单,阴、阳坡的分异很明显。阳坡光照条件好,但水肥条件差,可布设喜光、耐旱的人工杨林;阴坡光热条件差,但水肥条件好,应种植耐阴树种。另外,在水热条件较好的缓坡地亦可发展苹果、核桃等经济林。在侵蚀严重的坡地,可考虑先种植灌木,待立地条件稳定后,再增加乔木林。

沟底防冲林,其主要目的在于制止沟底继续下切、淤淀泥沙。由于沟底地势低洼、径流集中、洪水量大、来势猛,草木常有被冲走和淤埋的危险,因此沟底造林应选择较耐湿、抗冲、根系发达的速生树种,主要营造于比降小,水流较缓或不经常有流沙冲刷且不严重的支、毛沟。

### 4.4.4 梯田埝坎防护林

梯田埝坎防护林适用于西藏高原丘陵山区可能发生滑坡崩塌危害的梯田田埝或隔坡梯田坎坡。在西藏耕地中,由梯田改造而成的耕地占很大比重,特别是在藏东高山峡谷区梯田很多,因此梯田埝坎防护林布设是该项目区的一项重要工程。

梯田埝坎防护林应种植低矮林木,具体树种可根据埝坎高度确定。在坎偏低的情况下,可布设一行,株距为0.3~0.5m;坎高1~2m时,种植2~3行为宜,株行距均可定为0.5m;坎高于2m时,行距应增至0.8m左右。在林芝地区的隔坡梯田,坎坡亦可采用苹果、核桃、油桐、油茶等乡土经济林树种。另外,在必要时也可采用沙棘、紫穗槐、柠条等灌木护坡。

## 4.5 树种选择

在树种选择方面,首先,遵循国家标准的基本原则,坚持造林地立地条件与树种的生物学和生态学特性的一致性,做到适地、适树、适种源。其次,在此基础上,结合西藏的不同区域情况,遵循本研究防护林布设规划的原则执行。

防护林应根据防护对象选择适宜树种,一般应具有生长快、防护性能好、抗逆性强、生长稳定等优良性状。营造农田防护林的主要树种还应具有树体高大、树冠适宜、深根性等特点。水湿地区的树种还应具有耐水湿的特性。严重风蚀、干旱地区,要注意选择根系发达,耐风蚀、干旱、沙压的树种。

　　藏东高山峡谷区、藏南高原河谷区在全西藏自治区内平均农业发展水平较其他区域高,并且树种分布也有其特点。在三江流域下游干旱谷盆地的下部,气候干暖,土壤为褐土、灰褐土,防护林可采用银白杨、藏青杨、高山松、白刺花、紫穗槐、柠条等,另外,在有条件的情况下可选梨、苹果、桃、核桃等经济林种;在藏南雅鲁藏布江流域温带半干旱的干流河谷及其主要支流的宽谷和山路缓坡,土层较薄,土壤包括山地灌丛草原土、固定、半固定风沙土等,防护林主要选择杨、柳、榆、槐、沙棘、锦鸡儿、柠条等。在藏西高山宽谷区,风沙较大,且植被分布特殊,如在阿里地区,防护林主要布设在宽谷河滩地,土层薄且养分低,植被为藏沙棘、锦鸡儿等灌丛。在藏北高原湖盆区,本区包括藏北、阿里以及那曲西部,高原起伏较缓,平均海拔 4800m,气候寒冷干旱,且风大霜重,植物稀少,除个别耐寒的灌木外,无天然乔木的生长。本区是西藏的牧业区,在四旁及局部地形有利的地段,可进行小规模的造林试验,种植沙棘、水柏枝以及杨、柳等耐寒树种。在该区不同区域应结合当地具体立地条件而定。另外,对于所处深切峡谷地区的陡坡,坡度超过 35°～45°时,应布设具有水源涵养作用的针叶林,如云杉、冷杉、松树等,主要结合当地条件和树种特点确定。

## 4.6　防护林布设措施

　　防护林布设的具体措施如表 3-23 所示。

表 3-23 防护林布设措施

| 一级工程类型区 | 藏东高山峡谷区 | | | 藏南高原河谷区 | | | 藏西高山宽谷区 | | | 藏北高原湖盆区 | |
|---|---|---|---|---|---|---|---|---|---|---|---|
| 二级工程类型区 | 高山平原工程模式 | 峡谷丘陵工程模式 | 湖盆平原工程模式 | 峡谷丘陵工程模式 | 河谷平原工程模式 | 峡谷丘陵工程模式 | 河谷丘陵工程模式 | 高原丘陵工程模式 | 湖盆平原工程模式 |
| 示范项目区 | 林芝 | 墨脱 | | | | | | | |
| 重点布设防护林类型 | 农田防护林/护路护沟林 | 护路护沟林/水土保持林 | 护路护沟林/水土保持林 | 护路护沟林/水土保持林 | 农田防护林/护路护沟林 | 护路护沟林/水土保持林 | 农田防护林/护路护沟林/水土保持林 | 护路护沟林/水土保持林 | 护路护沟林/水土保持林 |
| 防护林布设形状 | 规则网状 | 窄林带 | 自由林网/宽林带 | 窄林带 | 规则网状 | 窄林带 | 自由林网 | 窄林带 | 自由林网/宽林带 |
| 树种 | 银白杨 | 银白杨/核桃 | 云杉/柳树 | 银白杨 | 银白杨 | 银白杨 | 银白杨/核桃 | 沙棘 | 沙棘/柳树 |
| 行数 | 2 | 2 | 2~3 | 2 | 2 | 2 | 2 | 2 | 2~3 |
| 株距 | 2~3m | 2m | 2~3m | 2m | 2~3m | 2m | 2~3m | 2m | 2~3m |

# 专题四 西藏自治区土地开发整理工程建设相关标准应用研究

## 1 研究的背景、目的及意义

### 1.1 研究背景

土地开发整理是人类在土地利用中不断建设土地和重新配置土地的过程。我国目前已开展的土地整理活动既包括对已利用土地的结构调整和整治，也包括对未利用土地的开发及采矿废弃地的复垦，所以土地开发整理包含土地整理、土地开发和土地复垦。

自 2000 年开始，国家正式启动投资开发土地开发整理项目，至今已近 10 个年头。2000 年 10 月出版的《土地开发整理标准》(TD/T 1011~1013—2000)，对土地开发整理项目规划、设计、验收等工作提出了一系列技术上的规定，以此为标志，土地开发整理项目管理开始走向了标准化的道路。经过几年的发展，我国土地开发整理工作无论在工程项目的规模、数量上还是在建设资金的投入上都取得了迅速的发展。因此，随着管理难度的增加，加强土地开发整理项目的规范化管理，走技术标准化道路提高土地开发整理技术，已迫在眉睫。

为了加强土地开发整理项目申报、实施及验收等标准化建设，加强项目建设全过程管理，提高项目决策的科学化水平，合理确定土地开发整理建设标准，提高投资收益，2005 年底，国土资源部下发了《关于开展〈土地开发整理工程建设标准〉编制试点工作的通知》（国土资厅发［2005］120 号），在全国选择了 9 个省（区）先行开展《土地开发整理工程建设标准》（以下简称《标准》）的编制试点工作。

同年 7 月，国土资源部启动了《土地开发整理工程建设标准》的编制工作；11 月底，部下发了《关于开展〈土地开发整理工程建设标准〉编制试点工作的通知》（国土资厅发［2005］120 号），同时成立《土地开发整理工程建设标准》课题组。为做好《标准》的基础研究工作，部课题组决定于 2006 年度开展《土地开发整理工程相关行业标准应用研究》。为进一步推动《标准》编制工作，2007 年 7 月 31 日，国土资源部下发了《关于编制〈土地开发整理工程建设标准〉有关问题的通知》（国土资厅发［2007］137 号），通知指出，从 2007 年 8 月份开始，在非试点省份开展《标准》编制工作。

### 1.2 研究目的及意义

土地开发整理工程是一项综合工程，包括土地平整工程、灌溉与排水工程、田间道路工程、农田防护工程等多项工程，各单项工程相互影响、相互制约，其工程内容是各单项工程技术的综合，绝非各单项工程的简单叠加。因此，对土地开发整理工程的工程组成、工程组合模式、工程体系等进行研究非常之有必要。

本专题的研究，主要解决两个方面的问题：一是解决《土地开发整理工程建设标准》在编写中与相关行业现有标准内容的衔接问题，为《标准》制定提供依据，这是本课题研究的主要工作；二是参照相关行业的标准，充分考虑土地开发整理项目工程建设的特点，进行调整和修正，提出符合西藏自治区土地开发整理工程建设项目实际情况的建设标准。

## 2 土地开发整理工程建设内容

进行土地开发整理工程相关行业标准应用研究，首先必须明确西藏自治区土地开发整理工程的工程体系构成。西藏自治区土地开发整理工程建设内容主要包括土地平整工程、灌溉与排水工程、田间道路工程、农田防护工程四大类，以下对其建设内容作简要说明。

### 2.1 土地平整工程

土地平整工程是指，为使平整后的土地更适合种植或者其他用途需要，而根据一定的田块标准所进行的土方填挖和调配的过程，工作内容包括耕作田块修筑和耕作层地力保持两部分。

### 2.2 灌溉与排水工程

灌溉与排水工程是指，根据项目区农业生产的需要而建设的灌溉与排水工程及其附属设施系统。工作内容包括水源工程、输水工程、喷微灌工程、排水工程、渠系建筑物工程、泵站及输配电工程等。

### 2.3 田间道路工程

田间道路工程是指，为满足项目区生产与生活需要而修建的田间道路工程以及相配套的农桥（涵）等工程。工作内容分为田间道和生产路两部分。具体设计内容包括路面材质、路基、路面宽度等方面。

### 2.4 农田防护工程

农田防护工程是指，为保护整理区土地利用活动的安全，提高土地资源的利用效率和农田产出率，保护农田免受水土流失、土地沙漠化等土地贫瘠现象及风沙等自然灾害等而需要建设的工程项目。工程内容主要包括农田防护林工程、护路（沟）林工程、水土保持林工程等。

## 3 相关行业标准研究

### 3.1 相关标准引用基本原则

（1）相关性原则。土地开发整理工程涉及国土、农业、林业、水利、电力、交通、建设、规划等多个部门,这些部门都有各自的国家标准、行业标准或设计规程、规范,相关行业标准研究并不是针对这些部门所有的标准或规范,而是只选择与土地开发整理工程的建设内容相关的行业标准或设计规范作为研究对象。

(2)层次性原则。标准有国家标准、行业标准、地方标准和企业标准四个层次,相关行业标准研究主要选择国家标准、行业标准作为研究对象,对地方标准结合类型区的制约因素有条件地研究。在标准的内容选择上,引用时严格遵照国家标准到行业标准再到地方标准的顺序,同级标准中先引用强制性的内容再是推荐性内容;上层次标准有规定时,首先选用上层次标准的内容;上层次标准没有规定时,依次使用下层次标准的内容。

(3)引用性原则。土地开发整理项目涉及国土、农业、林业、水利、交通等部门的工程建设技术标准。标准引用成果采用综合类和单项工程类,分别提出规定,即在研究时,将现有标准分为综合类、单项工程类、分部工程类三种分类,综合类标准为总体规划和工程布局服务;单项工程标准提出工程建设等级、规模、结构组成及设计条件等;分部工程标准提出材料组成、质量指标等要求。

## 3.2 研究的方法、技术路线

本专题研究的方法主要是采用综合分析法,首先对现有的国家标准、各行业标准、技术规范、规程进行收集,在收集资料的基础上按照《土地开发整理工程建设标准》中工程体系确定的一级项目、二级项目、三级项目对收集到的相关资料进行分类,然后结合不同行业规定,进行《标准》的综合分析,确定对相关行业标准的引用或修正。

《土地开发整理工程建设相关标准应用研究》专题的技术路线,按以下过程进行。

(1)收集相关国家标准,包括国土、农业、水利、林业、交通、电力、建设、规划等部门的行业标准或设计规范,以及相关地方标准。

(2)按照工程建设标准的编制规定,结合《土地开发整理工程体系研究》,将收集到的标准进行分类研究。

(3)结合现有标准的规定,对不同专业进行分类标准的综合分析,提出综合规划和单项工程"标准规定"的应用成果。

(4)专题研究对各部门的标准内容进行摘抄和研究分析时,尽量采用根据单项工程查找标准和规范的规定内容进行摘抄分析,归纳出标准内容的方法。

(5)在相关标准研究分析的基础上,提出适合土地开发整理工程建设技术规定的应用成果。

## 3.3 相关行业标准引用研究内容

由于本课题研究工作量极其繁重,因此,在研究过程中,将引用的相关行业标准分为以下几个专题系列,分别进行专题研究,并分别提出专题研究成果。

各专题研究名称包括:土地开发整理类型区划分专题研究、土地平整工程专题研究、田间道路工程专题研究、农田防护工程专题研究。

### 3.3.1 通用标准

建设部、原国家计委1990年下发的《印发关于工程项目建设标准编制工作暂行办法的通知》中提出的工程建设标准编制内容、深度,应遵循的原则、编写要求、程序及编写格式等,作为制定《西藏自治区土地开发整理工程建设标准》的依据。

其他参考的标准有:《中华人民共和国标准化法》(1989)、《工程建设标准编写规定》(1996)、《水利技术标准编写规定》(SL1—2002)、《标准化工作导则第1部分:标准的结构和编写规划》(GB/T1.1—2000)。

### 3.3.2 地形测绘、勘察标准

为结合土地开发整理工程项目与土地利用现状及工程布置图件的需要,以及土地开发整理项目管理的要求,研究、引用项目与地形测绘和工程地质勘察的相关行业标准的设计规范及规程,结合地形图测绘规定,在测量技术、白纸测图、专业工程测量等方面提出具体规定,并对渠道、堤线、道路等专业测量内容提出要求;对项目与工程地质条件以及客土源工程等提出勘察规定。

主要参考的标准、技术规范有:《工程测量规范》(GB 50026—93)、《岩土工程勘察规范》(GB 50021—2001)、《水利水电工程测量规范》(规划设计阶段)(SL197—97)、《中小型水利水电工程地质勘察规范》(SL55—2005)。

### 3.3.3 土地平整工程标准

由于土地开发整理工程建设时间较短,国内在这方面形成的有关土地平整方面的标准和设计规范不多,主要是参照国土资源部颁布的《土地开发整理项目规划设计规范》《土地开发整理规划编制规程》等。通过应用土地平整方面的有关标准、设计规范,研究和提出不同农作物种植和灌溉条件下耕作田块的建设规格、质量要求,以及土壤改良方面的规定。

主要参考的标准和技术规范有:《水土保持综合治理技术规范 坡耕地治理技术》(GB/16453.1—1996)、《水土保持综合治理规划通则》(GB/T 15772—1995)、《工程测量规范》(GB 50026—93)、《土壤环境质量标准》(GB 15618—1995)、《灌溉与排水工程设计规范》(GB 50288—99)、《土地开发整理规划编制规程》(TD/T1011—2000)、《土地开发整理项目规划设计规范》(TD/T1012—2000)、《土地开发整理项目验收规程》(TD/T1013—2000)、《全国中低产田类型划分与改良技术规范》(NY/T310—1996)、《全国耕地类型区、耕地地力等级划分》(Y/T309—1996)。

本专题研究分为耕作田块修筑、耕作层地力保持两个方面。在高原谷地平原耕作单元平整方面,规定的内容有:耕作田块方向、田块长度、田块宽度、田块形状、田块规模、田块高程、灌溉水田格田布局、沟洫畦田等;在高原盆区丘陵耕作单元平整方面,规定的内容有:梯田田面方向、形状、梯田(土)的种类及使用条件、梯田防御暴雨标准、梯田规划建设、梯田田坎设计等。田埂(坎)修筑包括埂高、埂宽、田坎设计侧坡、坎顶宽、内坡等。耕作土壤改良方面的工程措施主要考虑表土剥离、客土回填、原土壤掺砂、土地翻耕。有关这方面的标准规定内容较少。

### 3.3.4 灌溉与排水工程标准

由于土地开发整理项目建设规模一般在 2000hm$^2$(3万亩)以下,涉及到的灌溉与排水工程主要以小型、配套、田间工程为主,因此在引用和应用农田水利工程的建设标准和技术规范时,也是以小型农田水利为主要考虑标准的引用和应用。关于灌溉与排水工程的相关标准较多,除了国家标准,还有行业标准、地方标准,通过对相关标准的应用,灌溉与排水工程建设研究的内容包括水源工程、输配水工程、喷微灌工程、排水工程、渠系建筑物、泵站及输配电工程。

主要参考和引用的标准、技术规范有以下几个方面。

1. 综合规定

综合规定的规范有《灌溉与排水工程设计规范》(GB 50288—1999)、《节水灌溉技术规范》(SL 207—98)、《水利工程水利计算规范》(SL 104—95)、《防洪标准》(GB 50201—94)、《水利建设项目经济评价规范》(SL 72—1994)。

2. 水源工程

水源工程的规范有《水资源评价导则》(SL/T238—1999)、《农田灌溉水质标准》(GB 5084—92)、《地表水环境质量标准》(GB 3838—2002)、《地下水质量标准》(B/T 14848—93)、《污水综合排放标准》(GB 8978—1996)、《机井技术规范》(SL 256—2000)、《水轮机基本技术条件》(GB/T 15468—1995)、《雨水集蓄利用工程技术规范》(SL 267—2001)、《供水管井技术规范》(GB 50296—99)。

3. 输配水工程

输配水工程的规范有《渠道防渗工程技术规范》(S218—2004)、《低压管道输水灌溉工程技术规范》(SL/T153—95)、《喷灌与微灌工程技术管理规程》(SL236—1999)、《喷灌工程技术规范》(GBJ85—1985)、《微灌工程技术规范》(SL103—95)。

4. 排水工程

排水工程规范有《农田排水工程技术规范》(SL/T4—99)、《农田排水实验规范》(SL109—95)。

5. 渠系建筑物工程

渠系建筑物工程规范有《水闸设计规范》(SL265—2001)、《水工隧洞设计规范》(SL279—2002)、《水工钢筋混凝土结构设计规范》(SL/T191—96)、《堰槽测流规范》(SL24—91)、《水工建筑物测流规范》(SL20—92)、《渠道防渗工程技术规范》(SL18—19)、《渠系工程抗冻胀设计规范》(SL/23—91)。

6. 泵站及输配电工程

泵站及输配电工程的规范有《泵站设计规范》GB/T50265—97)、《供配电系统设计规范》GB 50052—1995)、《低压配电设计规范》(GB 50054—95)、《农村低压电力技术规程》(DL/T499—2001)、《通用用电设备设计规范》(GB 50055—93)。

通过研究、应用灌溉与排水工程标准和设计规范,提出农田灌溉、农田排水的等级和设计标准,确定渠道、建筑物的设计等级,并依据水源、输配水、排水、渠系建筑物、泵站及输配电等分类,提出各单项工程建设技术规定。

### 3.3.5 田间道路工程标准

农村道路按交通部门规定分为主干道、支道、田间道、生产路四个等级,主干道是指乡镇之间的道路,可以通行汽车,一般为四级公路;支道是指乡镇到农村居民点的道路;田间道是指农村居民点到田块的道路,主要为农业机械通行,运输农产品及田间作业服务;生产路是指田块之间的道路。根据西藏自治区实际情况和土地开发整理投资状况,同时为了避免与交通部门的公路建设工程相重叠,土地整理中的农村道路工程拟分为田间道、生产路两级,不考虑主干道的建设,对部分需要维修的支道,可适当维修。通过相关交通道路的建设标准应用,研究和提出农村道路建设等级以及田间道、生产路工程建设的技术标准和规定。

主要参考的标准和技术规范有《公路工程技术标准》(JTG B01—2003)、《公路桥涵设计通用规范》(JTG D60—2004)、《土地开发整理标准》(TD/T 1011~1013—2000)、《公路路基设计规范》(JTG D30—2004)、《公路水泥混凝土路面设计规范》(JTG D40—2002)。

根据以上标准应用研究,提出田间道路等级的划分、设计速度、荷载等级、路面宽度、路肩宽度、边坡、道路纵坡、路基、路面、路面排水等技术规定。

### 3.3.6 农田防护工程标准

西藏自治区土地开发整理项目农田防护工程包括农田防护林工程、护路(沟)林工程、水土保持林工程等。通过引用相关的水土保持治理、河堤防洪治理、植树方面的标准、技术规范等,研究、提出农田防护工程类型建设标准和技术规定,合理布置农田防护林、护路护沟林、水土保持林等。

主要参考和引用的标准、技术规程有:《水土保持综合治理技术规范 风沙治理技术》(GB/T 16453.5—1996)、《水土保持综合治理技术规范 荒地治理技术》(GB/T 16453.2—1996)、《造林技术规程》(GB/T 15776—2006)、《开发建设项目水土保持方案技术规范》(SL 204—98)。

### 3.3.7 耕地质量建设标准

土地开发整理项目建设主要目的是提高耕地质量,增加单位面积粮食产量,为保障粮食安全作出贡献。在土地开发整理项目中所采取的工程建设内容都是为了改善农业生产条件和生态环境,最终目的是达到提高粮食产量,增加农村经济收入。

主要参考和引用的规程有《农用地分等规程》(TD/T 1004—2003)、《农用地定级规程》(TD/T 1005—2003)、《全国耕地类型图、耕地地力等级划分》(NY/T 309—1996)、《耕地后备资源调查与评价技术规程》(TD/T 1007—2003)。

## 4 相关标准应用成果

根据对土地开发整理标准涉及到的通用标准、地形测绘勘察标准、土地平整工程标准、灌溉与排水工程标准、田间道路工程标准、农田防护工程标准、耕地质量标准这七个方面研究的内容,经过课题组的综合分析评价,并征询有关部门专家的意见,提出制定《西藏自治区土地开发整理工程建设标准》应用相关标准的成果。

### 4.1 相关标准应用成果分类

在编制《西藏自治区土地开发整理工程建设标准》中引用的相关标准较多,结合自治区的实际情况,在引用的相关标准时,主要有以下两种情况。

(1) 直接引用的标准和技术规范。主要以水利工程方面的建设标准和技术规范为主,国家颁布的水利工程建设标准和技术规范较多,有的是国家颁布的标准,如《防洪标准》《灌溉与排水工程设计规范》《农田灌溉水质标准》《泵站设计规范》《水土保持综合治理技术规范》等,以上标准和技术规范属于国家质量技术监督和建设部联合颁布的国家标准,而且对各单项工程的建设标准、规格、质量要求都做了具体标准,凡涉及到土地开发整理工程的,均可以直接引用。除了国家标准外,还有不少行业制定的工程技术规范,即常说的行业标准,也对单项工程建设的标准和质量要求做了规定,凡是符合土地开发整理工程建设标准要求的,均可直接引用。

(2)可以参照应用的标准,根据自治区的土地开发整理项目与实际情况进行必要的修正。

对于可以参照相关行业的标准,主要是主管部门的行业规定和技术规范,这些标准和规定在土地开发整理项目中必须进行调整修正后,才能符合当地的实际需要。

## 4.2 引用的主要标准

土地开发整理项目工程建设涉及相关标准比较多,但有些标准是主要的,引用的内容较多,经过分析评价,研究确定引用的相关行业标准主要有:

《土地开发整理标准》(TD/T 1011~1013—2000)、《全国耕地类型图、耕地地力等级划分》(NY/T 309—1996)、《灌溉与排水工程设计规范》(GB 50288—99)、《防洪标准》(GB 50201—94)、《农田灌溉水质标准》(GB 5084—92)、《农田排水工程技术规范》(SL/T 4—99)、《渠道防渗工程技术规范》(SL 18—19)、《渠系工程抗冻胀设计规范》(SL 23—91)、《喷灌与微灌工程技术管理规程》(SL 236—99)、《供配电系统设计规范》、《泵站设计规范》(GB 50288—99)、《公路工程技术规范》(JTGB 01—2003)、《水土保持综合治理技术规范》、《造林技术规程》。

## 4.3 相关标准应用成果

结合西藏自治区土地开发整理项目工程建设的实际情况,引用相关标准具体成果有以下几方面。

### 4.3.1 《关于工程项目建设标准编制工作暂行办法》

主要按照《暂行办法》的规定内容和编制方法进行编制《西藏自治区土地开发整理工程建设标准》,在标准的编写内容、格式及要求等方面按照该《暂行办法》规定的编写细则要求进行编制。

### 4.3.2 《土地开发整理标准》

国土资源部2000年颁布的《土地开发整理标准》包括《土地开发整理规划编制规程》(TD/T 1011—2000)、《土地开发整理项目规划设计规范》(TD/T 1012—2000),其中主要是引用了《土地开发整理项目规划设计规范》中的土地平整部分,包括农田田面的规格、高程、梯田田面以及田坎设计标准等。

对土地平整中涉及的土壤改良部分的客土回填、表土剥离、土地平整中要求达到的耕作层厚度等,课题组通过大量的项目调研,结合西藏自治区的实际情况进行补充和完善。

(1)耕作田块规格。在"一江三河"(雅鲁藏布江和拉萨河、年楚河、雅砻河)流域,田块方向要与地下水流方向垂直,即与等高线方向垂直;对风沙较大的耕地,田块方向应与主害风方向垂直或接近90°交角。耕作田块的形状应该尽量接近矩形或者正方形,其次是直角梯形、接近直角的平行四边形或者其他规则的四边形。

西藏自治区高原谷地平原区耕作田块长度一般为100~400m,具体数值可依具体情况确定;高原谷地平原耕作田块的宽度设计一般为50~200m。

(2)田面设计。平整后田块内各点的田面高程应比最末一级固定渠道(农沟或毛渠口)引水口的渠底高程低;平整后的田面应满足灌水要求,由灌水方向保证一定的坡度,对旱作地面灌溉,田面坡度应满足畦灌、沟灌灌水技术要求;满足一定的平整精度,一般畦灌地面高差小于±3cm,沟灌地面高差为±5cm;平整后的土地应保持一定的肥力,为此平整时应尽量保留表土,一般挖方处保留表土20~30cm,填方超过50cm时,必须使熟土上翻,回填熟土层厚20~30cm。

(3)田埂(坎)修筑。①旱地田埂:条田之间以田埂为界,埂高以20~30cm,埂顶宽以15~20cm为宜,田埂选材应因地制宜;水田田埂:格田之间以田埂为界,田埂应采用土质,埂高以20~30cm,埂顶宽以15~20cm为宜。②土坎修筑:地坎高小于1m时,耕作区田坎采用土质田坎,田坎设计侧坡$\beta$约为70°,田坎顶宽60cm,高出田面30cm,内坡1:0.5;石坎修筑:地坎高度大于1m时,采用干砌片石地坎,田坎设计侧坡$\beta$约为70°,地坎顶宽60cm,干砌片石地坎顶宽60cm,内坡1:0.4,内侧高出地面30cm。

### 4.3.3 《灌溉与排水设计规范》

该规范为国家颁布的标准,对工程等级划分,灌溉、排水、防洪三项标准以及蓄、引和提水工程、灌溉输配水系统、排水工程、田间工程、渠系建筑物工程等单项工程建设标准都做了具体规定,因此,在制定西藏自治区土地开发整理工程建设标准中,引用该设计规范的内容比较多,主要有以下几个方面。

(1)灌溉设计保证率。考虑西藏自治区已实施的土地开发整理工程以及西藏自治区二级类型区划分结果,结合各类型区的水资源状况、地形地貌特征、作物种植结构、灌溉方式等,西藏自治区属于干旱地区或水资源紧缺地区,以旱作为主,灌溉设计保证率在50%~75%之间取值较为合适。

(2)工程等级标准。该规范对蓄水、引水、提水工程及其建筑物等别和级别进行了规定。从已实施的土地开发整理工程来看,由于工程建设规模一般在2000hm²(3万亩)以内,项目区实际上不存在真正意义上的水源枢纽工程,因此不考虑对项目区用作引水的蓄水工程(如塘堰)、引水工程(如引水闸、拦河坝)、提水工程(灌溉泵站)的等别进行细化,据不完全资料统计,西藏自治区已实施的土地开发整理工程中的水源工程从其流量来看均属于五等工程,在设计时按五等工程要求对其安全性、可靠性、经济合理性进行复核即可满足要求。

(3)排水标准。按照该设计规范的排水标准,农田排涝标准按十年一遇,旱作区为3d暴雨3d排完,水稻区为3d暴雨3d排至作物的淹深度;排渍标准,旱田设计排渍深度取0.8~1.3m,水稻田设计排渍深度取0.4~0.5m,旱作物耐渍深度可取0.3~0.6m,耐渍时间3~4d。水稻田适宜日渗漏量可取2~8mm/d。

(4)灌溉水温。在作物生长期内,灌溉时的灌溉水温与农田地温之差宜小于10℃,水稻田灌溉水温宜为15~35℃,利用地下水灌溉农田,应修建晒水池。

(5)水源工程。水源工程包括蓄水工程、引水工程、提水工程,其工程建设标准均执行该设计规范规定的标准。

(6)输配水工程。确定输配水方式及渠道纵横断面设计、渠道边坡比等,均执行该设计规范的规定。

(7)低压管道输水。低压管网布置,管道水头损失计算,管材和管径选择及铺设的要求,均执行该设计规范的规定。

(8)排水工程。排水工程分类、排水沟流量、纵横断面及边坡系数等均采用该设计规范的规定。

(9)田间工程。田间工程典型设计要求,格田规格及田面高差、田间渠道与排水沟标准等,采用设计规范的规定。

(10)渠系建筑物。主要水闸、渡槽、倒虹吸、涵洞、跌水与陡坡、沉砂池等,由于土地开发整理项目的水利工程以小型为主,因此涉及的灌排水工建筑物也是以小型为主,其建筑物的建设标准主要执行《设计规范》中的灌排建筑物标准和工程设计的技术要求。

### 4.3.4 《防洪标准》

由国家技术监督局和建设部颁布的《防洪标准》属于国家建设标准,该标准按农田保护面积大小规定防洪标准,土地开发整理项目规模面积一般都在 $2000hm^2$(3万亩)以下,因此规定的防洪标准为十年一遇,相应的堤防工程等级为五等。

### 4.3.5 《渠道防渗工程技术规范》

渠道防渗衬砌工程建设标准应符合该技术规范的规定,主要有以下几个方面的内容。

(1)渠道防渗衬砌范围,主要根据渠道水利系数确定,凡是水利用系数不符规定的,应进行防渗衬砌处理。

(2)渠道衬砌范围,应以斗、农渠为主。

(3)防渗衬砌厚度,主要按照《渠道防渗工程技术规程》要求的厚度进行衬砌。

(4)防渗渠道防治冻胀设计,主要参照《渠系工程抗冻胀设计规范》中的规定进行设计。

### 4.3.6 《渠系工程抗冻胀设计规范》

渠系工程进行抗冻胀设计应首先满足本规范的要求,并符合现行有关规范、规定的要求。主要有以下两条。

(1)渠道衬砌结构,当衬砌渠道的地基冻胀量大于允许位移值时,应从适应冻胀、回避冻胀、消减或消除冻胀三个方面采取措施。

(2)板型基础,采用抗冻胀能力强或适应地基冻胀作用的结构,减少基础与地基的接触面积或加大地基的附加荷载,消除或消减地基上的冻胀。主要措施应参照该规范规定进行设计。

### 4.3.7 《喷灌与微灌工程技术管理规程》

制定土地开发整理工程建设标准,所涉及到的喷灌、微灌工程,主要引用《喷灌与微灌工程技术管理规程》中有关规定,主要有以下几个方面。

(1)喷灌形式选择。根据《技术管理规程》规定,主要是根据项目区地形、作物种类、社会经济条件选择喷灌类型,经济价值高的作物可选择固定式喷灌,大田作物可选择移动式喷灌。

(2)喷灌系统布置。主要根据地形、喷灌要求进行布置,管网布置形状有树状管网、环状管网等。

(3)管材和管径的确定。为了经久耐用,防冻胀,应选择抗冻、抗腐蚀精度高的硬聚氯乙稀管材(PVC 管),并做好保温措施。

(4)水泵选择。根据喷灌系统的设计流量和扬程,选择配套的动力。

### 4.3.8 《供配电系统设计规范》

灌排工程及泵站的配电系统设计标准主要是引用《供配电系统设计规范》,主要包括以下几个方面。

(1)高压输电线路。规定高压线路的额定电压、埋杆和导线的规格,以保证高压线输电安全。

(2)低压输电线路。按规范规定了低压输电线路额定电压、埋杆、导线的规格,以保证供电安全。

(3)变压器。与高/低压输电线路相配套的变压器,规定了变压器的规格和型号,变压器负荷能力以及变压器设置要求。

(4)室内配电装置。灌排站由于电动机负荷量大,为保证供电安全需要配置室内配电装置,包括配电盘及安全保护装置的规格和要求。

### 4.3.9 《公路工程技术规范》

土地开发整理工程项目的农村道路均为四级以下道路,在制定农村路桥工程建设标准时,可以参照《公路工程技术规范》中的相关规定。

### 4.3.10 《水土保持综合治理技术规范》

应用该技术规范中对风沙治理、荒地治理工程等方面的有关规定。

《水土保持综合治理技术规范 风沙治理技术》,该《标准》规定了风蚀地区风沙治理各项措施的规划、设计、施工、管理等技术要求,适用于风蚀地区,土地整理项目中,防风固沙也是一个重要的内容,其中一些治理措施要依照本规范来执行。

《水土保持综合治理技术规范 荒地治理技术》,该《标准》规定了在有水土流失的荒地上采取人工造林措施以防治水土流失,并发展林果生产,增加经济收入的规划、设计、施工、管理等技术要求。

### 4.3.11 《造林技术规程》

村间道路侧花草、护坡林、护岸林、树木移植等生态防护工程的造林标准、规格、株间距、树种选择及要求等规定,主要参照引用《技术规程》中的有关规定,并结合西藏自治区的实际情况作适当调整。

## 5  其他需要说明的问题

土地开发整理工程涉及到水利、农业、交通、林业、建筑等方面的工程建设内容,其中任何一项标准都不可能涵盖建设内容的方方面面,当《标准》的规定或要求不能满足工程建设需要时,应根据西藏自治区的土地开发整理工程项目的实际情况总结实践经验或邀请相关专家进行研究,经过论证后选取适宜的工程建设标准,以确保工程质量和工程安全。

# 第二部分 《西藏自治区土地开发整理工程建设标准》标准编制

# 《西藏自治区土地开发整理工程建设标准》条文

## 1 总则

### 1.1 目的

为加强西藏自治区(以下简称自治区)土地开发整理项目全过程管理,提高项目决策的科学化水平,合理确定建设工程类型及等级标准,提高工程项目质量,特制定本标准。

### 1.2 使用范围

本标准包括工程类型区、土地平整工程、灌溉与排水工程、田间道路工程、农田防护工程等内容,适用于自治区以增加耕地面积和提高耕地质量为主要目的的土地开发、整理项目。

### 1.3 基本原则

(1)因地制宜原则。即必须从项目区实际情况出发,合理确定工程类型和建设等级。土地整理工程布局应充分利用原有基础农业设施。

(2)科学性原则。既要坚持在一项标准范围所划定的界限内保证内容的完整性;又要坚持为未来发展提供框架和发展余地。

(3)实用性原则。标准的内容应便于实施,在标准制定过程中,既要坚持引进新技术,又要坚持可实施性原则。

(4)综合整治原则。"田、水、路、林、村"是土地开发整理项目主要工程对象,对不同工程项目标准的制定应体现综合、协调的原则。

### 1.4 引用标准

《水土保持综合治理规划通则》(GB/T 15772—1995);
《水土保持综合治理技术规范 坡耕地治理技术》(GB 16453.1—1996);
《工程测量规范》(GB 50026—93);
《土壤环境质量标准》(GB 15618—1995);
《土地开发整理规划编制规程》(TD/T 1011—2000);
《土地开发整理项目规划设计规范》(TD/T 1012—2000);

《土地开发整理项目验收规程》(TD/T 1013—2000);
《全国中低产田类型划分与改良技术规范》(NY/T 310—1996);
《全国耕地类型区、耕地地力等级划分》(Y/T 309—1996);
《基本农田建设设计规范》(DB35/T 165—2002);
《土地开发整理项目资金管理暂行办法》(国土资发[2000]282号);
《实用土木工程手册》(人民交通出版社,2000);
《公路工程技术标准》(JTG B01—2003);
《土地开发整理标准》(TD/T 1011~1013—2000);
《公路路基设计规范》(JTG D30—2004);
《公路水泥混凝土路面设计规范》(JTG D40—2002);
《水土保持综合治理技术规范 风沙治理技术》(GB/T 16453.5—1996);
《水土保持综合治理技术规范 荒地治理技术》(GB/T 16453.2—1996);
《造林技术规程》(GB/T 15776—2006);
《开发建设项目水土保持方案技术规范》(SL 204—98);
《供配电系统设计规范》;
《防洪标准》;
《渠道防渗工程技术规范》;
《渠系工程抗冻胀设计规范》;
《喷灌与微灌工程技术管理规程》(SL 236—1999);
《灌溉与排水工程设计规范》(GB 50288—99)。

在本标准出版时,所有引用标准版本均为有效,使用引用标准的各方应探讨使用最新版本的可能性。

## 1.5 术语

土地开发整理:是指采取工程措施、生物措施等对农用地、建设废弃地、未利用地进行田、水、路、林、村综合整治,以增加耕地面积,提高耕地质量,改善农村生产、生活条件与生态环境的活动。土地开发整理包括土地开发、土地复垦和土地整理。

土地开发整理工程类型区:是按照土地开发整理建设目标、工程内容、工程组合地域特征一致性原则,划定的体现土地开发整理地域差异和工程组合特征的单元。

土地开发整理工程模式:是为实现土地开发整理目标而确立的与特定工程类型区相适应的工程组合方案。

土地开发整理工程体系:是指土地平整、灌溉与排水、田间道路、农田防护与生态保持等土地开发整理工程类型及工程等级系列的集合。

工程等级:是土地开发整理工程等别和引水建筑物、泵站、灌排渠沟及渠系建筑物工程级别的统称。

耕地质量目标等别:是土地开发整理工程实施后,耕地在近、远期内应达到的土地利用质量等别。

土地平整工程:是指为使田面平整后的土地满足农田灌排及耕作需要而进行的土方挖、填与调配等田块修筑和地力保持措施的总称。

地力保持工程：是指为充分利用原有耕地的熟化土层和建设新增耕地的宜耕土层而采取工程、生物等措施的总称。

灌溉与排水工程：是指为防治旱、涝、渍和盐碱等灾害而采取的调节农田水分状况工程措施的总称。

田间道路工程：是指为满足项目区生产与生活需要而修筑田间道、生产路所采取工程措施的总称。

田间道：是指项目区内连接村庄与村庄、村庄与田块，供农业机械、农用物资和农产品运输通行的道路。

生产路：是指项目区内连接田块与田块、田块与田间道，为田间作业服务的道路。

农田防护与生态环境保持工程：是指为了保护项目区土地利用活动的安全以及防止或减少自然灾害，建立和恢复生态（环境）景观而采取的工程措施。

农田林网工程：是农田防护林、防风固沙林、护路护沟林的统称。

## 2 建设目标

### 2.1 总体建设目标

落实土地利用总体规划和土地开发整理专项规划，以优化土地利用结构、提高土地利用效率、建设高标准基本农田为目标，对田、水、路、林、村进行综合整治，增加有效耕地面积，提高耕地质量，改善农业生产条件和生态环境，提高机械化耕作水平，提高农业综合生产能力，促进社会主义新农村建设。

### 2.2 具体建设目标

通过土地平整和灌溉与排水、田间道路与农田防护等工程建设，达到对田、水、路、林、村综合整治的目的。

土地平整工程应增加耕地数量，提高耕地质量，达到田块规整，田埂平顺，便于农业机械耕作，符合基本农田保护区标准。

灌溉与排水工程应完善灌排体系，满足农田灌排水和节水灌溉的要求。

田间道路工程应与项目区外道路合理衔接，路面平整，满足交通和田间作业的要求。

农田防护和生态保持工程应满足农业生态防护要求，并与周边生态环境相协调，起到防风固沙、保持水土的作用。

农村居民点应相对集中，基本无零散分布。

## 3 建设条件

### 3.1 项目合法性

项目符合土地、水利、农业、林业、交通、环保、建设等法律、法规、规章的有关规定；项目符合土地利用总体规划、土地开发整理规划、基本农田保护规划的要求,并与相关专项规划相协调。

## 3.2 基础设施

具备较完善的蓄水、引水、输水、排水等灌排系统骨干设施;具备较完整的道路系统,能够满足土地开发整理工程建设对外交通的需要;当地农村电网改造基本完成,具备可靠的输、变电等电力设施条件;具备必要的农田防护林网、防洪堤坝、水土保持林(草)等农田防护设施。

## 3.3 自然条件

具有充分的光热资源,并与土地开发整理后的土地利用方向相适应;水文地质、土壤、气候、植被等自然条件能够满足农作物等生长的需要;水资源基本平衡,可供利用的水资源符合农田灌溉等的需水量和水质要求。

## 3.4 其他

社会经济条件:地方政府支持力度大,当地农民群众积极配合,社会公众参与程度高;劳动力资源丰富,物资条件充裕,具备一定的财力条件;土地权属明晰,具备开展土地权属调整的组织和群众基础;土地开发整理总体目标明确,具有一定的新增耕地潜力。

生态环境保护:项目建设以不影响项目区及周边地区生态效应、功能为目标,树立和落实全面、协调、可持续的科学发展观,实现土地资源持续利用的目标。

灾害风险:对项目区可能产生的旱灾、风害、水土流失、土壤盐碱化等问题,应有基本的防范措施。

# 4 工程类型区和工程布局

## 4.1 工程类型区划分依据及方法

### 4.1.1 划分依据

1. 法律和政策依据
(1)《中华人民共和国土地管理法》。
(2)《中华人民共和国土地管理法实施条例》。
(3)《国务院关于深化改革严格土地管理的决定》(国发[2004]28号)。
(4)《中华人民共和国农业法》。
(5)《中华人民共和国水法》。
(6)《中华人民共和国森林法》。
(7)《中华人民共和国环境保护法》。
(8)《中华人民共和国国民经济和社会发展第十一个五年规划纲要》。
(9)《西藏自治区"十一五"时期国民经济和社会发展纲要》。

2. 技术依据

(1)《土地开发整理工程建设标准》编制指南。
(2)《土地开发整理规划编制规程》及条文说明。
(3)《土地开发整理项目规划设计规范》及条文说明。
(4)《土地开发整理项目验收规程》及条文说明。
(5)《国土资源部〈省级土地开发整理规划编制要点〉》。
(6)《土地整理重大工程实施方案编制技术要求》。
(7)《全国土地开发整理规划(2001—2010年)》。
(8)《西藏自治区农牧业发展"十一五"规划》。
(9)《西藏自治区土地资源》。
(10)《西藏自治区土地资源评价》。
(11)《西藏自治区国民经济和社会发展第十个五年计划纲要》。
(12)《西藏统计年鉴2009》。
(13)《西藏自治区林业"十一五"发展规划》。

3. 理论依据

土地开发整理工程类型区划分涉及到的理论包括：区域科学发展观理论、土地可持续利用理论、人地关系协调理论、土地优化配置理论、地域分异规律、生态经济理论等。它是基于自然规律和生产条件的基础上，对土地用途、数量结构、空间布局等进行合理配置，增加耕地面积、提高土地质量及效益、改善生态环境，统筹人与自然和谐发展，兼顾生态效益、经济效益和社会效益，协调好土地资源利用与生态环境保护的有效途径。正是由于土地开发整理工程类型区是地域和类型的结合体，因此，其划分理念和划分依据具有自身的特点。

4.1.2 类型区划分方法

(1)综合分析法。综合分析法是将影响土地开发整理的各种自然、社会、经济、生态等诸多因素均考虑进来，进行综合的分析，在此基础上划分西藏自治区土地开发整理类型区。

(2)文献资料法。文献资料法是通过查阅文献资料了解、证明所要研究对象的方法。本专题中主要指收集、鉴别、整理、提炼与土地开发整理类型区划分的相关成果，并通过对诸多成果的研究，确定符合西藏自治区土地开发整理工程实际的类型区。

(3)模糊聚类法。模糊聚类法是根据影响土地开发整理以及土地开发整理工程设计的因素，建立指标体系，收集相关数据，运用模糊聚类方法得到初步分区成果，然后经过修订总结，得到西藏自治区土地开发整理以及一级类型区和二级类型区划分方案，并在此基础上，给出二级类型区的工程模式及其特征表(表1-7)。

(4)经验判断法。经验判断法是一种定性分析和定量分析相结合的判断方法，是根据土地开发整理行业专家的经验判断矫正类型区分区结果合理性的一种方法。

## 4.2 工程类型区

4.2.1 一级工程类型区

西藏自治区分四个一级工程类型区：藏东高山峡谷区、藏南高原河谷区、藏西高山宽谷区、藏北高原湖盆区。

### 4.2.2 二级工程类型区(工程模式)

根据工程特征的不同,西藏自治区分六个工程模式:高山平原工程模式、峡谷丘陵工程模式、河谷平原工程模式、河谷丘陵工程模式、高原丘陵工程模式、湖盆平原工程模式。

# 5 土地平整工程建设标准

## 5.1 一般规定

土地平整工程应达到保水、保土、保肥,保证农作物生产。通过土地平整工程要达到田块规整,便于耕作,形成标准化的条田。土地平整工程应与灌排水、道路、防护林等基础设施相协调。

## 5.2 耕作田块修筑工程

耕作田块主要分为两类:一类是条田;另一类是梯田,为此分别规定了条田和梯田修筑的具体规定。

### 5.2.1 条田

条田的方向力争长边光照时间最长,有利于作物的光合作用,有利于减少和防止风害而定。

条田的田块形状、规模、长度、宽度主要考虑在可能的情况下,宜大、宜规整,有利于机耕和耕作。

条田平整后的田面高程、平整度则必须有利于农田灌溉、排水和高于常年洪涝水位的要求。对种植水稻的条田田块,由于采取淹灌法灌溉,标准要求田面平整度达到相对高差不超过±3cm;种植旱地作物耕地田面高差控制在5~10cm以内。

条田田埂应用土或石料建筑,材料必须使用当地材料,就近采取。

### 5.2.2 梯田

(1)梯田分类。梯田一般修建在25°以下的坡耕地上。按修筑梯田的断面形式梯田分类可分为水平梯田、坡式梯田、隔坡梯田。

(2)梯田布局。梯田布局结合山丘区地形,以沟渠、道路为边界,沿等高线因地制宜布置。

(3)田面宽度。梯田田面宽根据地形、土质、当地暴雨强度决定。田面宽度和地面坡度呈反比关系,地面坡度越大,则田面越窄。一般梯田田面宽虽然规定了5.0~10.0m,有些地面坡度太陡的山区,具体宽度可以视现场情况变化确定。

(4)田面平整度。梯田田面上的局部起伏高差应在10cm以内,田面纵向保留1/500~1/150的比降,这是梯田要满足灌溉、排水的基本要求。

(5)梯田田坎。梯田(地)建设要求埂坎安全稳定,占地少,用工省,埂坎材料就地取材。

## 5.3 耕作层地力保持工程

(1) 土壤改良分化学、物理改良两类。土地开发整理工程主要采用物理改良。
(2) 耕作层土壤厚度达不到规范规定的厚度,应进行客土回填。
(3) 平整后土壤状况对耕作有限制性影响时,应剥离表层熟土,完成平整后进行表土回填。
(4) 水浇地和旱地应保证20~25cm的熟土层,如果平整覆土前土壤粗砂、砾石含量较高,土体含有障碍层时,则耕作层宜为25~30cm。耕作层质地以砂壤至壤土为佳,基本无大的砾石,表土疏松,土壤通气性好,心土密实,保墒保肥。

# 6 灌溉与排水工程

## 6.1 一般规定

灌溉与排水工程应保证适时适量提供作物不同生长发育阶段需要的水量,防治干旱和盐碱灾害对作物生长发育的影响。灌溉与排水工程包括水源工程、输配水工程、喷微灌工程、排水工程和渠系建筑物工程等。

## 6.2 水源工程

### 6.2.1 小型拦河坝

(1) 小型拦河坝是有坝引水的重要建筑物,用于抬高水源水位以满足灌溉引水要求。
(2) 小型拦河坝应布置于河道较窄、地质条件较好的河段。
(3) 小型拦河坝一般由溢流坝段和非溢流坝段组成。若河面狭窄、河势较陡,可以将整个坝段建筑成溢流坝。土地整理工程中的河道拦河坝一般修成顶面溢流的坝形式,坝高不超过3m。
(4) 溢流坝段的坝顶高程应满足枯水期灌溉引水流量的要求,宽度必须满足泄洪要求。
(5) 非溢流坝段宜采用土石坝,溢流坝段宜采用混凝土或浆砌石坝。其建设标准将按照《灌溉与排水工程设计规范》(GB 50288—99)执行。
(6) 拦水坝的建设应保证坝上游堤防安全,必要时应对上游堤岸进行防洪加固。

### 6.2.2 机井

**1. 规划布置**

(1) 机井规划应在地下水开发利用总体规划的基础上进行,并兼顾流域与行政区域之间的关系,统筹考虑规划区内国民经济近期和远景发展的需要。
(2) 应优先开采浅层地下水,严格控制开采深层地下水。
(3) 在长期超采引起地下水位持续下降的地区,应限量开采;对已造成严重不良后果的地区,应停止开采。
(4) 在规划区内应避免污染地下水,保护生态环境。

(5)灌溉用水应符合《农田灌溉水质标准》(GB 5084—92),生活用水应符合《生活饮用水水质标准》(GB 5749—85),实行优质优用。

(6)地下水监测站网的布设,应参照《地下水监测规范》(SL/T 183—96)进行。

(7)农业供水机井规划应包括井灌区规划,井灌区改建规划及井渠结合灌区规划。

2. 工程建设

机井建设应根据水文地质条件和地下水资源可利用情况进行设计,并进行技术经济比较。机井建设应计算机井最大可能出水量、最大可能水位降落值、单井群井影响半径、机井数量及井距。

(1)机井建设应根据机井规划、建井用途、需水量、水质要求和水文地质条件进行。

(2)根据国务院颁布的《取水许可制度实施办法》,应经水行政主管部门审批建井方案,进行机井建设。

(3)滤水结构应满足下列要求:①有足够的强度;②有足够的进水面积;③有效防止涌砂;④避免堵塞防止腐蚀。

3. 机井出水量

(1)机井出水量与降深,应采用抽水试验资料确定。

(2)资料不足时,可采用探采结合井的实测资料或根据附近同类条件的机井资料确定;也可选用经验公式或理论公式计算。

(3)管井、大口井、辐射井等的建设按《机井技术规范》(SL 256—2000)进行建设。

4. 附属配套工程

机井工程应包括机井、水泵、动力机输变电设备、井台、井房等。

### 6.2.3 蓄水池

(1)蓄水池指喷灌、微灌等灌溉系统中的蓄水设施。其作用主要表现在对灌溉系统的水量、水压进行调节。

(2)蓄水池的容积应满足灌溉水量的要求,蓄水池的面积及池深应满足蓄水量的要求,同时应综合考虑地形、地质条件和灌溉取水的要求。

(3)蓄水池的边墙应高于蓄水池最高水位0.3~0.5m,边墙宜采用重力式砌体结构。

(4)对于渗透性较强的地基上建筑的蓄水池,池底应作防渗处理,宜采用黏土、土工膜或混凝土防渗。

## 6.3 输水工程

### 6.3.1 渠道

1. 渠系布置

(1)渠道布置必须与排水沟布置相协调,根据地形条件,末级灌溉渠道和排水沟道采用相邻布置或相间布置。

(2)根据土地开发整理工程的建设规模,项目区内宜布置2~3级固定渠道(以斗、农两级渠道为主,因布置需要增加支渠一级的,支渠规模不应大于2m³/s)。各级渠道宜相互垂直布置。

(3)渠道应布置在其控制范围内地势较高地带。渠道的布置应尽量满足自流灌溉要求,局部高地可提水灌溉。

(4)渠线宜短而直,应避免深挖、高填或穿越村庄。

(5)在渠系布置时,应尽量利用原有的渠道。

2. 渠道长度

各级渠道的长度宜与相应级别排水沟的长度对应一致。平原区末级固定渠道长度宜在400~600m之间,末级固定渠道作防渗处理,渠道长度可适当增加。斗渠长度宜为1000~3000m。河谷冲积平原区、低山丘陵区,斗渠、农渠的长度可适当缩小。

各级渠道控制面积、长度、间距按表5-1确定。

表5-1 灌溉渠道(排水沟道)控制面积、长度、间距表

| 项目名称 | 控制面积（hm²） | 长度（m） | 间距（m） |
| --- | --- | --- | --- |
| 干渠(沟) | 600~1000 | 5000~10 000 | 3000~5000 |
| 支渠(沟) | 200~600 | 3000~5000 | 1000~3000 |
| 斗渠(沟) | 50~200 | 1000~3000 | 400~1000 |
| 农渠(沟) | 4~30 | 400~1000 | 100~300 |

3. 渠道间距

斗渠的间距应与农渠的长度相对应,宜为400~600m;农渠间距应与农沟间距相一致。

4. 渠道工作制度

(1)项目区布置三级固定渠道时,支渠宜采用续灌方式,斗渠、农渠宜采用轮灌方式。

(2)项目区布置两级固定渠道时,若斗渠直接从水源取水,应采用续灌方式,农渠可采用轮灌方式;若斗渠从项目区附近大中型灌区的渠道取水,应根据取水渠道的运行要求确定工作方式。

5. 相关控制指标

(1)防渗处理的各级渠道,其渠道水利用率应根据《灌溉与排水工程设计规范》(GB 50288—99)和《渠道防渗工程技术规范》(SL 18—2004)中提供的防渗前渠道渗漏损失流量计算方法进行估算,并根据当地经验加以确定;对于大于2000hm²的支、斗、农三级渠道灌溉水利用系数设计值不应低于0.65,对于小于600hm²的斗、农两级渠道灌溉水利用系数设计值不应低于0.75。管道输水系统的水利用率要达到97%以上。

(2)田间水利用系数不低于0.90。

(3)轮灌渠道不考虑加大流量,续灌渠道加大流量的加大百分数,可按表5-2采用,湿润地区可取小值,干旱地区可取大值。由泵站供水的续灌渠道加大流量应为包括备用机组在内的全部装机流量。

表5-2 续灌渠道加大流量的加大百分数

| 设计流(m³/s) | >2 | 2~1.5 | 1.5~1.0 | 1.0~0.5 | 0.5~0.3 | 0.3~0.1 | <0.1 |
| --- | --- | --- | --- | --- | --- | --- | --- |
| 加大百分数(%) | <10 | 10~15 | 15~20 | 20~25 | 25~30 | 30~35 | 35 |

(4)续灌渠道的最小流量不宜小于设计流量的40%,相应的最小水深不宜小于设计水深的70%。

6. 渠道防渗与防冻

(1)输水渠道均应采取防渗措施,在土壤透水性强的地区,渠道应特别重视防渗措施。

(2)渠道防渗结构宜根据当地材料状况,采用浆砌石结构、混凝土结构或土工膜加保护层结构(表5-3)。

表5-3 渠道防渗衬砌适宜厚度

| 渠道防渗衬砌结构类型 | | 适宜厚度(cm) |
|---|---|---|
| 砌石 | 干砌卵石(挂淤) | 20~35 |
| | 浆砌块石 | 20~40 |
| | 浆砌料石 | 15~25 |
| | 浆砌石板 | >3 |
| 埋铺式膜料<br>(土料保护层) | 塑料薄膜 | 0.018~0.05 |
| | 膜料下垫层(黏土、沙、灰土) | 3~5 |
| | 膜料上土料保护层(夯实) | 40~70 |
| 混凝土 | 现场浇筑(未配置钢筋) | 6~12 |
| | 预制铺砌 | 6~10 |
| | 喷射法施工 | 4~8 |

(3)当渠道防渗工程环境同时具备渠床土中粒径小于0.05mm的土粒含量按重量比大于总土重的6%、当地标准冻深大于0.1m和冻结初期土的含水量大于0.9倍塑限含水量(或地下水位至渠底的埋深小于土的毛管水上升高度加设计冻深)三个条件时,应进行防冻胀设计。

(4)渠道防冻胀措施可采取设置非冻胀性土的置换或苯板保温层,宜优先采用和研究当地可利用的非冻胀性土料,当非冻胀性土料的运距超过20km时可考虑采用苯板方案,并与其他非冻胀性土料进行经济性比较后,综合确定防冻胀措施。

7. 渠道断面设计

(1)渠道纵断面应根据渠道沿线地形、地质条件,设计流量和含沙量等因素,通过计算分析确定,土质渠道最小流速不宜小于0.3m/s、不宜大于0.9m/s,混凝土板防渗渠道最小流速不宜小于0.5m/s,不宜大于3.0m/s,冬、春季节运行的渠道,设计平均流速控制应大于1.5m/s。

(2)各级渠道进口的设计水位,应从水源引水高程自上而下和从灌区控制点高程自下而上逐级推求,以田间灌水所需水头为渠道末点计算高程,末级渠道(农渠)放水口的水位高出平整后田面进水端应在0.2m左右,所有渠道水头应满足沿线各分水口分水高程的需要,并计入沿程水头损失和各种建筑物的局部水头损失,反复调整确定。

(3)渠道横断面应根据设计流量大小,沿线地形、地质条件、地下水位、边坡稳定、防渗和防冻胀的需要等因素,根据《灌溉与排水工程设计规范》(GB 50288—99)和《渠道防渗工程技术规范》(SL 18—2004)中提供的方法及原则进行设计。老渠改建工程宜按宽浅式断面设计,新建渠道按接近水力最佳断面进行设计。支、斗渠防渗渠道断面形式常用"U"形和梯形,农渠常用梯形。"U"形渠道横断面设计除按有关规定设计外,还应根据当地"U"形渠道制作设备定型模具进行综合考虑。

(4)防渗衬砌结构的允许最大渗漏量、适用条件、使用年限可按表5-4确定。

表5-4 渠道防渗结构的允许最大渗漏量及适用条件

| 防渗衬砌结构类别 | | 主要原材料 | 允许最大渗漏量 $[m^3/(m^2 \cdot d)]$ | 使用年限(a) | 适用条件 |
|---|---|---|---|---|---|
| 石料 | 干砌卵石(挂淤) | 卵石、块石、料石、石板、水泥、砂等 | 0.20~0.40 | 25~40 | 抗冻、抗冲、抗磨和耐久性好,施工简便,但防渗效果一般不易保证。可用于石料来源丰富;有抗冻、抗冲耐磨要求的渠道衬砌 |
| | 浆砌块石浆砌卵石浆砌料石浆砌石板 | | 0.09~0.25 | | |
| 埋铺式膜料 | 土料保护层刚性保护层 | 膜料、土料、砂、石、水泥等 | 0.04~0.08 | 20~30 | 防渗效果好,重量轻,运输量小,当采用土料保护层时,造价较低,但占地多,允许流速小。可用于中、小型渠道衬砌;采用刚性保护层时,造价较高,可用于各级渠道衬砌 |
| 混凝土 | 现场浇筑 | 砂、石、水泥、速凝剂等 | 0.04~0.14 | 30~50 | 防渗效果、抗冲性和耐久性好。可用于各类地区和各种运用条件下的各级渠道衬砌;喷射法施工宜用于岩基、风化岩基以及深挖方或高填方渠道衬砌 |
| | 预制铺砌 | | 0.06~0.17 | 20~30 | |
| | 喷射法施工 | | 0.05~0.16 | 25~35 | |

(5)防渗渠道在边坡防渗结构顶部应设置水平封顶板,其宽度宜为15~20cm,厚度6~10cm。

(6)现浇混凝土防渗渠每隔3~5m应设置横向伸缩缝,每隔3~5m应设置纵向伸缩缝;预制混凝土防渗渠道每隔6~8m应设置横向伸缩缝,每隔4~8m应设置纵向伸缩缝,缝宽2~3cm,缝内嵌填柔性止水材料。浆砌石防渗渠道的砌筑缝宜用水泥砂浆或细粒混凝土勾缝,勾缝材料的强度应按有关规定确定。

6.3.2 管道

1. 一般规定

(1)管道水利用系数不应小于0.97。

(2)根据土地开发整理工程规模采用管道灌溉,灌溉水利用系数应不低于表5-5所列数值。

表5-5 灌溉水利用系数

| 工程等别 | Ⅰ | Ⅱ | Ⅲ |
|---|---|---|---|
| 工程规模 | 大型 | 中型 | 小型 |
| 灌溉水利用系数 | 0.75 | 0.78 | 0.85 |

2. 适用范围

低压管道灌溉适宜在井灌区或小流量的渠灌旱作区采用。

3. 管道布局

(1)井灌区宜在单井控制范围内布置独立的管道输水系统；渠灌区应根据作物布局、地形条件、地块形状等分区布置。

(2)管道级数：当系统流量小于 $30m^3/h$ 时，可采用一级固定管道；系统流量在 $30\sim60m^3/h$ 时，可采用干管输水、支管配水两级固定管道；系统流量大于 $60m^3/h$ 时，可采用两级或多级固定管道。对于渗透性强的沙质土地区，末级还应增设地面移动管。

(3)管道系统应尽量沿田间道路和田块边界布置，以利于管理。

(4)管网布置应力求管道总长度最短、管道短而直，减少拐弯、起伏和折点，尽量避免逆坡布置。

(5)平原区各级管道应布置在各自控制区域中间，双向供水。丘陵区干管宜沿高地、平行于等高线布置。最末一级固定管道的走向应与作物种植方向一致，移动软管宜垂直于作物种植行。

(6)干、支两级固定管道在灌区内的长度宜在 $90\sim150m/hm^2$；支管间距宜采用 $50\sim150m$。各用水单位应设置独立的配水口，单口灌溉面积宜在 $0.25\sim0.6hm^2$，给水栓间距宜为 $50\sim100m$。

(7)地形复杂处管道中心线铺设最大纵坡不宜大于 $1:1.5$。管道应布置在坚实的地基上，避开填方区和可能产生滑坡或受山洪威胁的地带。

(8)固定管道应埋在地下，埋深应不小于 $60cm$，并应在冻土层以下。

4. 管材

输水管道宜采用硬质塑料管，其性能指标及检测应符合相应标准的规定。

5. 附属设备

低压管道输水的管道系统中，根据运行的实际需要，应配置分水、给水、泄水、安全保护、量水等设备。

6. 低压管道工程

低压管道工程设计应按《低压管道输水灌溉工程技术规范(井灌区部分)》(SL/T 153—95)中规定执行。

### 6.3.3 地面灌溉

1. 灌水沟畦与格田

(1)灌水沟畦要素宜通过分区专门试验或采用试验与理论计算相结合的方法确定，也可根据当地或邻近地区的实践经验确定。

(2)旱作灌水沟的长度、比降和入沟流量可按表 5-6 确定。灌水沟间距应与采取的沟灌作物行距一致。

(3)旱作灌水畦长度、比降和单宽流量可按表 5-7 确定，畦田不应有横坡，宽度应为农业机具宽度的整倍数，且不宜大于 $4m$。

(4)采用长畦分段灌、间歇灌或水平畦灌时，灌水沟畦要素应通过试验或采用试验与理论计算相结合的方法确定。

表 5-6 灌水沟要素

| 土壤透水性(m/h) | 沟长(m) | 沟底比降 | 入沟流量(L/s) |
| --- | --- | --- | --- |
| 强(>0.15) | 50~100 | >1/200 | 0.7~1.0 |
| | 40~60 | 1/200~1/500 | 0.7~1.0 |
| | 30~40 | <1/500 | 1.0~1.5 |
| 中(0.10~0.15) | 70~100 | >1/200 | 0.4~0.5 |
| | 60~90 | 1/200~1/500 | 0.6~0.8 |
| | 40~80 | <1/500 | 0.6~1.0 |
| 弱(<0.10) | 90~150 | >1/200 | 0.2~0.4 |
| | 80~100 | 1/200~1/500 | 0.3~0.5 |
| | 60~80 | <1/500 | 0.4~0.6 |

表 5-7 灌水畦要素

| 土壤透水性(m/h) | 畦长(m) | 畦田比降 | 单宽流量(L/s) |
| --- | --- | --- | --- |
| 强(>0.15) | 60~100 | >1/200 | 3~6 |
| | 50~70 | 1/200~1/500 | 5~6 |
| | 40~60 | <1/500 | 5~8 |
| 中(0.10~0.15) | 80~120 | >1/200 | 3~5 |
| | 70~100 | 1/200~1/500 | 3~6 |
| | 50~70 | <1/500 | 4~7 |
| 弱(<0.10) | 100~150 | >1/200 | 3~4 |
| | 80~100 | 1/200~1/500 | 3~4 |
| | 70~90 | <1/500 | 4~5 |

(5)采用试验或试验与理论计算相结合的方法评定沟畦田间水利用系数、灌水供需比灌水均匀系数。田间水利用系数应达到 0.90 以上。

(6)平原水稻区格田的长度宜取 60~120m,宽度宜取 20~40m。

(7)平原旱作灌区宜以末级固定渠道控制范围作为土地平整的基本单元;土地平整精度应符合灌水沟畦对坡度的要求,格田田面高差应小于±3cm。

(8)地形复杂和平整地块面积较大时,宜采用方格网法进行土地平整设计;地形极为复杂、高低悬殊较大时,宜对多个土地平整基本单元进行统一设计。

2. 灌水沟与排水沟

(1)平原地区斗渠、斗沟以下各级渠沟宜相互垂直,并应与农机具宽度相适应。

(2)末级固定渠道与排水沟(农沟)可根据地形条件采用平行相间布置或平行相邻布置。地形复杂地区可因地制宜布设。

(3)旱作区临时渠道与排水沟可采用纵向或横向布置。灌水沟畦坡度小于 1/400 时,宜选用横向布置;大于 1/400 时,宜选用纵向布置。

(4)水稻区的格田长边宜沿等高线布置。每块格田均应在渠沟上设置进排水口。如受地形条件限制必须布置串灌串排格田时,其串联数量不得超过三块。

(5)斗渠宜防渗衬砌。渠道上配水、灌水、量水和交通等建筑物,以及斗沟、农沟上的交通和控制建筑物，应配备齐全。

## 6.4 喷微灌工程

### 6.4.1 喷灌

(1)喷灌工程适用于经济条件较好或水资源较缺乏地区对经济价值较高作物的灌溉,对气象因素的基本要求为大风天数少、灌溉期风力小,年降雨量在200mm以上的半干旱地区。

(2)喷灌系统由水源、首部枢纽、管网及喷头组成。

(3)取水泵站应满足输水管路及喷头对压力和流量的要求,首部枢纽应设置水量和压力量测设备;应将水量、压力量测设备、安全保护和两侧控制设备等集中安装。

(4)喷灌管网一般应由干管和支管二级管道组成。项目区面积大的可增设分干管。在地形坡度较大的山丘地区,干管沿主坡方向布置,支管沿等高线布置;在起伏不平的地形上,支管不能沿等高线布置时,应尽量使干管位于高处;平坦地区支管应尽量布置成与作物及耕作方向一致。在不规则地形布置干管时,应力求支管长度一致,规格统一。支管应尽可能垂直主风向布置。

(5)管线的纵剖面应力求平顺,减少折点;管道埋深应当大于冻土层深度。

(6)喷灌管网系统中应合理设置安全阀、空气阀等管道附属设施。

(7)喷头应满足地形、土壤对喷灌强度和作物对喷洒均匀度及雾化程度的要求。

(8)喷灌工程设计应按《喷灌工程技术规范》(GBJ 85—85)中的规定执行。

(9)喷灌工程管理应按《喷灌工程技术管理规程》(SD 148—85)中的规定执行。

### 6.4.2 微灌

(1)微灌工程适用于经济条件较好或水资源较缺乏地区对经济价值较高作物的灌溉。

(2)微灌系统包括水源、首部枢纽、管网和灌水器。

(3)微灌系统以蓄水池为水源时应考虑沉淀要求;从河道或渠道中取水时取水口处应设置拦污栅和集水池。

(4)微灌系统首部枢纽应将加压、过滤、施肥、安全保护和两侧控制设备等集中安装。

(5)微灌工程管道系统布置。①微灌管网一般由干管、支管和毛管三级管道组成。项目区面积大的可增设分干管,面积小的也可只设支、毛管两级。②平原类型区,包括冲积缓斜平原区、盐化平原区、脱盐平原区、高沙平原区、河谷冲积平原区,干、支管应尽量双向控制,两侧布置下级管道,毛管与作物种植方向一致。③低山丘陵区,干管宜沿山脊或在较高位置平行于等高线布置,支管垂直于等高线布置,毛管平行于等高线并沿支管两侧对称布置。④移动式管道应根据作物种植方向、机耕等要求铺设,不宜横穿道路。⑤支管以上各级管道的首端宜设控制阀,地埋管道的阀门处应设阀门井。在管道起伏的高处、顺坡管道上端阀门的下游、逆止阀的上游均应设进排气阀。在干、支管的末端应设冲洗排水阀。⑥在直径大于50mm的管道末端、变坡、转弯、分岔和阀门处应设固定墩,当坡度大于20%或管径大于65mm时,宜每隔一定距离应增设固定墩。⑦固定式塑料管道相邻固定端之间、每隔30～60m间距宜设伸缩节。⑧管道埋深应在冻土层以下,并满足地面荷载和机耕要求。干、支管埋深应不小于50cm。并应大于当地最大冻土深。

(6)灌水器应选择出水均匀、稳定,抗堵塞性能好,制造精度高,价格低廉,便于安装的紊流式灌水器。

(7)微灌工程设计应按《微灌工程技术规范》(SL 103—95)中的规定执行。

## 6.5 排水工程

### 6.5.1 明沟排水

(1)明沟排水系统的设置应与灌溉渠道系统相对应,可依干沟、支沟、斗沟、农沟顺序设置固定沟道。根据排水区的形状和面积大小以及负担的任务,沟道的级数也可适当增减。各级渠道控制面积、长度、间距按表5-1确定。

(2)明沟排水系统的布置应符合相关规范要求(见条文说明)。

(3)末级固定排水沟的设计应符合下列规定。

末级固定排水沟的深度和间距,应根据当地机耕作业、农作物对地下水位的要求和自然经济条件,按排水标准设计并经综合分析确定。

用于防治土壤盐碱化的末级固定排水沟深度和间距,宜通过田间试验确定,也可按公式进行计算,并经综合分析确定。无试验资料时可按表5-8确定。

表5-8 末级固定排水沟深度和间距

| 末级固定排水沟深度(m) | 排水沟间距(m) | | |
|---|---|---|---|
| | 黏土、重壤土 | 中壤土 | 轻壤土、砂壤土 |
| 0.8~1.3 | 15~30 | 30~50 | 50~70 |
| 1.3~1.5 | 30~50 | 50~70 | 70~100 |
| 1.5~1.8 | 50~70 | 70~100 | 100~150 |
| 1.8~2.3 | 70~100 | 100~150 | |

(4)排水沟设计。排水沟设计,流速和边坡非常关键,流速过大,排水沟面宜被冲刷,边坡过陡,排沟容易塌方。应根据排沟沿线的土壤及地形条件确定排沟的纵坡及边坡,并结合当地的实际情况确定糙率,具体要求详见表5-9、表5-10。

表5-9 不同土壤类别的排沟边坡系数

| 土壤类型 | 边坡系数 $M$ |
|---|---|
| 粉砂土 | ≥2.0 |
| 粉砂壤土 | ≥2.0 |
| 中壤土 | 1.5~1.75 |
| 重壤土和黏土 | 1.0~1.5 |
| 上砂下黏 | $M$上 2.0~3.0;$M$下 1.5 |
| 上黏下砂 | $M$上 1.0;$M$下 2.0~3.0 |

表 5-10  不同类型排沟糙率

| 新挖排沟 | 易长草 |
|---|---|
| $n=0.02\sim0.03$ | $n=0.03\sim0.035$ |

### 6.5.2  暗管排水

(1)田间暗管排水工程一般由吸水管、集水管(沟)附属建筑物和排水出路组成。应符合如下要求:吸水管应具有良好的吸聚地下水流和输水能力。

集水管(沟)应能及时汇集并排泄吸水管的来水。暗管排水工程应视其具体情况,设置检查井、暗管口门和集水井等附属建筑物。

田间暗管排水工程的排水出路通常为明沟系统,应保证其排水通畅和沟道稳定。

(2)暗管排水系统的组成、分级与管道的类型、规格等,应根据排水规模、排水要求、地形、土质、管材、滤料和施工条件等因素,经技术、经济比较确定。

(3)暗管排水工程的布置应符合下列规定。

平原区暗管的平面布设:地形平坦地区宜采用吸水管布设在集水管(沟)两侧呈正交或锐角斜交的形式,在缓坡地区利用灌排相邻的排水沟为集水沟时,宜采用吸水管布设在集水沟一侧呈正交或锐角斜交的形式。吸水管宜采用等间距15~25m布设,并与地下水流向垂直或呈较大夹角。在水田或水旱轮作区,一条吸水管宜布设在同一田块内,当相邻田块的高程相近和种植作物相同时可串田布设。

丘陵区暗管的平面布设:冲垅田内的吸水管宜大体上沿地形等高线、等间距10~20m布设,集水沟应视地形条件可在农田中部或环田布设。

检查井一般应设置在管道交接处、管路转角和比降突变处,以及穿越沟、渠、路的两侧或下游一侧。当管道较长时,每隔200~300m也应设置一个检查井。暗管排水治理区无自流排水条件时,应视工程具体情况,采取集中或分片抽排。

### 6.5.3  竖井排水

竖井排水工程也叫竖井排灌工程,主要用于灌区地下水位高,但地下水矿化度低,满足农田水质标准的地区。竖井排灌指采取机井提取地下水,降低地下水位,提取的地下水作为灌溉水补充灌溉。

## 6.6  渠系建筑物工程

### 6.6.1  一般规定

(1)灌排建筑物的位置应根据工程规模、作用、运行特点和灌区总体布置的要求,选择地形条件适宜和地质条件良好的地点。

(2)灌排建筑物的布置应满足灌排系统水位、流量、泥沙处理、施工、运行、管理的要求和适应交通及群众生产、生活的需要,并宜采用联合建筑的形式。

(3)灌排建筑物的结构形式应根据工程特点、作用和运行要求,结合建筑材料来源和施工条件等因地制宜选定。

6.6.2 水闸

(1)渠系上的水闸按其所承担的任务不同,可分为节制闸、进水闸、分水闸和退水闸等类型。不同类型水闸应按下列原则进行布置。①具有控制上游渠道水位、调节下泄流量或截断渠道水流的功能。在灌溉渠道轮灌组分界处或渠道断面变化较大的地点应设节制闸,在分水闸的下游可根据需要设置节制闸。②从水源引水进入渠道时,应设置进水闸控制入渠流量。③设在分水渠道的进口处,调配和控制引进流量。分水闸均应设闸门,进水困难时应在被分水渠道上增设节制闸。④在位置重要的斗渠末端应设退水闸,以保证渠道的安全。

(2)水闸一般由上游连接段、闸室段和下游连接段三部分组成。

(3)上、下游连接段应能引导水流平顺进、出闸室,保护渠道不受冲刷破坏。翼墙平面布置可采用反翼墙、一字墙、八字墙或斜降翼墙等形式,断面宜采用重力式浆砌石挡土墙。护坡、护底可采用浆砌块石和干砌块石结构,厚度宜为30~50cm,也可采用预制和现浇混凝土结构。

(4)闸室结构可根据泄流特点和运行要求,选用开敞式或涵洞式。闸室段长度应能满足上部结构合理布置的要求。底板一般采用钢筋混凝土平底板,闸墩可采用钢筋混凝土或浆砌石结构。工作闸门宜采用铸铁门或平面钢闸门,启闭机宜采用固定式手动或手电两动螺杆启闭机。

(5)水闸的地下轮廓布置应满足闸室稳定和闸基防渗要求。防渗铺盖可采用黏土、壤土或钢筋混凝土材料。黏土或壤土铺盖的厚度必须满足土料的允许水力坡降要求。

(6)水闸宜采用底流式消能。护坦可采用浆砌块石或钢筋混凝土结构,其厚度应满足抗冲和抗浮要求。海漫可采用干砌块石和浆砌块石结构,厚度宜为30~50cm。

6.6.3 渡槽

(1)渠道跨越洼地、道路或其他沟渠,当采用涵洞不适宜时,可选用渡槽。

(2)渡槽轴线宜短而直,进、出口应与上、下游渠道平顺连接。

(3)渡槽的结构形式可采用梁式或拱式,支承结构可根据地形、地质、跨度、高度、当地材料和施工条件等,选用排架式、墩式或拱式。

(4)渡槽槽身横断面一般采用矩形、"U"形或圆形,可采用混凝土、钢筋混凝土或砖砌结构。

(5)渡槽的基础可根据地质条件、上部荷载、水流冲刷影响等情况,选用刚性基础、柔性基础或桩基础。

(6)渡槽槽下净空应符合相关部门的行业标准关于建筑限界的规定。

6.6.4 倒虹吸

(1)渠道穿越洼地、道路或其他沟渠,当采用渡槽和涵洞不适宜时,可选用倒虹吸。

(2)倒虹吸轴线在平面上投影宜为直线,并宜与所交叉道路或沟渠中心线正交。

(3)倒虹吸进、出口布置应满足水力条件良好、运行可靠以及稳定、防渗、防冲、防淤等要求。

(4)当高差较小时,倒虹吸的布置形式可采用竖井式或斜管式。①当渠道穿过道路且流量不大、压力水头小于3~5m时,可采用竖井式。②当地形变化不大,坡度不超过45°,高差小,且管轴线又较短时,可采用斜管式。

(5)倒虹吸管身宜优先采用圆形断面。管身材料可根据流量、水头、建筑材料及施工等条件,选用混凝土管、钢筋混凝土管、钢管或硬质塑料管。

### 6.6.5 农桥

(1)农桥的设置应根据田间道和生产路的通行要求,灌排渠、沟布局及水闸的位置,按照一物多用、交叉建筑物尽可能集中设置的原则综合考虑。

(2)桥梁与路基同宽,桥下净空应根据设计水位确定,且不小于表5-11所列数值。

表 5-11 桥下净空最小值

| 桥梁的部位 | 高出计算水位(m) |
| --- | --- |
| 梁底 | 0.5 |
| 支撑垫石顶面 | 0.25 |
| 拱脚 | 0.25 |

注:无铰拱的拱脚可被设计洪水淹没,但不宜超过拱圈高度的2/3,且拱顶底面到计算水位的净高不得小于1.0m。

### 6.6.6 涵洞

(1)涵洞应按照水流顺畅、不产生淤积和冲刷、运用安全可靠、适应地形地质条件等原则进行布置。轴线宜短而直,并宜与所交叉道路或沟渠中心线正交。

(2)涵洞由进口、洞身、出口三部分组成,一般不设闸门。

(3)涵洞进、出口应以圆锥形护坡、扭曲面护坡、八字墙等与上下游渠道平顺连接,出口流速过大时应有消能防冲设施。

(4)无压涵洞横断面宜采用拱形,有压涵洞横断面可采用圆形或矩形。

(5)涵洞可根据水头、填土厚度、建筑材料及施工条件等,选用混凝土或钢筋混凝土管涵、钢筋混凝土盖板涵、箱涵或混凝土、砌石拱涵。

### 6.6.7 跌水与陡坡

(1)跌水和陡坡的形式应根据跌差和地形、地质等条件确定。跌差不大于3m时,宜优先采用跌水;跌差大于3m时,宜采用陡坡或多级跌水。

(2)跌水和陡坡应满足渠道的输水泄流能力,与之连接的上、下游渠道有良好的水力条件,同时应采取有效的消能防冲和防渗措施。

(3)跌水和陡坡应采用砌石、混凝土等抗冲耐磨材料建造。

(4)跌口形式可采用矩形或梯形。渠道流量变化很小或必须设闸门控制时,可采用矩形跌口;渠道流量变化较大或变化较频繁时宜采用梯形跌口。跌水墙宜采用重力式挡土墙。跌水消力池横断面可采用矩形、梯形或复合形。

(5)陡槽轴线宜为直线,纵坡可取1:2.5~1:5。槽身横断面宜采用矩形,边墙较高时可采用梯形,梯形横断面边坡坡度应陡于1:1。消力池可采用等底宽式或逐渐扩散的变底宽式,横断面可采用矩形、梯形或折线形。

6.6.8　量水设施

(1)在灌溉渠道的引水、分水和放水口处应根据需要设置量水设施,并宜与灌排建筑物结合布置。

(2)量水设施应布置在渠床稳定,具有规则的横断面,沿渠道的宽度、深度和底坡相同的缓坡渠段上,且在壅水变动影响范围以外。

(3)量水设施与设备的选择、安装,要科学合理,经济适用,并易于操作和管理。适宜采用渠系建筑物量水、量水槽量水或定型的专用量水设备。

## 6.7　泵站及输配电工程

### 6.7.1　泵站

1. 泵站站址

泵站站址应地形开阔、地质条件好。灌溉泵站站址应有利于控制提水灌溉范围,输水管、渠系布置经济,且与灌渠的布置相适应。

2. 总体布置

(1)泵站由进水建筑物、泵房、出水建筑物、变压器、管理用房、交通道等组成。

(2)灌溉泵站的总体布置有引水式和岸边式两种形式。水源距灌溉渠首较远,且水源地附近地势平缓,宜采用引水式布置;水源紧邻灌溉渠首的平原区,或岸边坡度较陡的低山丘陵区,宜采用岸边式布置。

3. 主机组

(1)水泵在满足灌溉排水流量和扬程要求的同时,应具有较高的效率和良好的抗汽蚀性能。平均扬程时,水泵应在高效区运行,在最高扬程与最低扬程运行时,不允许产生汽蚀和动力机过载。

(2)水泵应为标准系列产品,平原区灌溉泵站宜采用轴流泵或混流泵;低山丘陵区灌溉泵站宜采用单级单吸离心泵、单级双吸离心泵或蜗壳式混流泵。

(3)主机组宜为2~4台套,流量在 $0.5m^3/s$ 以下的灌溉泵站可以采用单机组。特别重要的灌排泵站可设置备用泵。

(4)泵站动力机应满足水泵配套的要求,应优先采用电动机。输电线路较长或运行时间较短的泵站,可采用柴油机。泵与电动机宜采用直联传动。

(5)净扬程高于3m的泵站,其装置效率不低于54%;净扬程低于3m的泵站,其装置效率不宜低于50%。

4. 进、出水建筑物

(1)泵站进、出水建筑物一般包括引渠、前池、进水池、出水池及管路系统。岸边式泵站不设引渠。漂浮物较多的河流,应在泵站引渠末端或前池入口处设置拦污设施。进、出水建筑物应满足泵站进、出水流量的要求,泵站运行时,进水建筑物中应不产生漩涡及大范围的回流,严禁在进水池中产生进气漩涡;出水池中水流应平顺,避免对灌排渠沟产生冲刷。

(2)引渠和前池宜采用梯形断面,边坡应稳定。引渠渠底高程应满足枯水期引水流量的要求。在砂性土地区,引渠渠底、边坡和前池边坡宜采用干砌块石、浆砌块石或混凝土预制板护底、护坡;前池池底宜采用干砌块石、浆砌块石或现浇混凝土护底。干砌块石、浆砌块石的厚度宜为30cm左右,混凝土预制板护坡的厚度宜为8~12cm,现浇混凝土护底厚度宜为20~30cm。

(3)卧式机组进水池应与泵房分建,位于泵房进水侧;立式机组进水池应与泵房合建,位于泵房下部。进水池应采用矩形断面,单泵流量超过 $0.5m^3/s$ 泵站的进水池中应设置隔墩。池底宜采用干砌块石、浆砌块石、现浇混凝土或现浇钢筋混凝土护底。干砌块石、浆砌块石护底厚度宜为30~50cm,现浇混凝土或现浇钢筋混凝土护底厚度宜为20~40cm。与前池或岸坡的连接宜采用八字形翼墙,翼墙宜采用浆砌块石或现浇钢筋混凝土直立式挡土墙,浆砌块石翼墙厚度宜为30~50cm,现浇钢筋混凝土翼墙厚度宜为20~40cm。

(4)出水建筑物宜采用开敞式出水池。出水池宜通过翼墙及梯形断面渐缩段与灌溉渠系相连,当泵站与灌溉渠系在道路两侧时,宜设置过路箱涵。出水池池底宜采用浆砌块石、现浇混凝土或现浇钢筋混凝土护底,浆砌块石护底厚度宜为30~50cm,现浇混凝土或现浇钢筋混凝土护底厚度宜为20~40cm。出水池翼墙建设标准参照进水池翼墙建设标准,梯形断面渐缩段建设标准参照前池建设标准。泵站的断流形式应采用拍门断流。与出水池相连的灌排渠沟应进行衬砌防护,衬砌长度宜为15~20m。

(5)泵站的进、出水管路应短而直,尽量减少弯头、附件,管径应合理。

5. 泵房

(1)卧式机组泵站应采用分基型泵房或干室型泵房。其中,分基型泵房适用于站址处水源水位变幅较小、地质条件较好的泵站;干室型泵房适用于站址处水源水位变幅较大、地质条件较差或地下水位较高的泵站。立式机组泵站应采用湿室型墩墙式泵房,进水池位于泵房下部。水网圩田平原工程类型区的提水灌溉可采用泵船。

(2)泵房内机组宜采用一列式布置;配电设备宜集中布置于泵房的一侧或一端;泵房内必须布置吊运设备和人员通行的通道;必须留有机组安装和检修的空间;门窗的布置应满足设备进出、通风散热和采光的要求。

(3)分基型泵房宜采用砖混结构;干室型泵房地面以下部分(干室)宜采用砖石砌体结构或现浇混凝土结构,当采用砖石砌体结构时,应做好防渗处理,泵房地面以上部分宜采用砖混结构;湿室型墩墙式泵房下部湿室(进水池)宜采用浆砌块石结构或现浇钢筋混凝土结构,泵房的上部(电机层)宜采用砖混结构。

(4)主机组重量较小、可以人力搬运的泵站,不应设置机械吊运设备;主机组重量较大的泵站,宜设置机械吊运设备,机械吊运设备宜采用单轨手动葫芦、单轨电动葫芦或单梁吊车。

6. 泵站电气主接线及配电装置

(1)电气主接线应满足接线简单可靠、操作检修方便和投资少的要求,宜采用成套设备。

(2)电气主接线的电源侧宜采用单母线不分段;电动机电压母线宜采用单母线接线。

(3)泵站配电装置的布置应满足正常和过电压工作条件的要求,在事故情况下不致危及人身安全和周围设备。配电装置宜采用成套设备,包括低压配电屏、动力配电箱、照明配电箱。

(4)泵站电气设备及建筑物应配备防火设施;主泵房、辅机房及屋内外输、配电装置等重要设施均应装设防雷击保护装置。

(5)泵站应设置照明装置。

#### 6.7.2 输电线路

(1)泵站宜采用专用直配输电线路供电。项目区内输电线路宜采用架空线路,电压等级为6kV或10kV。架空电力线路中导线可采用钢芯铝绞线或铝绞线,地线可采用镀锌铜绞线。导线的型号应与项目区所在地区电力系统总体规划和工程的技术条件相适宜;地线的型号应满足防雷和工程技术要求。

(2)输电线路的直线杆塔宜采用针式绝缘子或瓷横担绝缘子,耐张杆塔宜采用悬式绝缘子串或蝶式绝缘子和悬式绝缘子组成的绝缘子串。输电线路的过引、线引下线与相邻导线之间的最小间隙不小于0.3m;导线与杆塔构件、拉线之间的最小间隙不小于0.2m;带电作业杆塔带电部分与接地部分的最小间隙应不小于0.4m。

(3)输电线路可采用单回路杆塔或多回路杆塔。单回路杆塔导线可采用三角排列或水平排列;多回路杆塔导线可采用三角和水平混合排列或垂直排列。

(4)输电线路的挡距宜采用50~100m。杆塔定位应考虑杆塔和基础的稳定性,并应便于施工和运行维护。线路中较长的耐张段每10基应设置1基加强型直线杆塔。杆塔上应设置线路名称和杆塔号的标志。

(5)输电线路中采用绝缘导线的线路,除导线与地面的距离和重要交叉跨越距离应满足相关电力规范之外,其他最小距离可结合项目区所在地区的运行经验确定。

#### 6.7.3 变电装置

(1)泵站宜设置专用变压器。若泵站装机容量较小、距离居民点较近,且泵站用电不对居民的生产、生活造成影响,可由居民点供电系统直接向泵站供电。

(2)泵站专用变压器电压一般为10/0.4kV或6/0.4kV。

(3)变压器宜为露天布置。变压器外壳距地面建筑物的净距离不应小于0.8m;变压器装设在柱上时,无遮拦导电部分距地面应不小于3.5m,变压器的绝缘子最低瓷裙距地面高度小于2.5m时,应设置固定围栏,其高度宜大于1.5m。

(4)变压器的容量应与泵站所需容量相符。

# 7 田间道路工程

## 7.1 一般规定

### 7.1.1 道路功能与类型划分

田间道路包括田间道和生产路。

(1)田间道:项目区内连接村庄与田块,供农业机械、农用物资和农产品运输通行的道路,田间道兼有村间交通的功能。

(2)生产路:项目区内连接田块与田块、田块与田间道为田间作业服务的道路。

### 7.1.2 田间道路布置

(1) 田间道路要与土地利用总体规划相适应,尤其要与项目区土地利用规划远景发展目标相一致。

(2) 田间道路要充分利用项目区内地形地貌条件,从方便农业生产与生活、有利于机械化耕作和节省道路占地等方面综合考虑,因地制宜,改善项目区内的交通和生产生活环境。

(3) 田间道宜沿斗渠一侧布置,其高度应参照斗渠的渠顶高度而定;生产路应根据田块布置情况,沿农渠一侧布置,其高度应参照农渠的渠顶高度而定。

(4) 田间道路工程中路面宽度小于4.5m的道路可设置会车点和末端掉头点。

(5) 田间道路两侧绿化应满足农田林网建设的要求。

(6) 各级道路要做好衔接,统一协调规划,使各级田间道路形成系统网络。

### 7.1.3 道路系统建设技术指标

田间道路路网密度应满足:田间道不超过 3.0 km/km²,生产路不超过 7.0 km/km²。

## 7.2 田间道

田间道尺寸设计及转弯半径、纵坡和车辆荷载的规定分别如表 5-12 和表 5-13 所示。

表 5-12 田间道尺寸设计

| 田间道要素 | 取值范围 | 取值 |
| --- | --- | --- |
| 路基宽度(m) | 一般值 | 5 |
| | 变化值 | 4.5~6.0 |
| 路面宽度(m) | 一般值 | 4 |
| | 变化值 | 3.5~5.0 |
| 路肩宽度(m) | 一般值 | 0.5 |
| | 变化值 | 0.30~0.50 |
| 路基厚度(m) | 一般值 | 0.40 |
| | 变化值 | 0.30~0.50 |
| 路面厚度(m) | 一般值 | 0.25 |
| | 变化值 | 0.2~0.3 |
| 路肩厚度(m) | 一般值 | 0.5 |
| | 变化值 | 0.50~0.60 |

表 5-13 田间道转弯半径、纵坡和车辆荷载的规定

| 道路设计要素 | 取值 |
| --- | --- |
| 最小转弯半径 | ≥15 |
| 最大纵坡 | ≤9% |
| 最小纵坡 | 0.3%~0.4% |
| 车辆设计荷载 | 汽-10级 |
| 车辆验算荷载 | 履带-50 |

## 7.3 生产路

生产路设计要素如表 5-14 所示。

表 5-14 生产路设计要素

| 生产路要素 | 较高规格 | 较低规格 |
| --- | --- | --- |
| 路基宽度(m) | 1~2 | 0.8~1.0 |
| 路面宽度(m) | 0.8~1.5 | 0.6~0.8 |
| 路基厚度(m) | 0.3~0.4 | 0.2~0.3 |
| 路面厚度(m) | 0.10~0.15 | 0.05~0.10 |
| 路面材料 | 水泥混凝土 | 浆砌块石、水泥混凝土 |

# 8 农田防护工程

## 8.1 一般规定

土地开发整理项目区的农田防洪标准为十年一遇。土地开发项目，农田防护林应达到一定的占地比例，耕地整理和基本农田整理项目的林木覆盖率不低于整理前的标准。

## 8.2 农田林网工程

### 8.2.1 农田防护林

西藏全区农田分布广泛，除主要分布在"一江两河"流域和金沙江、怒江、澜沧江等河谷地区以外，在地势高寒的那曲、阿里和日喀则西部等局部河谷或湖区，以及海拔较低的昌都、山南、日喀则等地均有分布。由于全区农田分布的特点以及所处地区地形地貌的差异，风沙影响的不同程度，且全年无固定风向，故在各区域应根据风沙危害的不同程度和田块布局、田间道路及沟渠的布设，营造防护林网。

西藏高原土地开发整理工程的农田防护林建设应因地制宜地考虑，宜在田间道路、主要沟渠两侧或一侧种植 1~2 行防护林，在居民点四周种植保护环境的生态林。其中，平原地区林带走向应与田、沟、渠、路有机结合，在田、渠、路、林网的配套上要按方田林网设计，采取以渠、路定林，渠、路、林平行，把渠、路设计在林带的阴面。丘陵地区主林带应沿等高线布设，副林带与上下坡的路边造林，河边、沟岸造林互相连接，形成林网。

1. 林带结构

林带结构是指田间防护林造林的类型、宽度、密度、层次和断面形状等的结合，一般采用林带的透风系数作为划分林带结构类型的标准，可分为紧密结构（透风系数<0.35）、疏透结构（0.35<透风系数<0.60）和透风结构（透风系数>0.60）三种类型。

(1)紧密结构林带。在有叶期其纵断面上下枝叶稠密、透光空隙少,大部分气流从林带顶部通过。最小弱风区出现在背风面(1~3)$H$($H$为林带高度,m)处,风速减弱59.6%~68.1%,相对有效防风距离为$10H$(按减低旷野风速20%)计算,在$30H$范围内风速减低30.16%。

(2)疏透结构林带。在其纵断面上具有较均匀分布的透光孔隙,大约有50%的风从林带内通过,在背风面林缘附近形成小漩涡,最小弱风区出现在背风面$(3~5)H$处,风速减弱53%~56%,相对有效防风距离为$25H$,在距林带$47H$处风速恢复为100%,在$30H$范围内风速平均减弱56.5%。

(3)透风林带结构。风能较顺利地通过,下层树干间的大孔隙形成许多通风道,背风面林缘附近风速仍然较大,从下层穿过的风受到挤压而加强。因此,带内的风速比旷野还要大,到了背风林缘,接触了挤压状态,开始扩散,风速也随之减弱,但在林缘附近仍与旷野风速相近,最小弱风区出现在背风$(3~5)H$处,随着距林带越来越远,风速逐渐增加。相对有效防风距离为$30H$范围内,风速平均减低24.7%。

西藏全区范围内受风沙危害较严重,尤其是两条风带区,而在目前农田分布的主要区域,也存在一定程度的风沙影响。由于紧密结构林带占耕地面积多,防护距离短,故对于较大风沙的防御与风速减低程度不及疏透结构林带,因此,可多选用疏透结构林带,部分风沙较小的区域可选择透风林带结构。

2. 林带方向

林带方向的设置决定于主害风风向频率分布状况,与主害风风向相垂直的林带走向,能够达到较远的有效保护距离及一定的保护效果。由于西藏地形地貌的影响以及农田分布的情况,全区范围内无固定风向,因此,农田防护林主林带的布设方向必须结合所在区域的主害风向。在布设中有如下两点。

(1)主林带应与主害风风向垂直。若综合考虑到地形和灌溉渠系布局等因素不能与主害风方向垂直时,偏角不大于30°。

(2)副林带与主林带垂直,主、副林带构成方形林网。另外,在其他条件的限制下,主、副林带可以有一定偏角。

同时,在具体布设时,为了既少占地又达到必要的防护效果,农田保护工程宜与道路工程、灌排工程一起统筹安排。因此,林带走向应与现有或规划的道路、沟渠、河流和田块的布置方向相一致,尽量做到林随水走,林随路走,沟渠、路、林三网合一,以便经营管理和农业耕作。

3. 林带间距

林带间距指的是两条相邻主林带或两条相邻副林带中心线之间的距离。影响林带间距确定的因素主要为主害风季节最大平均风速值、林网中不致农作物遭受灾害的最大风速、林带高度,与林带的结构也有关(表5-15)。

疏透林带结构的有效防护距离在迎风面为树高的5倍,在背风面为树高的20~25倍,同时结合田块布局,林带的间距在100~400m为宜,对地势开阔、农机化水平较高的地区,林带间距大于400m。可种植高达5m左右的藏青杨,防风范围最大可达125m。林带间距应结合机械作业的要求确定,一般不超过400m。

透风林带结构的有效防护距离在迎风面为树高的10倍,在背风面达树高的20倍,由于在部分地区全年风速较小,可将林地间距定为300~500m,可种植高5m左右的藏川杨、银白杨等,防风范围最大可达 100m。

表 5-15 不同结构林带防风效果林带

| 林带结构 | 旷野农田风速 | 不同树高倍数处风速(m/s) | | | | | |
|---|---|---|---|---|---|---|---|
| | | 5 | 10 | 15 | 20 | 25 | 30 |
| 疏透结构 | 为旷野(%) | 40.0 | 47.0 | 63.0 | 73.0 | 83.0 | 93.0 |
| | 降低(%) | 60.0 | 53.0 | 37.0 | 27.0 | 17.0 | 7.0 |
| 透风结构 | 为旷野(%) | 70.0 | 56.5 | 69.2 | 82.5 | 89.9 | 94.1 |
| | 降低(%) | 30.0 | 43.5 | 30.8 | 17.5 | 10.1 | 5.9 |

另外,在低山丘陵区,林带间距应与项目区田间道、主要沟渠的间距相结合而定。

4. 林带宽度

在林带布设中,宽度应符合最大限度发挥林带的防护效益要求(表 5-16)时,应最小限度占用耕地,并与当地环境、种植方式和林木生长的稳定性相适宜。

表 5-16 不同带宽林带综合防风效能值表

| 带宽(行) | 有效防护距离(为树高倍) | 平均防风效率(%) | 综合防风效能值 |
|---|---|---|---|
| 2 | 20 | 12.9 | 258 |
| 3 | 25 | 13.8 | 345 |
| 5 | 25 | 25.3 | 632.5 |
| 9 | 52 | 24.7 | 617.5 |
| 18 | 15 | 27.3 | 409.5 |

由此,可根据具体项目区对防风效果的需要,选择不同带宽的防护林。另外,林带宽度可按以下公式计算:

$$L=(n-1)\times d+2a$$

式中:$L$——林带宽度;

$n$——植树行数;

$d$——行距;

$a$——由田边到林缘的距离。

在西藏高原农田防护林布设中,可选用藏青杨、银白杨、榆树等,株距一般可设在 1~1.5m,行距 1.5~2m。主林带可布设 4~6 行,宽度 6~12m,副林带可略窄,2~4 行为宜,宽度 3~8m。在风力强盛区域,林带宽度根据具体情况相应增大。在山南地区雅鲁藏布江宽谷地带和阿里、那曲等风沙危害严重区域,农田防护林主林带及副林带可分别增至 8~12 行和 6~10 行,宽度范围分别为 11.5~24m 和 9~20m。

另外,在路、渠边布设的防护林,宽度由路、渠宽度而定,一般布设 1~2 行。株行距应满足所选树种的生长特性及防风要求,一般采用高大乔木,且不宜种植树冠大及根系很发达的树种,以避免深入农田或争肥,行距为 3~4m,株距 2~3m。

8.2.2 护路护沟林

（1）为美化景观、控制水土流失，项目区内田间道和斗渠（沟）两侧宜栽植护路护沟林；单侧栽植时宜栽植在沟、渠、路的南侧或西侧。
（2）护路护沟林宜乔木、灌木、地被植物相结合。
（3）田间道路护路林单侧宽度一般不得大于3m，一级田间道可适当放宽。
（4）护路护沟林的树种应适地适树，符合植物间伴生的生态习性。

## 8.3 岸坡防护工程

8.3.1 护堤

（1）在土地开发整理中，为保护耕地建设护堤工程应按照《防洪标准》确定堤的等别，但防洪标准不能低于十年一遇。
（2）在护堤工程建设中必须统筹综合考虑上、下游工程，左、右岸，工程措施和非工程措施。
（3）堤防工程的安全加高值不能小于0.5m。
（4）堤防工程的形式，应按照因地制宜、就地取材的原则，根据堤段所在的地理位置、重要程度、堤址地质、筑堤材料、水流及风浪特性、施工条件、运用和管理要求、环境景观、工程造价等因素，经过技术、经济比较后综合确定。
（5）堤身应依据堤基条件、筑堤材料及运行要求分段进行，堤身各部位的结构与尺寸应经稳定计算和技术、经济比较后确定。
（6）土堤堤身断面布置、填筑标准、堤顶高程、堤顶结构、堤坡与戗台、护坡与坡面排水、防渗与排水设施应满足稳定要求。堤顶宽度不小于3m。

8.3.2 护岸

（1）为防止河道岸坡受水流的冲刷破坏，对侵占耕地的河岸或水岸应采用植物措施（林带、草皮）或工程措施进行护砌。
（2）护岸工程措施根据当地材料，可采用干砌石、浆砌石、混凝土等刚性结构进行，必须经过技术、经济比较后确定。
（3）对护岸必须进行修整、夯实验收后才能进行护砌，岸坡修整后土坡不陡于1∶1.5。
（4）护岸结构一般选择挡土墙，并满足稳定要求，对地下水位高的地区应设置排水孔。

## 8.4 坡面防护工程

8.4.1 截水沟

（1）截水沟防御暴雨标准按十年一遇24h最大降雨量设计，按20年一遇24h校核。
（2）蓄水型截水沟宜沿等高线布设，排水型截水沟应与等高线取1%～2%的比降。排水型截水沟排水应与坡面排洪沟相接，并应在连接处设计沉沙、防冲设施。
（3）在坡地下部与耕地交界处的截水沟应充分结合农田的灌溉工程。
（4）截水沟应采用可透水的浆砌石沟或混凝土沟形式，必要时应采用可透水钢筋混凝土沟形式。

(5)纵向坡度较大的截水沟,应在沟中每 5~10m 布设高 20~30m 的小土挡,防止冲刷。

8.4.2 排洪沟

(1)排洪沟按十年一遇 24h 最大暴雨设计,按 20 年一遇 24h 最大暴雨校核。

(2)排洪沟路线宜短而直,地质条件良好,避开滑坡体,必须设弯道时转弯半径应大于水面宽度的 5 倍。

(3)排洪沟根据排水去处确定比降,排水沟比降应确保不发生淤积和冲刷。排水出口的位置在坡脚时,排洪沟宜与坡面等高线正交布设;排水出口在坡面时,排洪沟宜沿等高线或与等高线斜交布设。梯田区两端的排洪沟应与坡面等高线正交布设,大致与梯田两端的道路同向。

(4)排洪沟宜布设在坡面截流沟的两端或较低一端,其终端宜连接蓄水设施或排水沟道。

(5)排洪沟应分段设置跌水、护坦等防冲消能措施。

(6)排洪沟较长时,应分段设计断面,由起始端向出口端逐渐增大断面。

(7)排洪沟应采用可透水的浆砌石沟或混凝土沟形式,必要时应采用可透水钢筋混凝土沟形式。

## 8.5 沟道治理工程

8.5.1 谷坊

(1)谷坊工程的防御标准为 20 年一遇 3~6h 最大暴雨量。

(2)谷坊宜布置在"口小肚大",沟底和岸坡地形、地质状况良好处。

(3)土谷坊适用于来水量不大,土壤侵蚀模数较小,沟内土质较厚的沟谷;石谷坊多修建在有常流水的沟道。按断面形式分阶梯式和重力式;植物谷坊适用于洪水量不大,坡度较缓的中小沟谷;钢筋混凝土谷坊或混凝土谷坊修建在洪水峰高量大、泥石流多发地区。

8.5.2 沟头防护

(1)沟头防护工程防洪标准设为 20 年一遇 3~6h 最大暴雨量。

(2)沟头防护工程须以小流域为单元全面规划、综合治理,须与谷坊等其他沟壑治理措施相互配合。

(3)沟上部来水较少时,宜采用蓄水式沟头防护工程;沟头上部的来水量过大,无适当的蓄水地点和用水要求时,宜采用泄水防护工程。

8.5.3 拦沙坝

(1)拦沙坝按 10~20 年一遇洪水设计,坝高不宜超过 3m。

(2)拦沙坝的布置应满足下列要求:沟谷口狭窄、坝轴线短,坝址地质条件良好,上游土壤侵蚀严重,有滑坡危险,施工条件较好。

(3)拦沙坝上应设置排水管。在水平面上,每隔 3~5m 设一道;在垂直面上,每隔 2~3m 设一道。

# 《西藏自治区土地开发整理工程建设标准》条文说明

## 1 总则

### 1.1 目的

制定本《标准》的目的是为了规范土地开发整理工程项目建设行为,统一工程等级标准,确保土地开发整理工程建设质量,合理引导土地开发整理资金使用方向,促进土地资源的可持续利用,同时也为土地开发整理工程项目的可行性研究、初步设计、施工图设计、指导施工、竣工验收等提供决策依据。

### 1.2 适用范围

本《标准》适用于西藏自治区内的所有以增加耕地面积和提高耕地质量为主要目的的土地开发、整理、复垦项目。

### 1.3 基本原则

"十分珍惜、合理利用土地和切实保护耕地"是我国的基本国策。保证耕地总量动态平衡,提高耕地质量,改善生态环境,是保障粮食安全和生态安全的基础。结合自治区的实际,对土地资源实行科学合理的开发整理,是促进本区农业与经济可持续发展的必要措施。因此,本标准认真执行国家的有关技术与经济政策,注意与行业、地方的有关法律法规及现行的相关技术标准相衔接,以保护耕地为主要目标,促进土地资源优化配置与高效利用,从本区的实情出发,合理确定工程建设标准,推进现代农业发展。

### 1.4 引用标准

本《标准》的制定参考了相关的法律、法规、规章与技术规范,引用内容是本标准的重要组成部分。

### 1.5 基本术语

本《标准》仅列出与土地开发整理工程密切相关、具有一定代表性的工程术语,其他如土地管理、农田水利、林业、水土保持、道路桥梁等行业中与土地开发整理工程相关的术语仍为本标准通用。

## 2 建设目标

### 2.1 总体目标

土地开发整理工程应以标准农田建设为目标,使宜农未利用土地资源得到适度开发;使矿区环境得到恢复治理,新增工矿废弃地得到全面复垦,提高废弃土地复垦率;使低效率基本农田得到整理,土地产出率明显提高;全面改善农业生产、生活条件和生态环境,促进土地资源合理利用和经济社会可持续发展,进而推进西藏自治区社会主义新农村建设的进程。

### 2.2 具体目标

土地开发整理的具体目标落实到田、水、路、林、村等方面。

## 3 建设条件

本《标准》根据土地开发整理工程建设的需要,规定了项目建设的合法性条件、自然资源条件、社会经济条件和基础设施条件等必要建设条件。

### 3.1 项目合法性

项目实施应与现行的法律、法规规定一致。土地开发应经过依法审批,应依据规划避免毁坏森林、草原开垦耕地,禁止开发湿地等生态敏感脆弱地区等;符合土地利用总体规划和土地开发整理专项规划要求;符合其他相关法律、法规的要求。

### 3.2 现有基础设施

明确现有的排灌系统骨干设施状况、交通状况、电力设施状况、林网建设状况、生态环境保护设施状况和其他设施状况等。

### 3.3 自然条件

自然地貌类型划分应当与国家地貌单元分类一致;项目区微地貌类型一般分为两种:平原和丘陵。

自然资源应调查项目所在地区光热资源、水资源、生物资源等。

### 3.4 其他

#### 3.4.1 社会经济条件

社会经济条件指应调查项目区人口数量、人均土地面积、人均耕地面积、人均产值、农村就业情况、生活水平等。

《标准》规定了选择项目区时，要求项目区具备土地权属明确，界限清楚和当地政府、群众有积极性的基本条件，也是项目区顺利开展工作的必要条件。

土地整理项目实施中，不断对土地开发整理权属调查资料和土地开发整理权属调整方案进行补充及完善，在明确土地权属的前提下进行项目建设。

土地开发整理项目竣工后及时开展土地变更调查，办理土地变更登记，确认土地权属并进行土地权益分配，建立项目区土地权属档案。

### 3.4.2 生态环境保护

现代土地开发整理应加强生态整治，实现科学发展。在土地开发整理中应以科学发展观作指导，遵循客观规律，因地制宜地确定本区各土地整理项目的方向和技术措施，以确保土地整理方向的正确性，加强在改善生态环境方面的作用。

项目区生态环境保持主要侧重生态过程的无阻碍和良性循环。应着重分析研究和评价土地开发整理对项目区景观格局引起的变化；土地开发整理对土壤质量的影响因素；土地开发整理对生物多样性的影响，土地开发整理对区域生态环境的影响。

### 3.4.3 灾害风险

土地开发整理中应对项目区可能存在的灾害进行分析，并对各种自然灾害的风险性进行定性和定量的分析评价。

## 4 工程类型区和工程布局

### 4.1 工程类型区

#### 4.1.1 一级工程类型区

一级类型区以地域特征为基础，融合地域范围内的类型特征，侧重确定不同区域土地整理的方向和目标，强调土地整理项目区域特征和地理要素的界定，着重体现区域差异，包括地理位置、水文气候、地质地形、土壤类型、土地利用方式、农业种植制度等。根据上述指标体系对西藏自治区各县(市、区)的所处地理位置、地形地貌、气候类型、耕作制度、土地利用方式以及日后土地开发整理重点的差异进行归类，同时考虑坡度大于25°的地区不进行开发整理，将西藏自治区土地开发整理一级类型区划分为四个，分别是：藏东高山峡谷区，典型行政区范围包括本区东部的昌都和林芝地区；藏南高原河谷区，典型行政区范围包括本区南部的日喀则和山南地区及拉萨市；藏西高山宽谷区，典型行政区范围包括本区西部的阿里地区；藏北高原湖盆区，典型行政区范围包括本区北部的那曲地区。

#### 4.1.2 二级工程类型区(工程模式)

二级类型区主要依据地理位置划分。在一级类型区内，由于热量、降水、最大冻土深等指标的差异,这些差异表现在不同的区域位置上,区域之间灌溉方式、灌水量、工程抗冻胀能力、农田防护林标准等指标的差异。在一级分区结果基础上,不打破县(市、区)行政界线,在县(市、区)范围内对一级类型区续分为9个二级类型区。

## 4.2 工程布局

在土地利用总体规划的指导下,根据土地开发整理工程建设所在区域的社会、经济、自然和技术条件,完成土地利用现状分析及结构调整,布置各类工程,以改善土地利用条件,提高土地利用效率。

总体工程布局内容主要由土地平整工程、灌溉与排水工程、田间道路工程、农田防护与生态保持工程组成。

# 5 土地平整工程

## 5.1 一般规定

### 5.1.1 耕作田块布置

(1)土地平整按平整后的田块类型宜分为条田修筑和梯田修筑。条田是以水平方田为建设对象的耕作田块,适用于地面坡度小于2°的平原区。灌溉水田宜在条田内以田埂划分格田,以保证水稻在不同生育阶段对水分的需求;水浇地、菜地、旱地等宜在条田内或在条田内的临时毛渠和毛沟之间,以田埂划分畦田,以满足灌溉要求。

(2)土地权属调整是土地整理工作的难点和重点,田块规划尽量不要打乱原有的权属关系。如有飞地、插花地等确需调整权属的情况时,要编制好土地权属调整方案,成立权属调查领导小组。

(3)耕作田块的使用者是项目区农民,田块布局要和农民生产作业习惯相适应。

(4)耕作田块形状应当有利于机械作业高效运行,尽量减少机械作业当中所产生的漏耕与重耕。

### 5.1.2 土地平整单元

根据不同类型耕地的要求,提出了土地平整单元。土地平整单元的面积不能大于耕作田块的面积。

### 5.1.3 田面坡度

田面坡度应根据地形条件设计。

地形起伏大、土层薄的坡地田面高程设计应因地制宜,在满足农田水利工程要求的前提下,尽量沿用原来的田面高程,减少挖填方量。

### 5.1.4 平整度

根据《土地开发整理项目规划设计规范》(T/DT 1012—2000)第3.3.1.5条,格田田面高差应在±3cm。考虑到±3cm在施工上难以实现,本条综合考虑作物灌水均匀度的要求和施工可行性,对田面平整度要求进行了调整。

## 5.2 耕作田块修筑工程

耕作田块主要分为两类:一类是条田,另一类是梯田,为此分别规定了条田和梯田修筑的具体规定。

### 5.2.1 条田

条田的方向力争长边光照时间最长,有利于作物的光合作用,有利于减少和防止风害而定。

条田的田块形状、规模、长度、宽度主要考虑在尽可能的情况下,宜大、宜规整,有利于机耕和耕作。

条田平整后的田面高程、平整度则必须有利于农田灌溉、排水和高于常年洪涝水位的要求。对种植水稻的条田田块,由于采取淹灌法灌溉,标准要求田面平整度达到相对高差不超过±3cm;种植旱地作物耕地田面高差控制在5~10cm。

条田田埂应用土或石料建筑,材料必须使用当地材料,就近采取。

### 5.2.2 梯田

(1)梯田分类。梯田一般修建在25°以下的坡耕地上。按修筑梯田的断面形式梯田分类可分为水平梯田、坡式梯田、隔坡梯田。

(2)梯田布局。梯田布局结合山丘区地形,以沟渠、道路为边界,沿等高线因地制宜布置。

(3)田面宽度。梯田田面宽根据地形、土质、当地暴雨强度决定。田面宽度和地面坡度呈反比关系,地面坡度越大,则田面越窄。一般梯田田面宽虽然规定了5.0~10.0m,有些地面坡度太陡的山区,具体宽度可以视现场情况变化确定。

(4)田面平整度。梯田田面上的局部起伏高差应在10cm以内,田面纵向保留1/300~1/150的比降,这是梯田要满足的灌溉、排水的基本要求。

(5)梯田田坎。梯田(地)建设要求埂坎安全稳定,占地少,用工省,埂坎材料就地取材。

## 5.3 耕作层地力保持工程

土地平整应尽量避免对耕作层的破坏,为此本《标准》规定了耕作层地力保持的要求。

### 5.3.1 地力保持工程

根据西藏自治区土地整理项目建设情况,进行平整后的耕地,一般要2~3年才能恢复到整理前的地力水平。地力保持和改善的工程措施一般包括表土处理、客土充填、土地翻耕等。耕作层剥离和回填是整理项目中广泛使用的地力保持措施。

耕作层地力保持工程主要包括三方面内容:一是客土回填,对新增加耕地、废弃地复垦等,由于耕作层较薄,不能满足作物生长需要的,需要外运客土;二是表土剥离,为保持良好的耕作层,土地平整时应先将耕作层表土剥离,土地平整后再将表土回填,以免耕作层受到破坏;三是土壤改良,主要采取的措施是换土、改土及施用农家肥,可提高地力。

### 5.3.2 耕作层标准

土地平整后应尽量保持良好的耕作层:一是耕作层土层厚度应不低于25cm,若地下面有砂石等,耕作层厚度应在30cm以上;二是要求土地平整后耕作层具有良好的理化性能,土质松软、土壤通气性好;三是耕作层无污染,有机质含量在2%以上,pH值呈中性,含盐量在1g/L以下,应当保持耕作层的有效肥力。只有保持耕作层的良好性能,才能保证土地平整后的耕地质量不下降,而且应该有所提高。

# 6 灌溉与排水工程

## 6.1 工程等级划分

引水建筑物包括渠首进水闸、引水渠和有坝取水的小型拦水坝。引水工程、提水工程等别不同,决定了其建筑物级别不同,因此本标准以建筑物的级别作为相关工程规模的控制条件。

引水建筑物、泵站、灌排渠沟及渠系建筑物的级别与土地开发整理工程规模等级一一对应,是相应规模土地开发整理工程允许出现的最高级别建筑物。

土地开发整理工程所涉及的灌排工程均为《水利水电工程等级划分及洪水标准》(SL 252—2000)中的小型工程。

本标准所制定的引水建筑物、泵站、灌排渠沟及渠系建筑物的级别与《水利水电工程等级划分及洪水标准》(SL 252—2000)规定建筑物级别的对应关系见表6-1。在工程设计时,各级别的建筑物可参考相应的水利工程级别进行设计。

表6-1 建筑物级别的对应关系

| 建筑物名称 | 建筑物级别 | | | |
|---|---|---|---|---|
| 引水建筑物 | 本标准工程级别 | Ⅰ | Ⅱ | Ⅲ |
| | 水利工程相应级别 | 4 | 5 | |
| 灌溉泵站 | 本标准工程级别 | Ⅰ | Ⅱ | Ⅲ |
| | 水利工程相应级别 | 4 | 5 | |
| 灌排渠沟渠系建筑物 | 本标准级别 | Ⅰ | Ⅱ | Ⅲ |
| | 水利工程相应级别 | 4 | 5 | |

## 6.2 水源工程

### 6.2.1 小型拦河坝

(1)引水工程应根据河(湖)水位、河(湖)岸地形、地质条件和灌溉对引水高程、引水流量的要求,经技术、经济比较确定采用无坝引水或有坝(闸)引水方式。

(2)拦河坝的修筑抬高了坝上游的水位,汛期易对上游堤防的安全造成威胁,因此在拦河坝建设时,应对堤防进行防洪校核,若不满足稳定要求,应对上游堤防进行防洪加固。

### 6.2.2 机井工程

(1)工程建设。工程建设中机井建设应根据机井规划、建井用途、需水量、水质要求和水文地质条件进行;根据国务院颁布的《取水许可制度实施办法》,应经水行政主管部门审批建井方案,进行机井建设;滤水结构应满足下列要求:有足够的强度,有足够的进水面积,有效防止涌砂,避免堵塞,防止腐蚀。

(2)机井出水量。机井出水量与降深,应采用抽水试验资料确定;资料不足时,可采用探采结合井的实测资料或根据附近同类条件的机井资料确定;也可选用经验公式或理论公式计算;管井、大口井、辐射井等的建设按《机井技术规范》(SL 256—2000)进行建设。

### 6.2.3 蓄水池

(1)蓄水池是通过开挖而建筑的小型蓄水建筑物,其主要作用在于对丘陵山区喷灌、微灌等灌溉系统的水量、水压进行调节,这是蓄水池区别于塘坝的主要特点。

(2)需要拦蓄降雨作为灌溉水源的蓄水池应建在山坡上较低洼处,以便于汇流及减少开挖量;而对灌溉系统的水量、水压进行调节的蓄水池,其蓄水主要由泵站提入,可建在山顶上。蓄水池建筑位置处的地质条件应良好,地基应具有较好的承载及防渗能力。

(3)蓄水池的容积应根据所需的灌溉水量及坡面能够集蓄的水量通过计算分析后加以确定。在蓄水池集蓄能力计算时,应充分考虑降雨量的大小、汇水坡面植被情况,并考虑复蓄次数及水面蒸发等因素。

(4)当蓄水池池底及堤坡采用土工膜进行防渗时,土工膜上应增加保护层。堤坡防渗土工膜可利用干砌块石或混凝土预制板护坡作为保护层,池底防渗土工膜上可覆盖一定厚度的砂土作保护层。

## 6.3 输水工程

### 6.3.1 渠道

1. 渠系布置

2级渠道分别为斗渠和农渠,3级渠道为支渠、斗渠和农渠。根据土地开发整理工程建设规模,项目区内宜布置2~3级固定渠道,规模特别大的开发项目,渠道布置可超过3级。

2. 渠道防渗与防冻

渠道防渗可大大减少渗漏损失,降低能耗和运行费用。对项目区支渠、斗渠宜作防渗处理,农渠根据田间灌溉方式不同可选用。

选定防渗结构时,应考虑土地利用、渠道大小和输水方式。在有抗冻要求的地区,支渠、斗渠宜采用砌石衬砌。小型渠道(如控制面积较小的农渠)不宜采用砌石衬砌。土工膜加保护层防渗结构是近年逐步推广的一种防渗结构。据国外有关经验,厚10cm的混凝土防渗渠道,平均渗漏量为21L/($m^2$·d),如在混凝土板下加铺聚氯乙烯薄膜,可减少渗漏量95%。

梯形断面渠道施工简便、边坡稳定,在地形地质无特殊问题的地区,可普遍采用。"U"形渠道的主要优点是:水力条件好,近似水力最佳断面,可以减少衬砌工程量,输沙能力强,有利于引高含沙水流;在冻胀性地基上适应地基变形的能力较强;渠口窄,节省土地,减少挖填方量;整体性强,防渗效果优于梯形渠道;便于机械化施工。

各种防渗结构的适宜厚度是结合近年来自治区一些渠道防渗工程实践,并参照《灌溉与排水工程设计规范》(GB 50288—99)制定的。由于影响渠道防渗结构厚度的因素很多,如渠道断面形状、流量的大小等,在休灌时,防渗结构受到基土的侧向压力作用,其厚度就要相应加大些。此外,在渠道水面变化区,防渗结构干湿交替,表层易产生剥蚀,厚度也要相应加大些。防渗结构厚度太薄不能满足渠道防渗要求,太厚又不经济,应通过试验研究慎重确定。表5-3给出的浆砌石及混凝土防渗结构的适宜厚度,对一般条件下的防渗结构设计是适用的。

### 6.3.2 管道

(1)从经济角度考虑,管道一般适于小流量输水,以减小管径和水头损失,降低管网级数。大型渠灌区控制灌溉面积大,灌溉流量大、管径大、系统层次多、地形复杂、管道压力分布复杂,且优质低价的大口径低压输水管材还未形成很成熟的技术,所以低压管道输水灌溉适宜在小流量的渠灌旱作区采用。

低压管道灌溉系统一次性投资较大,管理水平要求较地面灌溉为高。因此,发展模式选择主要考虑了水源状况、经济条件和作物种类。

平原类型区经济条件一般,但水资源缺乏,旱作物灌水定额不大,灌水次数少,适于发展低压管道灌溉。

丘陵区利用地形落差,发展自压式管道输水系统,不仅节水而且解决了因受地形影响造成的深挖方渠、高填方渠,可省去陡坡、跌水等建筑物,减少成本。丘陵地区地形起伏较大,土地零碎、地块凌乱,管道输水地形适应性强,在自压水头足够的条件下,可使原来渠道难以灌溉的耕地实现灌溉,扩大灌溉面积。

峡谷丘陵工程类型区土壤质地偏砂,管道容易出现不均匀沉陷,一般不采用刚性连接的素混凝土管。另外本区水源含沙量较多,低压管道实际应用时易产生淤积、堵塞问题,给管理带来不便。故此区发展低压管道灌溉必须注意泥砂淤积问题,管道首部枢纽需设置沉沙池等附属设备。

高山平原工程类型区土壤含盐量高,灌溉水量不但要满足作物正常生长所需的水量,还要达到洗盐压盐的效果,所以灌溉水量偏大,使低压管道的管径大大增加,提高了灌溉输水成本,所以此区可发展低压管道灌溉,但是不能大面积推广,可小面积适度发展。

在管道的纵向拐弯处,从管轴线起留2~3m水头的余压,是为了避免管道内出现真空产生负压。

灌溉固定管道埋在冻土层以下,是为了避免在冬季冻坏管道,在冻土层较薄或无冻土的地区,为确保安全与稳定,管道埋深不应小于60cm。

(2)附属设备。低压输水管道系统的附属设备是指能使管道安全、正常运行并实施科学管理的装置,包括供水装置、保护装置和量测设施等。安全保护装置主要作用是破坏管道真空,排除管内空气,减少输水阻力,超压保护,调节压力,防止管道内的水回流入水源而引起水泵高速反转,保护管道系统的安全运行等,但安装位置必须正确,否则起不到保护作用。

### 6.3.3 地面灌溉

地面灌溉包括沟灌、畦灌两种,它是确定土地平整方案和连接灌溉、排水系统的基础。结合自治区特点,根据土壤透水性强度,提出了不同灌水沟的长度、沟底比降、入沟流量指标,以及灌水畦的长度和宽度、地面坡降、入畦单宽流量指标。

## 6.4 喷微灌工程

### 6.4.1 喷灌

固定管道式喷灌系统适用于灌水频繁,经济价值高的蔬菜和经济作物,以及经济较为发达地区和局部地形复杂地区。

半固定管道式喷灌系统适用作物较广,最适宜矮秆大田粮食作物,但对高秆作物、果园以及黏重土壤地区不适用。

移动管道式喷灌系统适用于一套设备多井喷灌,尤其适于不稳定的河滩地灌溉和不易地埋管道的高寒地区。适用于各种作物,但对于高秆密植作物,在土质黏重或地形复杂的情况下,设备的拆装移动会比较困难。

定喷机组式喷灌系统根据所用机组不同,可分为两种系统:①单喷头机组系统,适用于喷洒质量要求不高、灌水次数不多的地方或临时抗旱性的喷灌。对于解决山丘地区零星、分散耕地的灌溉,是一种较好的形式。②多喷头机组系统,适用条件均与移动管道式喷灌系统相同。

行喷组式喷灌系统一般适用于土地开阔连片,地形平坦,田间障碍物少,以及经济条件、技术力量较强的地方。

### 6.4.2 微灌

喷微灌工程,尤其是微灌工程,单位面积投资较高,管理复杂,主要适用于经济价值较高作物的灌溉。地形复杂地区,常规地面灌溉无法使用时,根据经济效益状况,可采用喷微灌。

## 6.5 排水工程

### 6.5.1 明沟排水

1. 布置明沟排水系统应符合规定
(1)排水沟宜布置在低洼地带,并尽量利用天然河沟。
(2)1~3级排水沟线路宜避免高填、深挖和通过淤泥、流沙及其他地质条件不良地段。
(3)排水线路宜短而直,1~3级排水沟布设弯道段时,应符合灌溉渠道的设计要求。
(4)1~3级排水沟之间及其与承泄河道之间的交角宜为30°~60°。
(5)排水沟出口宜采用自排方式,应具有良好的排水出路,受承泄区或下一级排水沟水位顶托时,应设泵站提排。
(6)排水明沟可与其他形式的田间排水设施结合布置。

2. 排水沟设计

排水沟沟底比降可取与沟道设计水位线相同的比降,尽可能与沟道沿线地面坡度相接近,以节省沟道的开挖工程量。

### 6.5.2 暗管排水

(1)暗管排水具有占地少、排水效果好的特点,适用于经济条件较好、土地资源紧张的地区。暗管排水可以方便利用集水管的控制设备调节地下水位,能够根据作物不同生育阶段的要求,对地下水位进行调控。暗管排水与控制排水技术相结合,不仅可以满足排渍、防盐要求,而且还可通过减少排水量,增加作物对地下水的利用,并可调节土壤湿度,减少氮磷负荷,具有保护环境的功能。

暗管排水系统一般由吸水管、集水管或明沟及附属建筑物组成。吸水管一般指埋设在田间的最末一级暗管,用于排除土壤中因降雨或灌溉入渗而产生的多余水量,或由侧向地下径流和下部含水层补给的多余水量,防止农田受渍或返盐。

集水管作用是汇集并排泄吸水管来水,相当于田间末级固定排水沟农沟。吸水管与排水明沟末级固定排水沟直通时称单级暗管排水工程,吸水管与集水管连接时称双级或多级暗管排水工程。

暗管排水一般只适于排除土壤渍水(地下水)。

(2)用于排水控制和管路检修的附属建筑物主要有检查井和控制口门。有的暗管排水系统还设有节制井、通风井等。

(3)暗管埋深可比明沟深度大,且密度不受占地限制。管径选择必须满足过流和经济性要求。管径大,则投资高。但如果吸水管和集水管内径过小,由于泥沙沉淀和作物根系伸入等,管内极易淤堵,疏通不便且费用较高。因此规定了吸水管实际选用的内径不得小于 50mm,集水管实际选用的内径不得小于 80mm。

在汇流面积和长度较长的情况下,集水管可分段采用不同的内径以节省投资。对于吸水管道,为减少泥沙进入,宜采用稻草(糠)或化纤等材料作为外包滤料。

## 6.6 灌排渠系建筑物

### 6.6.1 一般规定

土地开发整理中,应通过渠系建筑物的合理配置,来满足渠系的输水、分水、抬水、泄水、排水及防洪等基本要求,同时还要防止渠道发生边坡失稳、冲刷和淤积等,保证渠系的正常运行。渠系建筑物的数量、类型在满足安全运行、便于管理、方便群众生产生活的条件下,应尽量减少,并尽可能采用联合布置,使得工程量最省。

渠系建筑物采用符合标准化、系列化要求的装配式结构,可以在确保质量的前提下,加快施工进度、降低工程造价。

### 6.6.2 水闸

水闸可根据需要采取水平防渗或垂直防渗。水平防渗可采用铺盖,垂直防渗可采用铅直的板桩。

### 6.6.3 渡槽

(1)渡槽和倒虹吸都是灌区广泛采用的交叉建筑物。两者结构、形式虽然不同,但其功能是相近的,在不同条件下各有利弊。因此应按选用渡槽和倒虹吸进行技术、经济比较,当选用倒虹吸不适宜时可选用渡槽。

(2)地形、地质条件对渡槽结构形式选择起重要的决定作用。如果地形平坦、槽高不大,以采用梁式渡槽为好;如地形窄深、两岸地质条件较好,宜建拱式渡槽。

### 6.6.4 倒虹吸

(1)与渡槽相比,倒虹吸具有工程量少、造价低、施工方便等优点,但其缺点是水头损失大,维修管理不便。当输水渠道与洼地、道路等障碍物或其他沟渠交叉,且高差较小,建渡槽、填方渠道或涵洞均不能满足洪水宣泄,或有碍船只、车辆通行时,可修建倒虹吸从障碍物底部通过。

(2)为保证水流顺畅,倒虹吸进、出口均应设渐变段。进口渐变段长度可取上游渠道设计水深的3~5倍,出口渐变段长度可取下游渠道设计水深的4~6倍。

### 6.6.5 农用桥

农用桥应选在渠道顺直稳定、水流平缓、两岸地质条件良好的渠段上,以保证工程安全。当附近有节制闸、涵洞、渡槽等渠系建筑物时,应尽量采取联合布置的形式。

### 6.6.6 涵洞

(1)当渠道与道路相交而渠道又低于路面时,可采用涵洞输送渠水;当渠道与排水沟相交时,可采用填方渠道,而在填方内设置涵洞以排沟中水流。涵洞由进口、洞身、出口三部分组成,一般不设闸门。

(2)涵洞的进、出口是用来连接洞身和填方土坡的建筑物,也是洞身和上、下游水道之间的连接段。为保证进、出口段水流平顺和结构的稳定,应以圆锥形护坡、扭曲面护坡、八字墙或走廊式翼墙等与上、下游渠道连接。当涵洞出口流速过大时,应根据情况采取有效的消能防冲措施。

(3)涵顶填土高度较小的无压涵洞宜采用盖板涵或箱涵,填土高度较大的宜采用拱涵或管涵;有压涵洞不得采用盖板涵和拱涵。

### 6.6.7 跌水与陡坡

(1)渠道必须保持一定的纵坡,才能保证输送流量的要求和防止渠道产生冲刷、淤积。当渠道通过坡度过陡的地段时,为了保持渠道的设计纵坡,避免高填方和深挖方,降低工程造价,可修建跌水和陡坡来连接上下游渠道。跌水与陡坡的主要区别在于水流特征不同。水流自跌水口流出后呈自由抛投状态,最后落在下游消力池内的称为跌水;水流自跌水口流出后,受陡槽约束而仍沿槽身下泄的称为陡坡。

(2)跌水和陡坡设计中最关键的问题是防止下游渠道的冲刷。消能防冲设施的形式需要根据地质条件、水流条件、下游水深和渠道的抗冲能力等因素综合确定。

(3)矩形跌口底部高程与上游渠底相同,当通过设计流量时,跌口前水深与渠道水深相近,构造也比较简单,但过水流量过大或过小,则上游水位会产生降落或壅高;另外,矩形跌口单宽流量大,对下游消能不利。因此,矩形跌口常用于流量变化不大的情况下。

梯形跌口较矩形跌口有所改善,但单宽流量变化仍较大,容易引起下游冲刷。梯形跌口能适应流量变化,在工程中应用较多。

(4)陡槽的平面布置,一般采用等宽槽,因其水流不受扰动,水力条件简单,被广泛采用。

6.6.8 量水设施

(1)量水设施是渠道上用以量测水流流量的各种水工建筑物、特设量水设施和其他一些通过一定感应部件及仪表或技术获取流量的各类量水设备的总称。

(2)如果选择的位置不具备测流所需的良好条件,应进行整修,使之满足要求。否则,应重新选择位置。

## 6.7 泵站及输配电工程

### 6.7.1 泵站

1. 泵站站址

灌溉泵站是用来抽引农作物栽插和生长所需要的灌溉水。对于从河流、渠道取水的灌溉泵站,为了能充分发挥其工程效益,应将泵站建在有利于控制提水项目区,使灌溉渠系布置比较经济的地点。

2. 总体布置

泵站工程站址选择和总体布置有一定的联系,但站址选择是从面上进行选点的工作,在诸多因素中,是否便于总体布置,这仅是其中概略地考虑的因素之一;而总体布置则是在点上进行深化的工作,这就需要充分利用当地条件,通过多方案的技术、经济比较,最终取用符合建站目的的最优布置方案。

泵站的总体布置应结合项目区灌溉工程系统的布局确定。

灌溉泵站的总体布置,一般可分为引水式和岸边式两种。引水式布置一般适用于水源岸边坡度较缓的情况。在满足灌溉引水要求的条件下,为了节省工程投资和运行费用,泵房位置应通过经济计算比较确定。当水源水位变化幅度不大时,可不设进水闸控制;当水源水位变化幅度较大时,则应在引渠渠首设进水闸。这种布置形式在平原类型区和丘陵类型区河流、渠道或塘坝取水的灌溉泵站中采用较多。岸边式布置一般适用于水源紧邻灌溉渠首或水源岸边坡度较陡的情况。采用岸边式布置,由于站前无引渠,可大大减少管理维护工作量;但因泵房直接挡水,加之泵房结构又比较复杂,因此,泵房的工程投资要大一些。至于泵房与岸边的相对位置,根据调查资料,其进水建筑物的前缘,有与岸边齐平的,有稍向水源凸出的,运用效果均较好。

3. 主机组

平均扬程是泵站运行历时最长的工作扬程。选择水泵时应使其在平均扬程工况下,处于高效区运行,因而单位消耗能量最少。平均扬程一般按泵站进、出水池平均水位差,并计入水力损失确定。最高扬程是泵站正常运行的上限扬程。水泵在最高扬程工况下运行,其提水流量虽小于设计流量,但应保证其运行的稳定性。最高扬程按泵站出水池最高运行水位与进水池最低运行水位之差,并计入水力损失确定。最低扬程是泵站正常运行的下限扬程。水泵在最低扬程工况下运行,亦应保证其运行的稳定性,即不致发生水泵汽蚀、振动等情况。最低扬程按泵站进水池最高运行水位与出水池最低运行水位之差,并计入水力损失确定。

主水泵选型最基本的要求是满足泵站设计流量和设计扬程的要求,同时要求在整个运行范围内,机组安全、稳定,并且有最高的平均效率。所以要求在设计泵站扬程时,能满足泵站设计流量的要求;在泵站平均扬程时,水泵应有最高效率;在泵站最高或最低扬程时,水泵能安全、稳定运行,配套电动机不超载。

标准系列产品是指列入水泵型谱的产品,国家已公布淘汰的产品不得选用。已有的系列产品不能满足要求时,应优先考虑采用变速、车削、变角等调节方式达到泵站建设的要求。

泵站常用动力机类型主要有电动机和柴油机两种。配套水泵的电动机多数为三相异步电机,仅有极少数大功率的电机采用同步电动机。配套水泵用柴油机小功率时多数用高速单缸二冲程卧式或立式机;大功率时多数用多缸四冲程直列式柴油机。泵站动力机应满足水泵配套的要求,应优先采用电动机;输电线路较长或运行时间较短的泵站,可采用柴油机。

中华人民共和国国家标准《泵站设计规范》(GB/T 50265—97)中 9.1.14～9.1.15 规定,轴流泵站与混流泵站的装置效率不宜低于 70%;净扬程低于 3m 的泵站,其装置效率不宜低于 60%;离心泵站的装置效率不宜低于 65%。该规范适用于大、中型灌溉泵站,对小型泵站,应根据实际情况制定建设要求。根据现代化农村水利建设标准,考虑到水泵技术的发展,提出适用于土地开发整理项目建设的指标:净扬程高于 3m 的泵站,其装置效率不低于 54%;净扬程低于 3m 的泵站,其装置效率不宜低于 50%。

4. 进、出水建筑物

对于堆积在拦污栅前的污物、杂草,如不及时清除,将会大大减小过流断面,造成栅前水位壅高,增大过栅水头损失,并使栅后水流状态恶化,严重影响机组的正常运行。所以对于建造在污物、杂草等漂浮物较多的河流上的泵站,应设置专用的拦污栅和清污设施,其位置宜在引渠末端或前池入口处。

进、出水管路是水泵装置的重要组成部分。水流在管路内流动时,为了克服管道阻力将消耗一部分能量,这部分能量消耗,即是管路的水力损失。管路阻力越大,则管路损失也越大,管道效率就越低。为了提高管道效率,就应设法减少管路的阻力及管路阻力造成的水力损失。管路布置与泵站实际扬程、水泵的类型、水泵安装高程、泵房及进、出水池的结构形式等因素有关,一般应从以下四个方面考虑:管路长度要尽量缩短;尽量减少不必要的管路附件,以降低局部水力损失;增大管道直径;增加管道内壁光滑度。

5. 泵房

泵房的结构形式有很多种,在土地开发整理项目区内新建泵站中,常用的泵房形式有分基型、干室型和湿室型。采用何种结构形式主要取决于水泵的类型、水源水位的变幅以及地基条件等。对于卧式泵,如果最高水位不超过泵房地面,且水源水位变幅不太大,这时泵房不需要水下结构部分,可以采用分基型泵房。随着水源水位变幅的加大,泵房就需要水下结构部分,从分基型向干室型变化。对于立式轴流泵,叶轮一般淹没于水中,所以进水池就移到泵房下部,成为湿室型泵房。随着水泵加大,要求进水流态均匀,就将进水流道和泵房基础一起浇筑,成为块基型泵房,但是块基型泵房在土地开发整理项目区内新建泵站中一般很少采用。

### 6. 泵站电气主接线及配电装置

集中布置的站用电配电装置,应采用成套配电屏。对距离配电装置较远的站用电负荷,宜在负荷中心设置动力配电箱供电。

安全防火建设是一项政策性和技术性很强的工作,具体建设要求可参照《泵站设计规范》(GB/T 50265—97)中有关条款。

泵站照明在泵站设计中很容易被疏忽,致使泵站建成后常给运行人员带来很大的不便,有的甚至造成误操作事故。在电光源的选择上,应选择光效高、节能、寿命长、光色与显色好的新型灯具。

#### 6.7.2 输电线路

输电线路路径及杆位选择是线路建设的重要环节,应符合《架空配电线路设计技术规程》(SDJ 206—87)的规定。

# 7 田间道路工程

## 7.1 一般规定

### 7.1.1 道路功能与类型划分

田间道路工程类型划分的依据是土地开发整理工程项目区内道路的主要使用功能、使用对象和使用特点。田间道的主要功能是确保农业机械、农用物资和农产品运输通行,并与村庄及乡村公路连接,属于项目区内的主干道路,生产路直接面向田间生产,为田间作业服务,属于项目区内基本道路。

### 7.1.2 田间道路布置

(1)田间道路布置应结合项目区内灌溉排水渠、沟合理布置。路、渠、沟的结合形式,应有利于灌排、机耕、运输和田间管理,且不影响田间作物光照条件,并能节约土地,减少平整土地和修建田间灌排建筑物的工程量。常见的结合形式有"沟-渠-路""路-沟-渠"和"沟-路-渠"三种。"沟-渠-路"是将道路布置在田块上端,位于灌溉渠道的一侧,这对农机下田耕作有利,且有扩宽的余地,可兼作管理道路,但道路跨过下级渠道需修建桥梁,路面起伏较大。"路-沟-渠"是将道路布置在田块下端,位于排水沟一侧,路面较平坦,便于农机下田和运输,但与下级排水沟相交需修建桥梁等交叉建筑物,且孔径不足,影响排水,雨季田块和道路易积水或受淹。"沟-路-渠"是将道路布置在灌水田块下端,介于渠道和排水沟之间,便于渠沟维修管理,但农机下田必须跨越渠沟,需修建较多的桥梁,且今后扩宽道路也有困难。以上三种结合形式,究竟采用哪一种为好,应根据各地区的具体情况进行具体分析确定。

(2)路面宽度较小的田间道,在农业机械相向而行时,由于不能直接通行而需避让后通行,所以规定路面宽度小于3.5m的道路需根据实际情况合理设置错车点和末端掉头点。

### 7.1.3 道路系统规划技术指标

田间道路工程应满足主要农用机械、客、货等车流和人流的安全与畅通的要求,项目类型区内道路系统建设技术指标应符合生产和生活对田间道路工程建设的要求。

道路网密度是体现项目区内交通联系便捷程度的技术指标,道路网密度越高,项目区内生产生活越便利,但同时,道路占耕地面积越大,所以,本标准在保障正常生产生活顺利进行的条件下,提出道路网密度控制指标,以保护项目区内耕地的数量。

## 7.2 田间道

田间道路面宽度是为了交通上的安全和行车上的顺适而确定的各类农用机械、车辆交通所需的宽度。田间道路面宽度应在满足车辆行驶基本需要的基础上,满足错车、超车行驶所必需的余宽。

为保证行车安全和人员安全,考虑到农用车辆事故等临时紧急停车和从事生产人员通行的需要,一般应在田间道两侧设置路肩。

砂石路面是以砂、石等为骨料,以土、水、灰为结合料,通过一定的配比铺筑而成的路面的统称,包括级配碎(砾)石路面、泥结碎(砾)石路面、填隙碎石路面及其他粒料路面。

## 7.3 生产路

生产路路面宽度是为了满足生产人员田间劳作、生产资料下田和收获农产品等活动而需要的宽度,一般路面宽度达到 4.0m 即可。生产路一般在田块间沿农渠或农沟布置,路基所处地段的地面积水情况、地下水位高度和路基填料等情况都影响到生产路的安全,为了保障生产路的稳定,路面一般采用素土夯实。

# 8 农田防护与生态环境保持工程

## 8.1 一般规定

农田防护与生态环境保持工程是指为保护项目区土地利用活动的安全,保持和改善生态条件,防止或减少自然灾害而采取的工程和生物措施。农田防护与生态保持工程包括农田林网和堤岸防护工程。

## 8.2 农田林网工程

农田林网是指在农田四周营造带状林,主、副林带在农田之中交织成格网状。农田林网工程包括农田防护林工程、护路护沟林。

### 8.2.1 农田防护林

农田防护林是指为了防御或减轻风灾对农作物的危害,保护农田,使农作物得以正常生长发育并稳产高产而营造的人工林。

(1)农田防护林的设置应体现"因地制宜、因害设防"的原则,充分利用沟、渠、路,并与其他工程标准相适宜。农田防护林由主林带和副林带组成,主林带是林网中起主要防风作用的林带;副林带是林带中起次要防风作用的林带。

(2)林带走向以林带方位角来表示。林带的走向决定于主害风风向频率分布状况。与主害风风向相垂直林带的走向时,保护距离远,效果好。主林带应与主害风风向垂直,副林带与主林带垂直,主、副林带构成方形林网。当主害风风向频率较大但不太集中时,主林带走向可以取垂直于两个方向的平均方向。如受条件限制,林带不能与主害风风向垂直时,允许有一偏角,但不能超过30°。

(3)林带间距指的是两条相邻主林带或两条相邻副林带中心线之间的距离,林带间距取决于林带的有效防风范围。林网的有效防护距离在迎风面为树高的5倍,在背风面为树高的20~25倍。

(4)林带结构指的是林带内树木枝叶的密集程度和分布状况,及由此形成的林带外部特征。林带结构一般分为紧密结构、通风(透风)结构和疏透结构。疏透结构的最适疏透度(指林带林缘垂直面上透光孔隙投影面积与该垂直面上林带投影面积之比)为25%~35%,最适透风系数(指风向垂直林带时林带背风面林缘在林带高度范围内的平均风速与空旷地同等高度范围内平均风速之比)为50%~60%,是农田防护林带的理想结构。紧密结构林带因其防护距离短,占地多而不适于用作农田防护林。

(5)适地适树是指树种要根据本地区气候、栽植地的小气候和地下环境条件,选择适于在该地生长的树木,以利于树木的正常生长发育,抗御自然灾害,保持较稳定的种植成果。植物伴生是自然界中乔木、灌木、地被等多种植物相伴生长在一起的现象,形成植物群落景观。伴生植物生长分布的相互位置与各自的生态习性相适应。地上部分,植物树冠、茎叶分布的空间与光照、空气温度、湿度要求相一致,各得其所;地下部分,植物根系分布对土壤中营养物质的吸收互不影响。为了使护路护沟林的有限绿地发挥最大的生态效益,可以进行人工植物群落配置,形成多层次植物景观,但要符合植物伴生的生态习性要求。

### 8.2.2 护路护沟林

(1)护路护沟林主要起着防止冲刷和美化景观的作用。以乔木、灌木、地被植物相结合的护路护沟林防护效果更佳,景观层次更丰富。

(2)为节约用地,减少护路护沟林的胁地危害,生产路、农渠宜栽植灌木或花草,不宜种植高大乔木,且宽度不得大于1m。

## 8.3 堤岸防护工程

本条文要求土地开发整理工程建设项目的岸坡防护工程应与有关单位配合实施,应与有关单位的方案和措施协调统一。

### 8.3.1 护堤

(1)土地开发整理工程建设项目区域内或周边与河道、冲沟等相交接的地块,易遭受洪水危害的地段,应采取措施保护项目建设区的农田和设施,部署防护工程。

(2)项目区内或周边坡面有洪水危害的,应在坡面与坡脚修建排洪渠,并对坡面进行综合治理。项目区内各类场地、道路和其他地面排水,应尽可能结合农田排水工程,统筹安排,使洪水安全排泄。

(3)当坡面或沟道洪水与项目区的道路、建筑物、堆渣场等发生交叉时,应采取涵洞或暗管进行地下排洪。

### 8.3.2 护岸

护岸工程主要有坡式护岸、坝式护岸护滩和墙式护岸三类。

## 8.4 沟道治理工程

沟蚀是引起水土流失的主要原因。沟道治理必须从沟头到沟底,层层设防。

### 8.4.1 谷坊

谷坊是横筑于沟壑中的挡水建筑物,可减缓沟床坡度,拦截径流和泥沙,制止沟底下切和发展,并可抬高沟床,抑制沟岸扩展,使沟底彻底川台化。谷坊工程在以小流域为单位的综合治理中,须与沟头防护、淤地坝等治理措施相配合。谷坊根据修筑材料的不同,可分为土谷坊、石谷坊和植物谷坊。

### 8.4.2 沟头防护

沟头防护工程分蓄水型和排水型沟头防护工程,蓄水型分围埂式和围埂蓄水池式;排水型分跌水式和悬臂式。

## 8.5 坡面防护工程

### 8.5.1 截水沟

截水沟一般修筑在25°以下的坡度上,截水沟按使用性质可分为蓄水型截水沟和排水型截水沟。

### 8.5.2 排洪沟

山丘区坡面较长、破形较陡、暴雨强度较大,截水沟汇集的雨洪可能造成山坡或山脚较大冲刷时,宜布置排洪沟。

# 《西藏自治区土地开发整理工程建设标准》编制说明

## 1 《标准》编制的目的和意义

土地开发整理项目在近几年取得了一定的成绩,但由于没有建立统一的建设标准,给土地开发整理项目全过程及其管理带来诸多不便,制约了土地开发整理事业的发展。为了加强各地区土地开发整理项目全过程管理,控制项目投资,确保工程建设质量,2007 年 7 月 31 日,国土资源部下发了《关于编制〈土地开发整理工程建设标准〉有关问题的通知》(国土资厅发[2007]137 号),通知指出:从 2007 年 8 月开始,在非试点省开展《土地开发整理工程建设标准》编制工作。西藏自治区国土资源厅启动了本区土地开发整理工程建设标准研究。

《土地开发整理工程建设标准》(以下简称《标准》)是土地开发整理工程建设管理的纲领性文件,同时也是指导本行政区内土地开发整理项目开展的前提和重要依据。它为土地开发整理项目可行性研究、设计、投资估算、工程施工和竣工验收等相关标准的制定提供参照基准,也为编制和审查土地开发整理项目可行性研究、设计和投资估算提供决策依据。通过《标准》的颁布和实施,对全自治区土地开发整理进行规范化、标准化管理,促进西藏自治区土地开发整理有序、健康发展,将起到积极的作用。

## 2 《标准》编制原则和指导思想

### 2.1 《标准》编制原则

(1)珍惜、合理利用土地和切实保护耕地的原则。

《标准》的编制要从耕地保护的基本国策出发,围绕耕地保护和珍惜与合理利用土地的基本方针,提出西藏自治区土地开发整理工程建设的具体标准,明确土地开发整理工程建设的技术要求,以强化对耕地尤其是基本农田的保护,全面提高西藏自治区农业综合生产能力。

(2)提高耕地质量,改善农业生产条件和生态环境,促进土地资源可持续利用原则。

《标准》的编制要符合构建和谐社会的要求,合理确定土地开发整理工程等级,控制土地开发整理项目工程范围和投资规模,以提高耕地质量和土地利用效率,全面改善农业生产条件和生态环境。

(3)实事求是、因地制宜、科学严谨的原则。

《标准》的编制要从实际出发,结合区域自然条件、社会经济条件和农业基础设施条件,合理划分土地开发整理工程类型区,构建具有地域特色的土地开发整理工程模式和工程体系,科学确定土地开发整理工程建设内容、布局原则和技术要求,充分反映西藏自治区土地开发整理工程建设目标、建设条件和工程特点。

(4)体系完整、技术先进、注重实用的原则。

《标准》的编制要与工程类型区、工程模式和工程体系紧密衔接,充分考虑工程建设、使用和后期管护的要求,注重工程建设质量和新技术、新工艺、新设备、新材料在土地开发整理工程中的应用,积极推行节水灌溉和节地技术,提高《标准》的可操作性,使土地开发整理工程建设达到技术先进、经济合理、安全适用的目标。

(5)综合整治、相互兼容、体现特色的原则。

《标准》的编制要全面体现土地开发整理工程的田、水、路、林、村综合整治的特点,遵守行业、地方有关的法律、法规和方针政策,保证与现行相关标准之间的协调性和统一性,结合土地开发整理工程建设特点编制《标准》,体现西藏自治区的特色。

## 2.2 《标准》编制指导思想

《标准》的编制是土地开发整理工程建设管理的一项基础工作。《标准》的编制从西藏自治区不同区域的土地利用特点出发,针对不同的地貌条件,因地制宜的研究并制定不同工程类型区和不同土地利用方式下的土地开发整理工程建设标准,以规范土地开发整理项目全过程管理,提高项目建设质量和项目管理的科学水平,合理确定土地开发整理工程建设规模,提高土地开发整理投资效益,促进西藏自治区社会主义新农村的建设。

《标准》的定位应能够用于指导土地开发整理项目的可行性研究、立项、规划设计、投资估算、工程施工和竣工验收等;《标准》编制的目标是建立起统一完善、体现西藏自治区区域特点的土地开发整理工程建设标准体系,进而指导西藏自治区土地开发整理工作,协调土地开发整理投资方向,促进土地开发整理资金的使用及其效益的最大发挥,全面提升西藏自治区土地开发整理工程建设质量和农业基础设施配套水平,切实保障土地开发整理以科学建设促进耕地数量的增加和质量的保护。

# 3 《标准》编制简要过程

## 3.1 任务来源

2007年7月31日,国土资源部下发了《关于编制〈土地开发整理工程建设标准〉有关问题的通知》(国土资厅发[2007]137号),通知指出:从2007年8月开始,在非试点省开展《土地开发整理工程建设标准》编制工作。西藏自治区国土资源厅启动了本区土地开发整理工程建设标准研究。

## 3.2 组织领导

1.《标准》编制工作领导小组的组成与职责

领导小组由西藏自治区国土资源厅、国土资源规划开发研究院主管领导任组长,领导小组主要负责协调各部门关系、落实项目经费和组织成果论证及验收等工作,并对《标准》编制过程中涉及的重大问题进行指导和决策。领导小组下设《标准》编制工作办公室,办公室由自治区国土资源规划开发研究院统一管辖,主要负责编制工作中的监督、协调以及重大事项的决策,研究解决工作中遇到的关键性问题。同时,自治区国土资源规划开发研究院还应向自治区财政争取一定的工作经费,才能有力保障《标准》和专题研究成果的按期完成。

2.《标准》编制工作课题组的组成、职责

课题组是《标准》编制的主体,由于土地开发整理工程项目是由多个工程组成的综合性项目,《标准》所涉及的专业面较广,因此,课题组内部既要明确分工和职责,也要有相互交流和协调,同时应建立相应的工作制度。课题组会定期根据不同的工作阶段和工作内容召开课题研讨会,经常性地交流工作进度、技术路线和方法,积极向领导小组汇报工作和咨询。与此同时,课题组还会积极参加全国及地方交流会议,认真学习先进经验,结合自治区实际,有选择性地将好的经验和做法融入《标准》编制及其相关专题的研究中。

课题组成员包括西藏自治区国土资源规划开发研究院、中国地质大学(武汉)等专业人员组成。《标准》课题组成员的专业构成应涵盖《标准》编制所需的土地、水利、农业、交通、电力、林业、环保、水土保持等专业。课题组主要负责组织编制《标准》条文及条文说明、编写《标准》编制说明以及开展相关专题研究。

## 3.3 具体工作流程

### 3.3.1 前期准备阶段

1. 确定目标

通过《标准》的编制,规范西藏自治区土地开发整理项目工程项目建设行为,统一工程建设和等级标准,确保工程建设质量,合理引导土地开发整理资金使用方向,促使土地资源的可持续利用,为土地开发整理工程项目的可行性研究、初步设计、施工图设计、工程施工和竣工验收等提供依据,提高项目管理水平。

2. 论证并制定《标准》编制的工作方案

在深入学习国土资源部《关于编制〈土地开发整理工程建设标准〉有关问题的通知》(国土资厅发[2007]137号)文件精神及编制要求的基础上,课题组通过充分讨论和论证,制定《标准》编制工作方案,确立了如下研究技术路线与主要技术方法。

3. 技术路线

《标准》编制的技术路线基于标准编制各个阶段的工作步骤,注重各个环节的相互制约和联系。

从技术层面上注重内业资料的数据处理、分析、归纳和总结,提炼典型项目的数据和经验,为各专题的开展奠定基础。

《标准》编制工作主要从划分土地开发整理工程类型区,构建工程模式以及相关标准应用研究开始,在类型区划分和工程模式有初步成果时,在类型区划分的统领下开展土地平整工程、灌溉排水工程、田间道路与农田防护工程、土地复垦工程建设标准等方面的研究;在此基础上充分考虑西藏自治区社会主义新农村建设对农村基础设施建设的要求,具体分析西藏自治区土地开发整理工程建设目的及内容,通过比较和分析,归纳总结土地开发整理中各项工程的建设标准,在此基础上编制完成《西藏自治区土地开发整理工程建设标准》。

4. 主要技术方法

(1)抽样调查方法。通过抽样调查的方法,调查研究西藏自治区不同地貌类型、不同气候和土壤条件、不同土地利用方式以及不同经济发展水平下的土地开发整理工程的建设内容、规模、建设标准以及建设效果,为《标准》的制定提供基础数据支撑。

(2)综合比较分析法。在收集土地、水利、农业、交通、电力、林业、环保等行业相关标准的基础上,结合土地开发整理工程建设的特性,通过不同标准的比较、分析及归纳综合,为《标准》条文和条文说明的形成提供依据。

(3)典型案例分析法。在全面调查西藏自治区土地开发整理项目实施情况的基础上,按照类型区选取具有代表性的典型案例,分析土地开发整理中土地平整、灌溉排水、田间道路、农田防护与生态环境保持及其他工程建设的区域特性,提出具体建设标准的技术要求。

(4)定性与定量分析相结合的方法。在类型区划分、模式和土地开发整理体系构建以及各具体建设标准确定过程中,在定性分析的基础上,采用空间数据叠置法、统计分析方法、聚类分析方法等定量方法,分析类型区的划分结果、工程建设条件和关键技术指标。

(5)系统工程分析法。采用系统工程分析的方法,研究分析土地开发整理工程建设规模、工程等级、工程体系的系统合理性,探讨《标准》实施后对社会、经济、生态环境的总和影响,从而科学、合理制定《标准》。

### 3.3.2 典型区调查阶段

1. 资料调查范围

西藏自治区现有耕地面积 $22.3 \times 10^4 \mathrm{hm}^2$,为建立符合西藏自治区实际的《标准》体系,提高西藏自治区土地开发整理工程建设质量和农业基础设施配套水平,本次资料调查主要选择西藏自治区 25 个粮食主产区的县(市、区)作为资料收集点,全面收集各县(市、区)水利、农业、交通、环保等各部门的相关资料。

2. 资料调查内容

在西藏自治区主要收集当地的地形地貌、土壤、气象气候、水文地质等自然条件的资料,当地的社会经济条件资料和土地利用、土地规划、农业区划、农用地分等研究成果、补充耕地数量质量按等级折算等相关研究成果资料,以及土地、水利、农业、交通、电力、林业、环保、水土保持等相关行业的标准资料,其中主要包括:

(1)西藏自治区地形地貌、农业区划、耕作制度、土壤普查、水文条件、土地利用情况、土地开发整理规划等相关资料。

(2)西藏自治区地方统计年鉴、土壤志、气象志、水文资料及工程建筑等相关资料。

(3)土地、水利、交通、农林等相关行业的有关标准和规范,具体包括《土地开发整理项目规划设计规范》(TD/T 1012—2000)、《土地复垦技术标准(试行)》(TD)等土地标准;《灌溉与排水工程设计规范》(GB 50288—99)、《泵站设计规范》(GB/T 50265—97)、《渠道防渗工程技术规范》(SL 18—2004)、《水土保持综合治理技术规范》(GB/T 16453—1996)等水利标准;《公路桥涵设计通用规范》(JTJ D60—2004)等道路标准;《造林技术规程》(GB/T 15776—1995)、《全国生态公益林建设标准(一)》(GB/T 18337-1-3)等林业标准;《全国中低产田类型划分与改良技术规范》(NY/T 310—1996)、《土壤环境质量标准》(GB 15618—1995)等土壤改良和中低产田改造标准;《地表水环境质量标准》(GB 3838—2002)、《农田灌溉水质标准》(GB 5084—2005)等水质和环境标准;等等。

### 3.3.3 专题研究阶段

课题组将开展"西藏自治区土地开发整理工程建设标准""西藏自治区土地开发整理工程建设标准编制说明""西藏自治区土地开发整理类型区划分研究""西藏自治区土地开发整理中土地平整工程建设标准研究""西藏自治区土地开发整理中灌溉排水工程建设标准研究""西藏自治区土地开发整理中田间道路与农田防护工程建设标准研究""西藏自治区土地复垦工程建设标准研究""西藏自治区土地开发整理工程与社会主义新农村建设研究""西藏自治区土地开发整理工程建设相关标准应用研究"的工作。

专题研究报告相当于《标准》的论证报告。专题研究注重于工程类型区、工程模式、工程体系、工程布局及相关技术指标的论证,既要有理论分析,也要有实践经验的总结。

### 3.3.4 《标准》编制阶段

专题组在上述专题研究成果的基础上,按《标准》条文及其条文说明的编制要求,对专题研究报告的内容进行提炼和归纳,编制《标准》的条文及其条文说明。

其中《西藏自治区土地开发整理工程建设标准》条文分为总则、建设目标、建设条件、工程分区及工程规划、土地平整工程、灌溉与排水工程、田间道路工程、农田防护,共 8 章,内容覆盖了西藏自治区土地开发整理项目的工程建设内容。

《西藏自治区土地开发整理工程建设标准》编制说明分为编制目的和意义、编制指导基本思想与原则、编制技术方法、编制主要内容及技术指标的确定、其他技术指标的确定、工程类型区划分及主导因素分析及附录,共 6 章,内容对建设标准中相关技术问题进行详尽的说明。

### 3.3.5 成果论证阶段

1. 征求意见

《标准》初稿编制完成后,为确保《标准》的科学性、合理性和实用性,积极向自治区内外相关领域的领导、专家征求意见,并采取交流、座谈等多种方式,向各相关行业如水利、农业、林业、交通、环境等各部门就初步成果进行讨论,征求意见;同时,在纵向上,由西藏自治区国土资源厅向下级各单位发文,组织全自治区县(市、区)的行政和技术人员对《标准》进行了征求意见和讨论,广泛吸收了相关专业和国土资源系统的意见。

2. 成果完善

课题组对各方收集的意见与建议进行归纳、汇总,编制"征求意见处理汇总表",针对意见进一步完善《标准》编制成果。

3.《标准》送审

将《标准》送审稿及相关材料(包括《标准》条文及条文说明、《标准》编制说明、专题研究报告等)报国土资源部。

# 4 主要成果汇总

根据西藏自治区土地开发整理工程建设标准编制工作方案,课题组要完成既定专题研究等目标任务,主要成果如下:
(1)《西藏自治区土地开发整理工程建设标准》条文、条文说明。
(2)《西藏自治区土地开发整理工程建设标准》编制说明。
(3)《西藏自治区土地开发整理类型区划分研究》。
(4)《西藏自治区土地开发整理土地平整工程建设标准研究》。
(5)《西藏自治区土地开发整理田间道路与农田防护工程建设标准研究》。
(6)《西藏自治区土地开发整理工程建设相关标准应用研究》。

# 5 《标准》专题研究

## 5.1 土地开发整理工程类型区划分研究

### 1. 研究的主要内容

按照土地开发整理工程标准编制要求,课题组将全面调查、收集西藏自治区自然概况、社会经济概况、土地利用结构及特点、耕地后备资源概况等基础资料,利用典型案例分析法、系统工程研究法、规范与实证对比分析法、归纳比较法等方法,在保证类型区内部自然条件、经济社会条件以及工程模式的一致性前提下,采用两级区划的模式进行工程类型区的划分。

首先,根据全自治区土地开发整理规划的空间布局、农业区划和耕作制度特点以及地形、气候等自然条件的区域差异,在保证地形、气候以及农业耕作制度在类型区内相似性的同时,考虑县级行政区划的完整性,采用图层叠加法,划分若干个土地开发整理工程一级类型区。

其次,依据土地开发整理工程一级类型区划分结果,根据类型区内土壤、地貌、水文等自然条件的区域差异,总结土地平整、灌溉与排水、田间道路以及农田防护与生态环境保持等工程的建设方式、建设特点以及对土地利用的改良方向和优化效果等因素,以灌排方式为基础,针对类型区土地开发整理项目条件及工程特点,划分土地开发整理工程二级类型区,构建土地开发整理工程模式。

### 2. 研究的主要结论

根据所选指标体系对西藏自治区各县(市、区)的所处地理位置、地形地貌、气候类型、耕作制度、土地利用方式及以后土地开发整理重点的差异进行归类,同时考虑坡度大于25°的地区不进行开发整理,将西藏自治区土地开发整理一级类型区划分为4个,分别是:①藏东高山峡谷区,典型行政区范围包括本区东部的昌都和林芝地区;②藏南高原河谷区,典型行政区范围包括本区南部的日喀则和山南地区,以及拉萨市;③藏西高山宽谷区,典型行政区范围包括本区西部的阿里地区;④藏北高原湖盆区,典型行政区范围包括本区北部的那曲地区。

二级工程类型区划分是在一级分区结果的基础上，不打破县(市、区)行政界线，在县(市、区)范围内对一级类型区进行续分。再初步划分为九个二级工程类型区，再根据文献资料法与经验分析法等将其合并为 6 个工程模式，即：高山平原工程模式、峡谷丘陵工程模式、河谷平原工程模式、河谷丘陵工程模式、高原丘陵工程模式、湖盆平原工程模式。

## 5.2 土地开发整理土地平整工程建设标准研究

1. 研究的主要内容

(1)结合西藏自治区土地开发整理工程类型区划分研究，根据西藏自治区不同工程类型区的地形地貌、水文地质、土壤和水资源等自然条件以及可达到的灌排条件、规划后的农业种植结构确定与不同工程类型区相适应的土地平整工程类型和开发整理后的耕地类型。

(2)研究与西藏自治区不同工程类型区灌溉排水要求、风害防治要求等相适应的田块建设标准，提出田块建设标准的量化指标。

(3)分析研究土地开发整理土地平整过程中，耕作层地力保持和改善的工程措施，并结合可行性原则，研究提出土地平整耕作层地力保持和改善标准的定量指标。

2. 研究的主要结论

结合西藏自治区土地开发整理工程类型区划分与工程模式、工程体系构建成果，提出如下标准：

(1)根据地块基础条件不同，按照不同工程类型区提出土地平整后的主导利用方向。

(2)对不同工程类型区与工程模式下的条田制定其条田方向、条田长度、条田宽度、田埂修筑等要素指标。

(3)针对不同坡度条件制定梯田布局、田块长度、田块宽度、梯田田坎等要素指标。

(4)对表土处理、客土回填、土地翻耕等地力保持工程措施提出要求，制定土层及耕作层厚度指标、耕作层土壤理化性状指标等地力保持指标标准。

## 5.3 田间道路与农田防护工程建设标准研究

田间道路工程是为满足土地整理区生产与生活需要而修建的道路总称，是土地开发整理和农田基本建设的重要组成部分，它关系到农业生产、交通运输、农民生活和实现农业机械化等各方面的需要。直到目前为止，土地开发整理工程项目内的田间道路修筑工程仍只能依据交通及建设部门的标准进行设计施工，由于交通部门的《公路桥涵设计通用规范》(JTG D60—2004)等规范所规定的工程等级较高，不适用于土地开发整理工程项目的田间道路修筑工程，导致了大量的人力物力资源浪费，因此，针对土地开发整理工程特点，制定相关的工程标准。

专题在深入分析《造林技术规程》(GB/T 15776—1995)与《水土保持综合治理技术规范 风沙治理技术》(GB/T 16453.5—1996)等现行相关的农田防护与生态环境保持工程标准的前提下，严格界定了农田防护林、梯田埝坎防护林以及护路护沟林的含义与范围。参照以上规程与规范，课题组从林网形式、林网结构、林带走向、林带间距、林带宽度、林带树种选择与配置等方面提出农田林网工程的建设标准，对农田林网的占地问题做深入研究，提出解决方案。

## 5.4 相关标准应用研究

土地开发整理融自然、社会和工程技术科学为一体，涉及土地资源、土地利用规划、土地整治、土地经济、农田水利、灌溉排水、土地生态、土地法律、地籍地政、交通等各个学科领域和技术门类，是一项科学性和交叉性很强的系统工程，所以研究、参照和引用相关行业标准是《标准》编写的基础性工作。

西藏自治区地域广阔，地貌、土壤、气候、植被类型复杂，水资源分布不均，各地工程实施条件差异较大，在直接引用相关行业标准的同时，课题组还根据各工程类型区的自然、社会和经济条件，对直接引用的相关行业标准作了适当的调整。此外，在《标准》编制过程中，课题组还结合工程类型区划分和土地开发整理工程特点，新制定了部分标准条文。因此，直接引用标准、修改标准和新制定标准形成了《标准》内容的主要构成元素。

# 6　基础数据来源及引用标准的出处

## 6.1　基础数据

通过外业实地调查和收集近几年西藏自治区各地土地资源评价资料，结合《西藏自治区土地开发整理规划(2004—2010年)》《西藏自治区土地开发整理规划专题研究》等研究成果，以及各县土地变更调查资料、土地评价资料、耕地后备资源调查评价资料和土地利用总体规划以及其他相关资料，在分析土地开发整理的背景与条件、区域土地利用的特点与存在主要问题的基础上，测算区域内的土地整理和开发潜力，明确土地整理和开发的质量、数量与空间分布状况，初步确定西藏自治区土地开发整理工程模式与工程体系。

## 6.2　引用标准出处

相关行业标准已经就本《标准》中的相关内容作了明确规定或说明，新制定的标准必须以此为依据。例如，水利行业标准对防洪和堤防建设都作了详细的规定，并且经过相当长的实践证明具有可靠性，这就要求本《标准》必须与有关行业标准相协调，引用相关行业标准可以为《标准》编写提供直接有力的科学依据。

1. 土地标准

《土地开发整理规划编制规程》(TD/T 1011—2000)；

《土地开发整理项目规划设计规范》(TD/T 1012—2000)；

《土地开发整理项目验收规程》(TD/T 1013—2000)；

《土地复垦技术标准(试行)》；

《土地分类(试行)》；

《国家农业综合开发土地治理项目建设试行标准》(国农办[2004]48号)。

2. 水利标准

《水利水电工程可行性研究报告编制规程》(DL 5020—93)；

《水利水电工程初步设计报告编制规程》(DL 5021—93)；

《水利水电枢纽工程等级划分及设计标准(平原海滨部分)》(SDJ 217—87)；

《灌溉与排水工程设计规范》(GB 50288—99)；

《灌溉与排水工程技术管理规程》(SL/T 246—99)；

《泵站设计规范》(GB/T 50265—97)；
《渠道防渗工程技术规范》(SL 18—2004)；
《渠系工程抗冻胀设计规范》(SL 23—91)；
《水利水电工程等级划分及洪水标准》(SL 252—2000)；
《机井技术规范》(SL 256—2000)；
《供水管井技术规范》(GB 50296—99)；
《防洪标准》(GB 50201—94)；
《节水灌溉工程技术规范》(GB/T 50363—2006)；
《喷灌工程技术规范》(GBJ85—85)；
《喷灌与微灌工程技术管理规程》(SL 236—1999)；
《微灌工程技术规范》(SL 103—95)；
《农田低压管道输水灌溉工程技术规范》(GB/T 20203—2006)；
《农田排水工程技术规范》(SL/T 4—1999)；
《农田排水试验规范》(SL 109—95)；
《农田灌溉水质标准》(GB 5084—2005)；
《堤防工程设计规范》(GB 50286—98)；
《水闸设计规范》(SL 265—2001)；
《水工钢筋混凝土结构设计规范》(SDJ 20—78)；
《混凝土结构设计规范》(GB 50010—002)；
《水土保持综合治理规划通则》(GB/T 15772—1995)；
《水土保持综合治理验收规范》(GB/T 15773—1995)；
《水土保持综合治理效益计算方法》(GB/T 15774—1995)；
《水土保持综合治理技术规范 坡耕地治理技术》(GB/T 16453.1—1996)；
《水土保持综合治理技术规范 荒地治理技术》(GB/T 16453.2—1996)；
《水土保持综合治理技术规范 沟壑治理技术》(GB/T 16453.3—1996)；
《水土保持综合治理技术规范 小型蓄排引水工程》(GB/T 16453.4—1996)；
《水土保持综合治理技术规范 风沙治理技术》(GB/T 16453.5—1996)；
《水土保持综合治理技术规范 崩岗治理技术》(GB/T 16453.6—1996)；
《雨水集蓄利用工程技术规范》(SL 267—2001)；
《开发建设项目水土保持方案技术规范》(SL 204—98)；
《水土保持治沟骨干工程暂行技术规范》(SD 175—86)；
《工程测量规范》(GB 50026—93)；
《水利工程水利计算规范》(SL 104—95)；
《供配电系统设计规范》(GB 50052—95)。

3. 道路标准

《公路工程技术标准》(JTG B01—2003)；
《公路桥涵设计通用规范》(JTG D60—2004)；
《公路路基设计规范》(JTG D30—2004)；
《公路水泥混凝土路面设计规范》(JTG D40—2002)；

《公路沥青路面设计规范》(JTJ 014—1997)。

4. 林业标准

《造林技术规程》(GB/T 15776—1995);

《全国生态公益林建设标准(一)》(GB/T 18337-1-3)。

5. 土壤改良和中低产田改造标准

《全国中低产田类型划分与改良技术规范》(NY/T 310—1996);

《全国耕地类型区、耕地地力等级划分》(NY/T 309—1996);

《全国节水农业技术标准与投资估算指标》;

《中低产田改造工程建设投资估算指标》。

6. 水质和环境标准

《土壤环境质量标准》(GB 15618—1995);

《地下水质量标准》(GB/T 14848—93);

《地表水环境质量标准》(GB 3838—2002);

《农田灌溉水质标准》(GB 5084—2005);

《污水综合排放标准》(GB 8978—1996);

《水资源评价导则》(SL/T 238—1999);

《生活饮用水卫生标准》(GB 5749—85)。

## 附件

### 西藏自治区土地开发整理工程类型区区划表

| 一级类型区 | | 二级类型区 | | 典型行政区范围 |
|---|---|---|---|---|
| 名称 | 代码 | 名称 | 代码 | |
| 藏东高山峡谷区 | Ⅰ | 高山平原工程模式 | $Ⅰ_1$ | 林芝县、工布江达县、波密县、昌都县、江达县、贡觉县、类乌齐县、丁青县、察雅县、八宿县、左贡县、芒康县、洛隆县、边坝县 |
| | | 峡谷丘陵工程模式 | $Ⅰ_2$ | 米林县、察隅县、朗县、墨脱县 |
| 藏南高原河谷区 | Ⅱ | 湖盆平原工程模式 | $Ⅱ_1$ | 拉萨城关区、林周县、当雄县、尼木县、曲水县、堆龙德庆、达孜县、墨竹工卡县、乃东县、扎囊县、贡嘎县、加查县、浪卡子县、桑日县、琼结县、曲松县 |
| | | 峡谷丘陵工程模式 | $Ⅰ_2$ | 错那县、洛扎县、隆子县、措美县 |
| | | 河谷平原工程模式 | $Ⅱ_2$ | 日喀则市、南木林县、江孜县、定日县、萨迦县、拉孜县、昂仁县、谢通门县、定结县、仲巴县、亚东县、聂拉木县、萨嘎县、岗巴县、白朗县、仁布县、康马县、吉隆县 |
| 藏西高山宽谷区 | Ⅲ | 峡谷丘陵工程模式 | $Ⅰ_2$ | 普兰县、札达县 |
| | | 河谷丘陵工程模式 | $Ⅲ_1$ | 噶尔县、日土县、革吉县、改则县、措勤县 |
| 藏北高原湖盆区 | Ⅳ | 高原丘陵工程模式 | $Ⅳ_1$ | 尼玛县、班戈县、申扎县 |
| | | 湖盆平原工程模式 | $Ⅱ_1$ | 那曲县、嘉黎县、比如县、聂荣县、安多县、索县、巴青县 |

# 参考文献

艾天成,李方敏. 土地平整对土壤环境质量的影响[J]. 湖北农业科学,2007,46(4):549-551.

白玛卓嘎. 有机肥料在我区农业生产中的作用[J]. 西藏研究,2006,1:115-117.

鲍海君. 土地开发整理的 BOT 项目融资研究[M]. 北京:中国大地出版社,2007.

鲍金星. 重庆市土地开发整理工程分区及其工程模式研究[D]. 重庆:西南大学学位论文,2007.

蔡东,肖文芳,李国怀. 施用石灰改良酸性土壤的研究进展[J]. 中国农学通报,2010,26(9):206-213.

蔡海生,陈美球,赵建宁,等. 土地开发整理工程类型区划分的概念与方法探讨[J]. 农业工程学报,2009,10:290-295.

蔡海生,赵建宁,曾珩,陈美球. 江西省土地开发整理工程类型区划分研究[J]. 中国土地科学,2011,03:38-44,51.

曹丽花,赵世伟,赵勇钢,等. 土壤结构改良剂对风沙土水稳性团聚体改良效果及机理的研究[J]. 水土保持学报,2007,21(2):65-68.

曹小曙. 广东省土地开发整理工程建设标准研究[M]. 广州:中山大学出版社. 2009.

陈欢,王淑娟,陈昌和. 烟气脱硫废弃物在碱化土壤改良中的应用及效果[J]. 干旱地区农业研究,2005,23(4):38-42.

陈俊豪,黄晓凤,鲁长虎,等. 官山保护区白颈长尾雉栖息地适宜性评价[J]. 生态学报,2011,31(10):2776-2787.

陈新中,杨新民. 河南省土地开发整理研究[M]. 郑州:黄河水利出版社,2010.

陈新中,杨新民. 河南省土地开发整理研究[M]. 郑州:黄河水利出版社,2010.

程海东. 路基压实质量控制的探讨[J]. 广东建材,2005,6:69-71.

董斌,陈立平,钱国英. 基于遥感的层次分析法和模糊数学模型综合评价森林资源生态适宜性[J]. 自然资源学报,2011,26(3):468-476.

段丽萍. 西藏自治区旅游资源区划的初步设想[J]. 云南地理环境研究,2005,S1:33-40.

樊彦国. 土地开发整理技术及应用[M]. 东营:石油大学出版社,2007.

付海英,郝晋珉,朱德举,等. 耕地适宜性评价及其在新增其他用地配置中的应用[J]. 农业工程学报,2007,23(1):60-65.

付清,赵小敏,乐丽红,等. 基于 GIS 和生态位适宜度模型的耕地多适宜性评价[J]. 农业工程学报,2009,25(2):208-213.

高骏. 土地整理工程监理手册术[M]. 南京:东南大学出版社,2010.

高世昌. 推进中国土地开发整理工作对策研究[J]. 中国土地科学,2010,4:45-50.

高向军. 土地开发整理项目典型调查与评价[M]. 北京:中国大地出版社,2006.

顾来水,高骏. 土地整理工程施工技术[M]. 南京:东南大学出版社,2007.

关小克,张凤荣,李乐,等. 北京市耕地后备资源开发适宜性评价[J]. 农业工程学报,2010,26(12):304-310.

郭和蓉,陈琼贤,郑少玲,等. 营养型土壤改良剂对酸性土壤的改良[J]. 华南农业大学学报(自然科学版),2003,24(3):24-26.

郝莉莎,余建新,张川,郑宏刚,廖晓虹,陈运春. 区域土地整理项目工程量估算方法探讨[J]. 云南农业大学学报(自然科学版),2012,3:413-417,429.

郝秀珍,周东美. 沸石在土壤改良中的应用研究进展[J]. 土壤,2003(2):103-107.

何俊,刘洋. 基于聚类分析法和中心地理论的城镇土地分等成果验证研究--以湖北省为例[J]. 城市勘测,2008,3:47-51.

何英彬,唐华俊,杨鹏,等. 不同政策情景下荒漠化地区土地耕作适宜性评价[J]. 农业工程学报,2010,26(10):319-324.

河渠测量与土地平整测量[M]. 上海:上海人民出版社,1975.

胡宏飞. 引水拉沙造田及土壤改良利用技术[J]. 中国水土保持,2003(9):31-32.

蒋翌帆,邓钢,卢冬爱. 基于GIS的高山峡谷地区土地适宜性评价:以云南省澜沧县为例[J]. 测绘科学,2011,36(1):155-157.

金贵,王占岐,胡学东,等. 基于模糊证据权模型的青藏高原区土地适宜性评价[J]. 农业工程学报,2013,18:241-250.

金贵,王占岐,李伟松,等. 模糊证据权法在西藏一江两河流域耕地适宜性评价中的应用[J]. 自然资源学报,2014,07:1246-1256.

金贵,王占岐,重多,等. 西藏土地开发整理工程类型区划分研究[J]. 国土资源科技管理,2013,05:21-27.

孔雪松,刘耀林,邓宣凯,等. 村镇农村居民点用地适宜性评价与整治分区规划[J]. 农业工程学报,2012,28(18):215-222.

李彬,高远,李刚,等. 海南省土地开发整理工程类型区划分研究[J]. 海南师范大学学报(自然科学版),2012,4:465-469.

李春越,谢永生. 黄土高原土地资源生态经济适宜性评价指标体系初步研究[J]. 水土保持通报,2005,25(2):53-56.

李凡修,陈武,梅平. 浅层地下水环境质量评价的综合指数模型[J]. 地下水,2004,26(1):36-37.

李明森. 西藏土壤资源的特点及其开发利用[J]. 资源科学,1984,(2):1-6.

李萍,熊伟,冯平,等. 秸秆还田对西藏中部退化农田土壤的影响[J]. 土壤,2004,36(6):685-687.

李新平,李素俭,王社平,等. 西藏"一江两河"地区耕种土壤肥力状况研究[J]. 西北农业大学学报,1997,25(2):51-55.

李益农,许迪,李福祥. 田面平整精度对畦灌系统性能影响的模拟分析[J]. 农业工程学报,2001,17(4):43-48.

李永红,高照良,徐佳,等. 土地开发整理的概况、内涵及实践[J]. 科技和产业,2010,03:108-122.

刘孝宝,邓良基,高吉喜,等. 雅安山区耕地后备资源综合生产力评价[J]. 山地学报,2004,22(3):303-309.

刘耀林,焦利民. 基于计算智能的土地适宜性评价模型[J]. 武汉大学学报(信息科学版),2005,30(4):283-287.

柳长顺,王国强. 土地平整工程经济运距计算模型初步研究[J]. 农业工程学报,2004,20(4):273-275.

门明新,陈亚恒. 县域尺度农用地评价、规划与开发整理示范区建设[M]. 北京:中国环境科学出版社,2009.

孟广文,柳海岩,秦楠,辛悦. 天津市土地开发整理工程类型区划分研究[J]. 天津师范大学学报(自然科学版),2009,3:69-74.

聂艳,喻婧,崔灿. 基于GIS和生态位适宜度模型的园地适宜性评价:以湖北宜昌市夷陵区为例[J]. 长江流域资源与环境,2012,21(8):1000-1005.

聂宜民,宋子秋,董晓声,等. 基层土地开发整理规划及管理系统的设计与实践[J]. 农业工程学报,2004,1:311-314.

潘元庆,王争艳,刘晓丽,等. 河南省黄河滩区耕地后备资源评价研究[J]. 中国土地科学,2009,23(6):61-65,76.

彭琼芬. 土地开发整理项目中土地平整工程量的计算研究[J]. 昆明理工大学学报(理工版),2010,35(3):12-15.

彭振斌,陈安,杨坪,何忠明. 西藏浪卡子至洛扎公路沿线地质灾害与防治[J]. 防灾减灾工程学报,2006,1:97-101.

沈掌泉,毛叶嵘,董云奇,等. 用数字高程模型和遗传算法确定土地平整设计高程的初步研究[J]. 农业工程学报,2005,21(5):12-15.

舒帮荣,黄琪,刘友兆,等. 基于变权的城镇用地扩展生态适宜性空间模糊评价:以江苏省太仓市为例[J]. 自然资源学报,2012,27(3):402-412.

唐东山,卿人韦,傅华龙,等. 利用土壤微藻改良贫瘠土壤的研究[J]. 四川大学学报(自然科学版),2003,40(2):352-355.

唐秀美,陈百明,路庆斌,等. 基于生态适宜性评价的耕地生态系统服务价值变化研究:以山东省章丘市为例[J]. 中国农业资源与区划,2011,32(6):39-42.

王建林,栾运芳,大次卓嘎,等. 西藏野生油菜种质资源地理分布、生物学特性和保护对策[J]. 中国油料作物学报,2006,28(2):134-137.

王令超,王辉,李兵. 基于等级折算的补充耕地后备资源选择研究[J]. 地域研究与开发,2010,29(1):94-97.

王千,金晓斌,周寅康. 河北省耕地生态安全及空间聚集格局[J]. 农业工程学报,2011,27(8):338-344.

王瑞燕,赵庚星,于振文,等. 利用生态位适宜度模型评价土地利用环境脆弱性效应[J]. 农业工程学报,2012,28(11):218-224.

王小丹,钟祥浩,刘淑珍,等. 西藏高原生态功能区划研究[J]. 地理科学,2009,5:715-720.

王玄德,刘秀华,贾小燕,等. 西藏一江两河地区高山草甸土资源及可持续利用途径研究[J]. 西南农业大学学报,1998,20(1):9-12.

西藏自治区土地管理局. 西藏自治区土地资源评价[M]. 北京:科学出版社,1994.

许迪,李益农,刘刚. 激光控制农田土地精细平整应用技术体系研究进展[J]. 农业工程学报,2007,23(3):267-272.

杨东,郑凤娟,刘强,等. 基于BP神经网络的滩涂资源适宜性评价:以山东省东营市为例[J]. 资源科学,2010,32(12):2336-2342.

杨文渊. 实用土木工程手册[M]. 北京:人民交通出版社,2000.

杨晓艳. 环境视角下的土地整理:土地开发整理规划的战略环境影响评价[M]. 上海:上海远东出版社,2009.

袁晓冬,安裕伦. 基于GIS的喀斯特地区耕地适宜性评价与可持续发展:以贵州省普安县石古河小流域为例[J]. 贵州农业科学,2011,39(9):96-99.

郧文聚. 西部生态建设地区农田综合整治工程实施方案纲要研究[M]. 北京:地质出版社,2008.

曾祥军. 土地开发整理工程分区与工程模式研究[D]. 武汉:华中农业大学学位论文,2008.

张凤荣,郭力娜,关小克,等. 生态安全观下耕地后备资源评价指标体系探讨[J]. 中国土地科学,2009,23(9):4-8,14.

张甘霖,吴运金,赵玉国. 基于SOTER的中国耕地后备资源自然质量适宜性评价[J]. 农业工程学报,2010,26(4):1-8.

张仕超,尚慧,修维宁,魏朝富. 农村田间道路工程对局地土地利用景观格局的影响[J]. 西南大学学报(自然科学版),2010,11:89-97.

# 参考文献

张喜荣,王天伟,郭文,等. 我国土地开发整理的基本特征和存在的问题及发展建议[J]. 科技和产业,2010,8:54-61.

张正峰. 土地整理的模式与效应[M]. 北京:知识产权出版社,2011.

张正峰. 土地整理的模式与效应[M]. 北京:知识产权出版社,2011.

赵华,卞正富,冷海龙. 在土地开发整理项目中加强生态环境效益评价的探讨[J]. 中国土地科学,2003,3:34-37,14.

赵烨,杨燕敏,王黎明. 面向环境友好的土地资源管理模式研究[M]. 北京:中国环境科学出版社,2006.

朱德举,卢艳霞,刘丽. 土地开发整理与耕地质量管理[J]. 农业工程学报,2002,4:167-171.

朱咏莉,刘军,王益权. 国内外土壤结构改良剂的研究利用综述[J]. 水土保持学报,2001,15(6):140-142.

邹利林,王占岐,王建英. 西藏农田土地平整工程规划[J]. 农业工程学报,2011,10:287-292.

邹连敏. 土地开发整理项目规划设计实用技术[M]. 北京:中国水利水电出版社,2011.

Agterberg F. A Modified weights-of-evidence method for regional mineral Resource estimation[J]. Natural Resources Research,2011,20(2):95-101.

Caires E F,Garbuio F J,Churka S,et al. Effects of soil acidity amelioration by surface liming on no-till corn,soybean,and wheat root growth and yield[J]. Europ. J. Agronomy,2008,28(1):57-64.

Deng M. Binary pattern recognition in the presence of correlated multiple dependent variables[J]. Natural Resources Research,2010,19(4):269-277.

Frederik P,Agterberg Q C. Conditional independence test for weights of evidence modeling[J]. Natural Resources Research,2002,11(4):249-255.

Joseph C. Henggeler. Impacts of irrigation and land leveling on yields in Missouri[A]. 2002,ASAE Annual International Meeting/CIGR XVth World Congress. Hyatt Regency Chicago,Chicago,Illinois,USA,2002,Paper No:022066.

Joseph C. Henggeler. Impacts of irrigation and land leveling on yields in Missouri[A]. 2002,ASAE Annual International Meeting/CIGR XVth World Congress. Hyatt Regency Chicago,Chicago,Illinois,USA,2002,Paper No:022066.

Qiuming Cheng F P A. Fuzzy weights of evidence method and its application in mineral potential mapping[J]. Natural Resources Research. 1999,8(1):27-35.